中華文化促進會主持編纂

國家"十一五"~"十四五"重點圖書出版規劃項目

中國社會科學院哲學社會科學創新工程學術出版資助項目

出品人　王石　段先念

今注本二十四史

舊五代史

宋 薛居正等 撰

陳智超 紀雪娟 主持校注

一〇 唐書【六】

中國社會科學出版社

舊五代史　卷六五

唐書四十一

列傳第十七[1]

[1]按，本卷末無史論。

李建及

李建及，許州人。[1]本姓王，父質。[2]建及少事李罕之爲紀綱，[3]光啓中，罕之謁武皇於晋陽，[4]因選部下驍勇者百人以獻，建及在籍中。後以功署牙職，典義兒軍，[5]及賜姓名。天祐七年，改匡衛軍都校。[6]柏鄉之役，汴將韓勍追周德威至高邑南野河上，鎮、定兵扼橋道，[7]韓勍選精兵堅奪之。[8]莊宗登高而望，[9]鎮、定兵將衄，謂建及曰：“如賊過橋，則勢不可遏，卿計如何？”建及於部下選士二百，[10]挺槍大譟，刺汴軍，[11]却之於橋下。二月，王師攻魏，[12]魏人夜出犯我營，建及設伏待之，扼其歸路，盡殪之。劉鄩之營莘縣，[13]月餘不出，忽一旦縱兵攻鎮、定之營，軍中騰亂，建及率銀槍勁兵千人赴之，擊敗汴軍，追奔至其壘。元城之戰，建及首陷其陣，授天雄軍教練使。[14]八月，遷遼州刺史。[15]

[1]許州：州名。治所在今河南許昌市。

[2]質：人名。即王質。事迹不詳。

[3]李罕之：人名。陳州項城（今河南沈丘縣）人。唐末五代軍閥。傳見《新唐書》卷一八七、本書卷一五、《新五代史》卷四二。 紀綱：泛指僕從。

[4]光啓：唐僖宗李儇年號（885—888）。 武皇：後唐太祖李克用諡號。莊宗即位，追諡武皇帝，廟號太祖，陵在雁門。李克用，沙陀部人，生於神武川新城（一説今山西朔州市朔城區之梵王寺村，一説今山西應縣縣城，一説今山西懷仁縣之日中城）。五代後唐實際奠基者。紀見本書卷二五至卷二六、《新五代史》卷四。 晋陽：縣名。治所在今山西太原市。

[5]義兒軍：李克用擇選雄傑勇武之士，養以爲兒，所統軍隊號“義兒軍”。

[6]天祐：唐昭宗李曄開始使用的年號（904），唐哀帝李柷延用（904—907）。唐亡後，李克用、李存勖仍稱天祐，沿用至天祐二十年（923）。南吳、吳越亦有行此年號者。 匡衛軍都校：官名。所在州軍統兵將領。《宋本册府》卷三六七《將帥部·機略門七》、卷三九六《將帥部·勇敢門三》均作“衛軍都校”。《輯本舊史》之案語：“《歐陽史》作匡衛指揮使。”此據《新五代史》卷二五《王建及傳》。

[7]柏鄉：地名。位於今河北柏鄉縣。 汴：此處指代後梁。韓勍：人名。籍貫不詳。後梁將領。事見本書卷七、《新五代史》卷四五。 周德威：人名。朔州馬邑（今山西朔州市朔城區東北）人。唐末、五代河東將領。傳見本書卷五六、《新五代史》卷二五。

高邑：縣名。一作"鄗（hào）邑"。治所在今河北高邑縣。
野河：水名。又稱槐水。上游即今河北贊皇縣槐河，唐時下游流經
今趙縣南東入泜水，五代下游改經高邑縣東南、柏鄉縣北，東入泜
河。　鎮：州名。治所在今河北正定縣。　定：州名。治所在今河
北定州市。

[8]韓勍選精兵堅奪之：中華書局本有校勘記："'堅'，原作
'先'，據《永樂大典》卷六八五〇引《五代薛史》、《冊府》卷三
九六改。"

[9]莊宗：即後唐莊宗李存勗。沙陀部人。五代後唐王朝的建
立者。923年至926年在位。紀見本書卷二七至卷三四、《新五代
史》卷五。

[10]建及於部下選士二百："下"字原闕，據《大典》卷六八
五〇、《宋本冊府》卷三九六補。

[11]刺汴軍：中華書局本有校勘記："'刺'原作'禦'，據
《永樂大典》卷六八五〇引《五代薛史》、《冊府》卷三九六改。"

[12]魏：州名。治所在今河北大名縣。此處蓋以魏州代指方鎮
魏博軍。

[13]劉鄩：人名。密州安丘（今山東安丘市）人。唐末、五
代將領。傳見本書卷二三、《新五代史》卷二二。　莘縣：縣名。
治所在今山東莘縣。

[14]元城：縣名。治所在今河北大名縣。　天雄軍：方鎮名。
治所在魏州（今河北大名縣）。　教練使：官名。唐末、五代節度
使屬官，諸州亦置此職。掌訓練軍士。

[15]遼州：州名。治所在今山西左權縣。　刺史：官名。漢武
帝始置。州一級行政長官，總掌考核官吏、勸課農桑、地方教化等
事。唐中期以後，節度使、觀察使轄州而設，刺史爲其屬官，職任
漸輕。從三品至正四品下。

　　十四年，從擊契丹於幽州，[1]破之。十二月，從攻楊劉，[2]自寅至午，[3]汴軍嬰城拒守，建及自負葭葦堙塹，率先登梯，遂拔之。胡柳之役，[4]前軍逗撓，際晚，汴軍登土山，建及一戰奪之。莊宗欲收軍，詰朝合戰。建及橫矟當前，曰："賊大將已亡，乘此易擊，王但登山，觀臣破賊！"即引銀槍效節軍大呼奮擊，[5]三軍增氣，由是王師復振，以功授檢校司空、魏博內外衙都將。[6]

　　[1]契丹：古部族、政權名。公元4世紀中葉宇文部爲前燕攻破，始分離而成單獨的部落，自號契丹。唐貞觀中，置松漠都督府，以其首領爲都督。唐末强盛，916年迭剌部耶律阿保機建立契丹國（遼）。先後與五代、北宋並立，保大五年（1125）爲金所滅。參見張正明《契丹史略》，中華書局1979年版。　幽州：州名。治所在今北京市。

　　[2]楊劉：地名。即今山東東阿縣東北楊柳鄉。唐、五代時有城臨河津，爲黃河下游重鎮，今城已堙廢不可考。

　　[3]自寅至午：中華書局本有校勘記："'午'，《冊府》卷三六九作'禾'。"見《宋本冊府》卷三六九《將帥部·攻取門二》。

　　[4]胡柳：地名。位於今河南濮陽市東南。

　　[5]銀槍效節軍：爲後梁楊師厚私人護衛隊，因兵士武器爲長槍而得名。楊師厚去世後，該部歸李存勖。　即引銀槍效節軍大呼奮擊：中華書局本有校勘記："'軍'字原闕，據《永樂大典》卷六八五〇、《宋本冊府》卷三九六補。"見《宋本冊府》卷三九六《將帥部·勇敢門三》。

　　[6]檢校司空：官名。爲散官或加官，以示恩寵加此官，無實際執掌。司空，與太尉、司徒並爲三公。　魏博：方鎮名。治所在

魏州（今河北大名縣）。　内外衙都將：官名。唐五代時節度使屬將。“授”字原闕，據殿本補。

十六年，[1]汴將賀瓌攻德勝南城，[2]以戰船十餘艘，竹笮維之，扼斷津路，王師不得渡。城中矢石將盡，守城將氏延賞危急，[3]莊宗令積帛軍門，召能破賊船者。津人有馬破龍者，[4]能水游，乃令往見延賞，延賞言：“危窘極矣，所爭晷刻。”時棹船滿河，流矢雨集，建及被重鎧，執矟呼曰：“豈有限一衣帶水，縱賊如此！”乃以二船實甲士，皆短兵持斧，徑抵梁之戰艦，斧其笮；又令上流具甕，積薪其上，順流縱火，以攻其艦。[5]須臾，烟焰騰熾，梁軍斷纜而遁；建及乃入南城，賀瓌解圍而去。[6]其年十二月，與汴將王瓚戰於戚城，[7]建及傷手，莊宗解御衣、金帶賜之。

[1]十六年：《宋本册府》卷三六七《將帥部·機略門七》作“十七年”，誤。

[2]賀瓌：人名。濮陽（今河南濮陽市）人。後梁將領。傳見本書卷二三、《新五代史》卷二三。　德勝南城：地名。德勝原爲黃河渡口，晋軍築德勝南、北二城於此，遂爲城名。位於今河南濮陽市。

[3]氏延賞：人名。籍貫不詳。五代將領。事見本書本卷、卷二九、卷五五、卷一〇六。《輯本舊史》之影庫本粘籤：“氏延賞，原本作‘士延賞’，今從《通鑑》改正。”見《通鑑》卷二七〇貞明五年（919）四月條。《宋本册府》卷四一四《將帥部·赴援門》亦作“氏延賞”。

[4]馬破龍：人名。籍貫不詳。事見《通鑑》卷二七〇。

[5]"又令上流具甕"至"以攻其艦"：《舊五代史考異》："《通鑑》作木罌載薪，沃油然火，于上流縱之，與《薛史》異。《歐陽史》作以大甕積薪，自上流縱火，與《薛史》同。"此據《通鑑》卷二七〇貞明五年四月條、《新五代史》卷二五《王建及傳》。《宋本冊府》卷三九六《將帥部·勇敢門三》載此戰頗詳，錄之如下："十六年，梁將賀瓌寇德勝南城，圍塹既周，又以蒙衝戰艦斷我津渡，百道攻城，萬旅齊進。負芻運石，堙塞池塹。我營將士氏延賞於城中多蓄芻草。每賊乘城，束蘊灌膏，燔焰騰天，賊燋爛於下，不可勝紀。莊宗馳騎而往陣於北岸，津路不通，延賞告矢石將盡，上積錢帛於軍門，募能破賊船者。於是獻伎者數十，或言能吐火焚舟，或言能游水破艦，或言能禁呪兵刃。悉命試之，卒無成效。城中危急，所爭晷漏，虎臣不能勇，智士不能謀，莊帝形於憂色。建及擐甲而進曰：'賊帥傾巢昧死，冀茲一舉。如我師不南，則彼爲得計。今豈可限一衣帶水，而縱敵憂君？今日勝負，臣當効命！'遂以巨索聯舟十艘，選効節勇卒三百人，持斧披鎧，鼓枻而行，中流擊之。賊樓船三層，蒙以牛革，懸板爲楯，如埤堄之制。我船將近，流矢雨集。建及率持斧者入賊蒙衝間，斬其竹，破賊懸楯，以稍刺之，因於上流取甕百，以木夾口，竹笮維之。又以巨索牽制，積芻薪於上，灌脂沃膏，火發亘天。別維巨艦，中實甲士，乘煙鼓譟，賊斷緪而下。沉溺者殆半，我軍由是得渡。莊宗曰：'周瑜得黃蓋而挫曹公，吾有建及卒破賊艦。奇才猛將，何代無之。'"事亦繫《宋本冊府》卷三六七。"豈有限一衣帶水"，中華書局本有校勘記："'限'字原闕，據《冊府》卷三六七、卷三九六、卷四一四補。"

[6]賀瓌解圍而去：中華書局本有校勘記："'圍'字原闕，據《永樂大典》卷六八五〇引五代《薛史》、《冊府》卷四一四補。"

[7]王瓚：人名。太原祁（今山西祁縣）人。唐河中節度使王重盈之子。五代後梁將領，官至開封尹。傳見本書卷五九。　戚城：地名。位於今河南濮陽市區。

建及有膽氣，慷慨不羣，臨陣鞠旅，意氣橫壯。自莊宗至魏州，建及都總內外衙銀槍效節帳前親軍，[1]善於撫御，所得賞賜，皆分給部下，絕甘分少，頗洽軍情。又累立戰功，雄勇冠絕，雌劣者忌讒之。時宦官韋令圖監建及軍，[2]每於莊宗前言："建及以家財驟施，其趣向志意不小，不可令典衙兵。"莊宗因猜之。建及性既忠藎，雖知讒搆，不改其操。[3]

[1]建及都總內外衙銀槍效節帳前親軍：《輯本舊史》之影庫本粘籤："效節，原本作'郊節'，考《通鑑》注云：效節都係唐時軍名。今改正。"此據《通鑑》卷二七○貞明五年（919）四月條胡注，原文曰："李建及即王建及，時爲銀槍大將。銀槍，晋王帳前親兵也，故曰親將。"

[2]韋令圖：人名。籍貫不詳。五代後唐宦官。事見本書本卷。

[3]不改其操：《輯本舊史》之影庫本粘籤："不改，原本作'不敢'，今據文改正。"

十七年三月，授代州刺史。[1]八月，與李存審赴河中，解同州之圍。[2]建及少遇禍亂，久從戰陣，矢石所中，肌無完膚，復有功見疑，私心憤鬱。是歲，卒於太原，[3]時年五十七。《永樂大典》卷一萬八千一百二十九。[4]

[1]代州：州名。治所在今山西代縣。

[2]李存審：人名。陳州宛丘（今河南淮陽縣）人。原姓符，名存。五代後唐將領。傳見本書卷五六、《新五代史》卷二五。河中：方鎮名。治所在河中府（今山西永濟市）。 同州：州名。治所在今陝西大荔縣。

[３]太原：府名。治所在今山西太原市。

[４]一萬八千一百二十九：原文作“一萬八千二十九”，中華書局本有校勘記：“檢《永樂大典目録》，卷一八二〇九‘將’字韻‘列國鄭衛燕楚將（一）’，與本則内容不符，恐有誤記。陳垣《舊五代史輯本引書卷數多誤例》謂應作一八一二九，‘將’字韻‘後唐將’。本卷下文《石君立傳》《高行珪傳》同。”今從陳垣説改。

石君立

石君立，趙州昭慶人也，[１]亦謂之石家才。[２]初事代州刺史李克柔，後隸李嗣昭爲牙校，[３]歷典諸軍。夾城之役，[４]君立每出挑戰，壞汴軍栅壘，俘擒而還。八年，與汴軍戰於龍化園，[５]敗之，獲其大將卜渥以獻。[６]嗣昭每出征，俾君立爲前鋒，敵人畏之。王檀之逼晉陽也，城中無備，安金全驅市人以登陴，保聚不完。時莊宗在魏博，救應不暇，人心危懼，嗣昭遣君立率五百騎，自上黨朝發暮至。王檀游軍扼汾橋，君立一戰敗之，徑至城下，馳突斬擊，出入如神，大呼曰：“昭義侍中大軍至矣！”是夜入城，與安金全等分出諸門擊殺於外，遲明，梁軍敗走。[７]

[１]趙州：州名。治所在今河北趙縣。　昭慶：縣名。治所在今河北隆堯縣。

[２]石家才：中華書局本有校勘記：“原作‘石家財’，據本書卷九《梁末帝紀中》貞明五年十二月戊戌條，《册府》卷二一七、卷三六九改。”此據《輯本舊史》卷九《梁末帝紀中》、明本《册

府》卷二一七《閏位部‧交侵門》、《宋本冊府》卷三六九《將帥部‧攻取門二》。《大典》卷六八五〇《王檀傳》亦作"石家才"。《宋本冊府》卷四〇〇《將帥部‧固守門二》、卷四一四《將帥部‧赴援門》作"石嘉才",明本《冊府》卷四〇〇《將帥部‧固守門二》作"石嘉材"。

　　[3]李克柔:人名。李克用之弟。事見本書卷五〇、卷五二。

　　李嗣昭:人名。汾州(今山西汾陽市)人。唐末、五代李克用義子、部將。傳見本書卷五二、《新五代史》卷三六。　牙校:爲低級武官。

　　[4]夾城之役:李克用及李存勗與後梁之間的戰役。開平元年(907),後梁派康懷英築城圍晉將李嗣昭於潞州。後李思安築夾城爲蚰蜒塹以圍之,踰年不能下。最終李嗣源破夾城東北隅,康懷英出天井關而遁。潞州圍解。

　　[5]龍化園:地名。其地不詳。"龍化園",中華書局本有校勘記:"《冊府》卷三六〇作'龍花園'。"此據《宋本冊府》卷三六〇《將帥部‧立功門一三》。

　　[6]卜渥:人名。籍貫、事迹不詳。本書僅此一見。《輯本舊史》之影庫本粘籤:"卜渥,原本作'卞渥',今據《冊府元龜》改正。"此據《宋本冊府》卷三六〇《將帥部‧立功門一三》。

　　[7]王檀:人名。京兆(今陝西西安市)人。後梁將領。傳見本書卷二二、《新五代史》卷二三。　安金全:人名。代北(今山西北部)人。後唐將領。傳見本書卷六一、《新五代史》卷二五。

　　上黨:即潞州,治所在今山西長治市。　汾橋:橋名。位於今山西太原市。　昭義侍中:指代李嗣昭,李嗣昭鎮昭義,官侍中,故稱之。　"王檀之逼晉陽也"至"梁軍敗走":《宋本冊府》卷四一四《將帥部‧赴援門》:"石嘉才,爲李嗣昭騎將。天祐十三年,梁將劉鄩既敗據滑州,梁主召之不至。是月,梁遣別將王檀率衆五萬自河中入陰地,寇我晉陽、昭義。李嗣昭遣嘉才率騎三百赴援。賊方至,營壘未成,城中有故將安金全率驍騎夜出薄之,賊衆大潰，俘斬而還。賊人自是膽破。”“上黨”，《宋本册府》卷三六九《將帥部·攻取門二》言：“自潞州以援。”“昭義”，《輯本舊史》之影庫本粘籤：“昭義，原本作‘紹義’，考《薛史》前後多稱李嗣昭爲昭義侍中，今改正。”

　　十七年，將兵屯德勝。時汴軍自滑州轉餉以給楊村砦，[1]莊宗親率騎軍於河外，循岸而上，邀擊之。汴人距楊村五十里，[2]於河曲潘張村築壘以貯軍儲，[3]莊宗令諸軍攻之。汴人設伏於要路，逆戰僞敗，王師乘之，蹴入壘門，梁伏兵起，因與血戰。君立與鎮州大將王釗等隔入賊壘，[4]時諸將部校陷賊者十餘人，君立被執，送於汴。梁主素知其驍勇，[5]欲用之爲將，械而下獄。久之，梁主遣人誘之，君立曰：“敗軍之將，難與議勇，如欲將我，我雖真誠效命，能信我乎？人皆有君，吾何忍反爲仇人哉！”既而諸將被戮，尚惜君立不之害。同光元年，[6]莊宗至汴前一日，梁主始令殺之。《永樂大典》卷一萬八千一百二十九。[7]

[1]滑州：州名。治所在今河南滑縣。　楊村砦：地名。位於今河南濮陽縣西南。

[2]楊村：地名。位於今河南濮陽縣西南。　汴人距楊村五十里：“距”，原作“拒”，據《宋本册府》卷四四四《將帥部·陷没門》改。

[3]河曲：地名。位於今河南濮陽市一帶。　潘張村：地名。位於今河南范縣西南、濮陽縣西北。

[4]王釗：人名。籍貫事跡不詳。後唐將領。本書僅此一見。君立與鎮州大將王釗等隔入賊壘：中華書局本有校勘記：“‘等’

字原闕，據《册府》卷四四四補。"

[5]梁主：即後梁末帝朱友貞。

[6]同光：後唐莊宗李存勗年號（923—926）。

[7]一萬八千一百二十九：原文作"一萬八千二十九"，《大典》中屬"將"字韻"列國鄭衛燕楚將（一）"事目。據陳垣《舊五代史輯本引書卷數多誤例》："卷六五李建及、石君立、高行珪傳，卷六六《康義誠傳》，均引《大典》一八〇二九，係'將'字韻，鄭衛燕楚將，誤。應作一八一二九，後唐將。"故改之。

高行珪

高行珪，燕人也。[1]家世勇悍，與弟行周俱有武藝，[2]初仕燕爲騎將，[3]驍果出諸將之右。燕帥劉守光僭逆不道，[4]莊宗令周德威征之，守光大懼，以行珪爲武州刺史，[5]令張掎角之勢。時明宗將兵助德威平燕，[6]俄聞行珪至，率騎以禦之。明宗諭以逆順之理，行珪乃降。[7]守光將元行欽在山北，[8]聞行珪有變，即率部下軍衆以攻行珪。行珪遣弟行周告急於周德威，[9]德威命明宗、李嗣本、安金全將兵援之。[10]明宗破行欽於廣邊軍，[11]行欽亦降。尋以行珪爲朔州刺史，歷忻、嵐二郡，[12]遷雲州留後。[13]天成初，授鄧州節度使，尋移鎮安州。[14]

[1]燕：地名。今河北北部。

[2]行周：人名。即高行周。媯州懷戎（今河北懷來縣）人。五代後唐至後周將領。傳見本書卷一二三、《新五代史》卷四八。

與弟行周俱有武藝："弟行周"，《宋本册府》卷三九六《將帥部·勇敢門三》亦作"弟行周"，唯《新五代史》卷四八《高行周傳》謂行珪爲行周堂兄弟。

[3]騎將：泛指騎兵將領。

[4]劉守光：人名。深州樂壽（今河北獻縣）人。唐末、五代幽州節度使劉仁恭之子。劉守光囚父自立，後號大燕皇帝，爲晉王李存勖俘殺。傳見本書卷一三五、《新五代史》卷三九。

[5]武州：州名。治所在今河北張家口市宣化區。

[6]明宗：即後唐明宗李嗣源。沙陀部人，應州金城（今山西應縣）人。李克用養子，逼宮李存勖後自立爲後唐皇帝。926 年至933 年在位。紀見本書卷三五至卷四四、《新五代史》卷六。

[7]行珪乃降：《輯本舊史》之影庫本粘籤："《通鑑考異》云：據《唐實錄》，高行珪降在劉守光既平之後，與《薛史》異，今附識于此。"此據《通鑑》卷二六八乾化三年（913）三月條《考異》。又據《輯本舊史》卷二八《唐莊宗紀二》天祐十年（913）三月丙寅條"武州刺史高行珪遣使乞降"，亦在平定劉守光之前。

[8]元行欽：人名。幽州（今北京市）人。五代後唐將領。傳見本書卷七〇、《新五代史》卷二五。　山北：地區名。亦稱山後。五代時稱今北京、河北軍都山、燕山以北地區爲山後。

[9]行珪遣弟行周告急於周德威：《舊五代史考異》："案《歐陽史》：行珪夜縋行周馳入晉，見莊宗，莊宗因遣明宗救武州。比至，行欽已解去，行珪乃降。是行珪先求救于晉而後降也。《薛史》作降晉後告急，微有異同。"此據《新五代史》卷四八《高行周傳》。

[10]李嗣本：人名。雁門（今山西代縣）人。李克用義子，本姓張。五代後唐將領。傳見本書卷五二、《新五代史》卷三六。

德威命明宗、李嗣本、安金全將兵援之：《宋本冊府》卷四〇〇《將帥部·固守門二》載此救援之事頗詳："高行珪爲武州刺史，時太原軍攻燕經年，城中芻粟少，劉守光令散員大將元行欽率散員騎四千於山後牧馬，兼爲外援。及燕城危蹙，甲士亡散，守光召行欽，行欽部下諸將以守光必敗，赴召無益，乃請行欽爲燕帥，稱留後。行欽無如之何，乃謂諸將曰：'我爲帥，亦須歸幽州。'衆然之，行欽以行珪在武州，慮爲後患，乃令人於懷戎掠得其子，繫之自隨。至武州，謂行珪曰：'將士立我爲留後，共汝父同行，先定軍府，然後降太原，若不從，必殺爾子。'行珪曰：'大王委爾親兵，遂圖叛逆，吾死不能從也。'其子泣告行珪，行珪謂曰：'元公謀逆，何以狗從？與爾決矣。'行珪城守月餘，城中食盡，士有飢色，乃召集居人謂曰：'非不爲父老惜家屬，不幸軍士乏食，可斬予首出降。'即坐見寧帖。行珪爲治有恩，衆泣曰：'願出私糧濟軍，以死共守。'乃夜縋其弟行周入太原軍。既見，莊宗即令明宗率騎援之，比至，行欽解圍矣。"

[11]廣邊軍：地名。位於今河北赤城縣。

[12]朔州：州名。治所在今山西朔州市朔城區。　忻：州名。治所在今山西忻州市。　嵐：州名。治所在今山西嵐縣。

[13]雲州：州名。治所在今山西大同市。　留後：官名。原非正式命官，唐朝節度使入朝或宰相、親王遥領節度使不臨鎮則置。安史之亂後，節度使多以子弟或親信爲留後，以代行節度使職務，亦有軍士、叛將自立爲留後者。掌一州或數州軍政。北宋始爲朝廷正式命官。　遷雲州留後：《輯本舊史》卷三六《唐明宗紀二》天成元年（926）六月丙申條："新州留後張廷裕、雲州留後高行珪，並正授本軍節度使。"知有正授，本傳未及。

[14]天成：後唐明宗李嗣源年號（926—930）。　鄧州：州名。治所在今河南鄧州市。　節度使：官名。唐時在重要地區所設掌握一州或數州軍、民、財政的長官。　安州：州名。治所在今湖北安陸市。

　　行珪性貪鄙，短於爲政，在安州日，行事多不法。副使范延策者，[1]幽州人也，性剛直，累爲賓職，[2]及佐行珪，覩其貪猥，因强諫之，行珪不從。後延策因入奏，獻封章於闕下，事有三條：一請不禁過淮猪羊，而禁絲綿匹帛，以實中國；一請於山林要害置軍鎮，以絕寇盜；一述藩侯之弊，請敕從事明諫諍之，不從，令諸軍校列班廷諍。行珪聞之，深銜之。後因戍兵作亂，[3]誣奏延策與之同謀，父子俱戮於汴，聞者冤之。未幾，行珪以疾卒。詔贈太尉。[4]《永樂大典》卷一萬八千一百二十九。[5]

[1]范延策：人名。幽州（今北京市）人。高行珪僚佐，因剛直被殺。傳見本書附錄。

[2]賓職：幕客或州軍長官僚屬。

[3]後因戍兵作亂：《輯本舊史》卷三九《唐明宗紀五》天成三年（928）十月甲子條：“安州節度使高行珪奏，屯駐左神捷、左懷順軍士作亂，已逐殺出城。”明本《册府》卷一二八《帝王部·明賞門二》：天成三年，“十月甲子，安州上言，屯駐左神捷、右懷順兵士作叛，主帥高行珪襲殺出城”。左懷順或右懷順，待考。

[4]太尉：官名。與司徒、司空並爲三公。唐後期、五代多爲大臣、勳貴加官。正一品。

[5]一萬八千一百二十九：原文作“一萬八千二十九”，《大典》中屬“將”字韻“列國鄭衛燕楚將（一）”事目。據陳垣《舊五代史輯本引書卷數多誤例》：“卷六五李建及、石君立、高行珪傳，卷六六《康義誠傳》，均引《大典》一八〇二九，係‘將’字韻，鄭衛燕楚將，誤。應作一八一二九，後唐將。”今據改。

張廷裕

張廷裕，代北人也。[1]幼事武皇於雲中，從平黄巢，討王行瑜，自行間漸升爲小將。[2]莊宗定魏，補天雄軍左厢馬步都虞候，歷蔚、慈、隰三州刺史。[3]同光三年，除新州節度使。[4]塞上多事，廷裕無控制之術，邊鄙常聳。天成三年，卒於治所。詔贈太保。[5]《永樂大典》卷五千三百六十。[6]

[1]代北：方鎮名。治所在代州（今山西代縣）。

[2]雲中：縣名。治所在今山西大同市。　黄巢：人名。曹州冤句（今山東菏澤市）人。唐末農民起義領袖。傳見《舊唐書》卷二〇〇下、《新唐書》卷二二五下。　王行瑜：人名。邠州（今陝西彬縣）人。唐末軍閥。傳見《舊唐書》卷一七五、《新唐書》卷二二四下。　小將：低級武官。

[3]左厢馬步都虞候：官名。五代時期出征軍隊高級統兵官。蔚：州名。治所在今河北蔚縣。　慈：州名。治所在今山西吉縣。　隰：州名。治所在今山西隰縣。

[4]新州：州名。治所在今河北涿鹿縣。　同光三年，除新州節度使：《輯本舊史》卷三二《唐莊宗紀六》同光二年（924）八月丙子條：“以隰州刺史張廷裕爲新州威塞軍節度留後。”按，新州爲威塞軍治所。

[5]太保：官名。與太師、太傅並爲三師。唐後期、五代多爲大臣、勳貴加官。正一品。

[6]《大典》卷五三六〇“朝”字韻“元朝儀（三）”事目。據陳垣《舊五代史輯本引書卷數多誤例》：“卷六五《張廷裕傳》，卷一二九《張彦超傳》，均引《大典》五三六〇，係‘朝’字韻，

誤。或應作六三六〇，‘張’字韻。”《大典》卷六三六〇“張”字韻“姓氏（三〇）”事目。中華書局本有校勘記則疑出自《大典》卷六三五〇“張”字韻“姓氏（二〇）”事目。

王思同

王思同，幽州人也。父敬柔，歷瀛、平、儒、檀、營五州刺史。[1]思同母即劉仁恭之女也，[2]故思同初事仁恭爲帳下軍校。[3]會劉守光攻仁恭於大安山，[4]思同以部下兵歸太原，時年十六，武皇命爲飛勝指揮使。[5]從莊宗平定山東，[6]累典諸軍。

[1]敬柔：人名。即王敬柔。事見本書本卷。　瀛：州名。治所在今河北河間市。　平：州名。治所在今河北盧龍縣。　儒：州名。治所在今北京市延慶區。　檀：州名。治所在今北京市密雲區。　營：州名。治所在今遼寧朝陽市。

[2]劉仁恭：人名。深州（今河北深州市）人。唐末、五代軍閥。傳見《新唐書》卷二一二。

[3]軍校：即牙校，爲低級武職。　故思同初事仁恭爲帳下軍校：“帳下軍校”，《舊五代史考異》：“案：《歐陽史》作銀胡籙指揮使。”見《新五代史》卷三三《王思同傳》。

[4]大安山：山名。位於今北京市房山區西北。

[5]飛勝指揮使：官名。所部統兵將領。飛勝爲部隊番號。中華書局本有校勘記：“原作‘飛騰指揮使’，據《冊府》卷九三九、《新五代史》卷三三《王思同傳》改。《舊五代史考異》卷二：‘《歐陽史》作飛勝指揮使。’影庫本粘籤：‘飛騰指揮使，疑有舛誤。考《冊府元龜》亦作“飛騰”，今無可復考，姑仍其舊。’”

此據明本《册府》卷九三九《總録部・譏誚門》。

　　[6]山東：太行山以東。昭義軍所管五州，澤、潞二州在太行山以西，邢、洺、磁三州在太行山以東。

　　思同性疏俊，粗有文，性喜爲詩什，與人唱和，自稱薊門戰客。魏王繼岌待之若子。[1]時内養吕知柔侍興聖宮，[2]頗用事，思同不平之。吕爲終南山詩，[3]末句有"頭"字，思同和曰："料伊直擬衝霄漢，賴有青天壓着頭。"其所爲詩句，[4]皆此類也。每從征，必在興聖帳下，然同光朝，位止鄭州刺史。[5]明宗在軍時，素知之，即位後，用爲同州節度使。[6]未幾，移鎮隴右。[7]

　　[1]繼岌：人名。即李繼岌。後唐莊宗長子。傳見本書卷五一、《新五代史》卷一四。

　　[2]内養：指宦官。　吕知柔：人名。籍貫不詳。後唐宦官。事見《新五代史》卷一四。　興聖宮：宮殿名。在洛陽宮城内。位於今河南洛陽市。

　　[3]終南山：中華書局本有校勘記："原作'中南山'，據殿本、劉本、《永樂大典》卷六八五〇引五代《薛史》、《册府》卷九三九、卷九五四改。"此據明本《册府》卷九三九《總録部・譏誚門》、《宋本册府》卷九五四《總録部・妄作門》。

　　[4]其所爲詩句："所爲詩句"，《宋本册府》卷九五四《總録部・妄作門》作"可笑詩句"。

　　[5]鄭州：州名。治所在今河南鄭州市。　位止鄭州刺史：《舊五代史考異》："案：《歐陽史》作以功遷神武十軍都指揮使，累遷鄭州防禦使。"此據《新五代史》卷三三《王思同傳》。《輯本舊史》卷三五《唐明宗紀一》同光四年（926）四月庚子條："以鄭

州防禦使王思同爲同州留後。"《宋本册府》卷三六〇《將帥部·立功門一三》:"王思同爲馬軍左廂都指揮使,領薊州刺史。同光中,從明帝援糧入幽州,逐虜有功,遷鄭州防禦使。"可知其不僅爲鄭州刺史,亦嘗爲防禦使。

[6]用爲同州節度使:《輯本舊史》卷三五《唐明宗紀一》同光四年四月庚子條:"以鄭州防禦使王思同爲同州留後。"知似先爲留後,後得正授。

[7]隴右:地名。隴山(今六盤山)以西、黄河以東甘、陝各地。

　　思同好文士,無賢不肖,必館接賄遺,歲費數十萬。在秦州累年,[1]邊民懷惠,華戎寧息。長興元年,入朝,見於中興殿。[2]明宗問秦州邊事,對曰:"秦州與吐蕃接境,蕃部多違法度。[3]臣設法招懷,沿邊置寨四十餘所,控其要害。每蕃人互市、飲食之界上,[4]令納器械。"因手指畫秦州山川要害控扼處。明宗曰:"人言思同不管事,豈及此耶!"時兩川叛,欲用之,且留左右,故授右武衛上將軍。[5]八月,授西南面行營馬步都虞候。[6]九月,授京兆尹、西京留守。[7]伐蜀之役,爲先鋒指揮使。[8]石敬瑭入大散關。[9]思同恃勇先入劍關,[10]大軍未相繼援,[11]復被董璋兵逐出之。[12]及敬瑭班師,思同以曾獲劍門之功,移鎮山南西道。[13]三年,兩川交兵,明宗慮併在一人,則朝廷難制,密詔思同相度形勢,即乘間用軍,事未行而董璋敗。八月,復爲京兆尹兼西京留守。

[1]秦州：州名。治所在今甘肅天水市。

[2]長興：後唐明宗李嗣源年號（930—933）。　中興殿：宮殿名。在洛陽宮城内。位於今河南洛陽市。

[3]吐蕃：古部族、政權名。唐朝時藏族先民在青藏高原建立吐蕃政權。自7至9世紀，共歷九主，二百餘年。參見才讓《吐蕃史稿》，人民出版社2010年版。

[4]每蕃人互市、飲食之界上："互市"，《輯本舊史》之影庫本粘籤："互市，原本作‘五市’。今據《册府元龜》改正。"此據明本《册府》卷四二九《將帥部·守邊門》。《大典》卷六八五〇亦作"互市"。

[5]兩川：指唐、五代方鎮劍南東川、劍南西川，簡稱兩川或東、西川。唐至德二載（757）分劍南節度使東部地區置劍南東川節度使，治所在梓州（今四川三臺縣）；西部地區置劍南西川節度使，治所在成都府（今四川成都市）。　右武衛上將軍：官名。唐置，掌宮禁宿衛。唐代置十六衛，各置上將軍，從二品；大將軍，正三品；將軍，從三品。　故授右武衛上將軍：中華書局本有校勘記："‘上’字原闕，據《永樂大典》卷六八五〇引五代《薛史》、《通鑑》卷二七七補。"《輯本舊史》卷四一《唐明宗紀七》長興元年（930）九月庚寅條："以右武衛上將軍王思同爲京兆尹。"《宋本册府》卷三六〇《將帥部·立功門一三》："長興中，自秦州節度使入爲右武衛上將軍。"

[6]西南面行營馬步都虞候：官名。五代時期出征軍隊高級統兵官。　授西南面行營馬步都虞候：《宋本册府》卷三六〇《將帥部·立功門一三》作"除西南面行營馬步軍都虞候"。

[7]京兆尹：官名。唐開元元年（713）改雍州置京兆府，治所在今陝西西安市。以京兆尹總其政務。從三品。　西京留守：官名。唐代始置。皇帝出巡或親征時指定親王或大臣留守，綜理軍事、行政、民事、財政。　授京兆尹、西京留守：中華書局本有校勘記："‘授’字原闕，據《永樂大典》卷六八五〇引五代《薛

史》補。”

[8]先鋒指揮使：官名。先鋒，即先鋒部隊。指揮使，爲所部統兵將領。

[9]石敬瑭：人名。沙陀部人。五代後唐將領、後晋開國皇帝。紀見本書卷七五至卷八〇、《新五代史》卷八。　大散關：地名。即散關。秦嶺著名關隘之一。位於今陝西寶雞市西南大散嶺上。

[10]劍關：關隘名。即劍門關。位於今四川劍閣縣劍門鎮北大劍山口。　思同恃勇先入劍關：“劍關”，《宋本册府》卷一三四《帝王部·念功門》、《通鑑》卷二七七長興元年十一月條作“劍門”。《宋本册府》卷三六〇《將帥部·立功門一三》作“思同以偏衆取小劍門入，倒迴收下劍門”。

[11]大軍未相繼援：中華書局本有校勘記：“‘援’字原闕，據《永樂大典》卷六八五〇引《五代薛史》補。”

[12]董璋：人名。籍貫不詳。五代後梁、後唐將領。傳見本書卷六二、《新五代史》卷五一。

[13]山南西道：方鎮名。治所在梁州（今陝西漢中市）。　移鎮山南西道：《輯本舊史》卷四二《唐明宗紀八》長興二年三月乙亥條：“以西京留守、權知興元軍府事王思同爲山南西道節度使，充西面行營馬步軍都虞候。”

　　時潞王鎮鳳翔，[1]與之鄰境，及潞王不稟朝旨，致書於秦、涇、雍、梁、邠諸帥，[2]言：“賊臣亂政，屬先帝疾篤，謀害秦王，[3]迎立嗣君，自擅權柄，以致殘害骨肉，搖動藩垣。懼先人基業忽焉墜地，故誓心入朝以除君側。事濟之後，謝病歸藩。然藩邸素貧，兵力俱困，[4]欲希國士，共濟急難。”乃令小伶安十十以五弦妓見思同，[5]因歡諷動，又令軍校宋審溫者，[6]請使於雍，若不從命，即獨圖之。又令推官郝昭、府吏朱延乂以書檄起兵。[7]會副部署藥彥稠至，[8]方宴，而妓、使適至，乃繫之於獄。彥稠請誅審溫，拘送昭赴闕。時思同已遣其子入朝言事，朝廷嘉之，乃以思同爲鳳翔行營都部署，[9]起軍營於扶風。[10]

[1]潞王：即後唐廢帝李從珂。鎮州平山（今河北平山縣）人。本姓王，後唐明宗李嗣源擄其母魏氏，遂養爲己子。應順元年（934）四月，李從珂入洛陽即帝位。清泰三年（936）五月，石敬瑭謀反，廢帝自焚死，五代後唐亡。紀見本書卷四六至卷四八、《新五代史》卷七。　鳳翔：方鎮名。治所在鳳翔府（今陝西鳳翔縣）。

[2]涇：州名。治所在今甘肅涇川縣。　雍：地名。即京兆府，今陝西西安市。　梁：州名。治所在今陝西漢中市。　邠：州名。治所在今陝西彬縣。

[3]秦王：即李從榮。沙陀部人。後唐明宗李嗣源次子。傳見本書卷五一、《新五代史》卷一五。

[4]然藩邸素貧，兵力俱困：“兵力”，《宋本冊府》卷三七四《將帥部·忠門五》作“兵食”。

[5]安十十：人名。籍貫不詳。李從珂伶奴。事見本書本卷。乃令小伶安十十以五弦妓見思同：中華書局本有校勘記：“‘安十十’原作‘女十人’，據《冊府》卷三七四、卷六八六、卷八四八改。‘妓’，原作‘技’，據《永樂大典》卷六八五〇引五代《薛史》、《冊府》卷三七四（宋本）、卷六八六改，《冊府》卷三七四（明本）、卷八四八作‘謁’。《舊五代史考異》卷二：‘案《歐陽史》作“遣伶奴安十十以五絃謁思同”。’影庫本粘籤：‘《歐陽史》作“潞王五弦妓見思同”，原本“技”字疑誤，據《薛史》上文有“小伶女十人”，則下文不應復稱爲“五弦妓”，蓋歐、薛二史語有

繁簡，各自成文也，今附識于此。'"見《新五代史》卷三三《王
思同傳》、《宋本冊府》卷六八六《牧守部・忠門二》，《宋本冊府》
卷八四八《總録部・任俠門》闕王思同條，故據明本。

[6]宋審温：人名。籍貫、事迹不詳。本書僅此一見。　又令
軍校宋審温者：中華書局本有校勘記："'令'字原闕，據《冊府》
卷三七四補。"

[7]推官：官名。唐始置，唐代後期節度、觀察、團練、防禦
等使的屬官，掌推按刑獄。此外，度支、鹽鐵等使也置推官。　郝
昭：人名。籍貫不詳。李從珂屬官。事見本書本卷。"郝昭"，中華
書局本有校勘記："《冊府》卷三七四、卷六八六同，《冊府》卷一
七二（宋本）、卷三七四（明本）、《新五代史》卷三三《王思同
傳》、《通鑑》卷二七九作'郝詡'。本卷下一處同。《舊五代史考
異》卷二：'案：《歐陽史》作郝詡，《通鑑》從《歐陽史》。'"此
分别據《宋本冊府》卷三七四《將帥部・忠門五》、卷六八六《牧
守部・忠門二》、卷一七二《帝王部・求舊門二》，《新五代史》卷
三三《王思同傳》，《通鑑》卷二七九清泰元年二月辛卯條。　朱
延乂：人名。籍貫、事迹不詳。本書僅此一見。"朱延乂"，中華書
局本有校勘記："《冊府》卷三七四、卷六八六同，《冊府》卷一七
二、《通鑑》卷二七九作'朱廷乂'。"

[8]藥彦稠：人名。沙陀部人。五代後唐將領。傳見本書卷六
六、《新五代史》卷二七。

[9]行營都部署：官名。凡行軍征討，掛帥率軍戰鬥，總管行
營事務。　乃以思同爲鳳翔行營都部署：《輯本舊史》卷四五《唐
閔帝紀》應順元年二月丁酉條："王思同加同平章事，充西面行營
都部署。"《通鑑》卷二七九清泰元年二月條："辛卯，以王思同爲
西面行營馬步軍都部署。……丁酉，加王思同同平章事，知鳳翔
行府。"

[10]扶風：縣名。治所在今陝西扶風縣。歸鳳翔府轄。

三月十四日，與張虔釗會於岐下，[1]梯衝大集。十五日，進收東西關城，城中戰備不完，然死力禦扞，外兵傷夷者十二三。十六日，復進攻其城，潞王登陴泣諭於外，[2]聞者悲之。張虔釗性褊，詰旦，西南用軍，與都監皆血刃以督軍士，軍士齊訴，反攻虔釗，虔釗躍馬避之。時羽林指揮使楊思權引軍自西門先入，[3]思同未之知，猶督士登城。俄而嚴衛指揮使尹暉呼曰："西城軍已入城受賞矣，[4]軍士可解甲！"棄仗之聲，振動天地。日午，亂軍畢集，涇州張從賓、邠州康福、河中安彥威皆遁去。[5]十七日，思同與藥彥稠、萇從簡俱至長安，[6]劉遂雍閉關不内，乃奔潼關。[7]

[1]張虔釗：人名。遼州（今山西左權縣）人。五代後唐、後蜀將領。傳見本書卷七四。　岐下：岐山以下。此指鳳翔。

[2]潞王登陴泣諭於外：明本《册府》卷一一《帝王部·繼統門三》載其告諭之文："我年未二十，從先帝征伐，出生入死，金瘡滿身，樹立社稷，軍士從我登陴者多矣。今朝廷信任賊臣，殘害骨肉，且我有何罪！"

[3]羽林指揮使：官名。所部統兵將領。羽林爲部隊番號。楊思權：人名。邠州新平（今陝西彬縣）人。五代後唐、後晋將領。傳見本書卷八八、《新五代史》卷四八。　時羽林指揮使楊思權引軍自西門先入：明本《册府》卷一一《帝王部·繼統門三》："時羽林都指揮使楊思權謂衆曰：'大相公，吾主也。'遂引軍自西門入。"《宋本册府》卷三七四《將帥部·忠門五》："時羽林指揮使楊思權引軍自西門先入，降從珂。"

[4]嚴衛指揮使：官名。所部統兵將領。嚴衛爲部隊番號。後唐明宗長興三年（932），改在京左右羽林四十指揮爲嚴衛左右軍。

尹暉：人名。魏州大名（今河北大名縣）人。五代後唐、後晉將領。傳見本書卷八八、《新五代史》卷四八。 西城軍已入城受賞矣：中華書局本有校勘記："'西城'，《永樂大典》卷六八五〇引五代《薛史》同，《册府》卷三七四、《新五代史》卷三三《王思同傳》、《通鑑》卷二七九作'城西'。"

［5］張從賓：人名。籍貫不詳。五代後唐、後晉將領。傳見本書卷九七。 康福：人名。蔚州（今河北蔚縣）人。五代後唐、後晉將領。傳見本書卷九一、《新五代史》卷四六。 安彥威：人名。崞縣（今山西原平市）人。五代後唐、後晉將領。傳見本書卷九一、《新五代史》卷四七。

［6］萇從簡：人名。陳州（今河南淮陽縣）人。五代後唐、後晉將領。傳見本書卷九四、《新五代史》卷四七。中華書局本有校勘記："原作'萇從諫'，據殿本、《册府》（明本）卷三七四改。按本書卷九四有《萇從簡傳》。" 長安：地名。即今陝西西安市。

［7］劉遂雍：人名。籍貫不詳。五代將領。事見《新五代史》卷三三。 潼關：關隘名。位於今陝西潼關縣。

二十二日，[1]潞王至昭應，[2]前鋒執思同來獻。王謂左右曰："思同計乖於事，然盡心於所奉，亦可嘉也。"顧謂趙守鈞曰：[3]"思同，爾之故人，可行迓之於路，達予撫慰之意。"思同至，潞王讓之曰："賊臣傾我國家，[4]殘害骨肉，非予弟之過。我起兵岐山，[5]蓋誅一二賊臣耳，爾何首鼠兩端，多方惧我，今日之罪，其可逃乎！"思同曰："臣起自行間，受先朝爵命，秉旄仗鉞，累歷重藩，終無顯效以答殊遇。臣非不知攀龍附鳳則福多，扶衰救弱則禍速，但惟瞑目之後，無面見先帝。釁鼓膏原，縲囚之常分也。"潞王爲之改容，徐謂之曰：

"且憩歇。"潞王欲宥之,[6]而楊思權之徒耻見其面,屢啓於劉延朗,[7]言思同不可留,慮失士心。又潞王入長安時,尹暉盡得思同家財及諸妓女,故尤惡思同,與劉延朗亟言之。屬潞王醉,[8]不待報,殺思同并其子德勝。潞王醒,召思同,左右報已誅之矣。潞王怒延朗,累日嗟惜之。[9]及漢高祖即位,詔贈侍中。[10]《永樂大典》卷六千八百五十。[11]

[1]二十二日:《輯本舊史》卷四六《唐末帝紀上》應順元年(934)三月二十三日條:"二十三日,次靈口,誅王思同。"明本《册府》卷一一《帝王部·繼統門三》:"二十三日,次靈口,駕下軍執王思同來降,是日,誅之。"

[2]昭應:縣名。治所在今陝西西安市臨潼區華清池西北。

[3]趙守鈞:人名。籍貫不詳。事見本書本卷。《輯本舊史》之影庫本粘籤:"趙守鈞,原本作'字鈞',今從《通鑑》改正。"按《通鑑》卷二七九清泰元年(934)三月條未見趙守鈞其人,影庫本粘籤恐誤,《宋本册府》卷三七四《將帥部·忠門五》作"趙守鈞"。

[4]賊臣傾我國家:"國家",《大典》卷六八五〇無"家"字,《宋本册府》卷三七四《將帥部·忠門五》作"家國"。

[5]岐山:山名。位於今陝西岐山縣東北。

[6]潞王欲宥之:"宥",原作"用",《宋本册府》卷三七四、《通鑑》卷二七九清泰元年三月癸亥條作"宥",《大典》卷六八五〇作"有"。按:"有"通"宥",寬恕、赦免之義,思同與潞王之對話已表現出不能爲之所用之決心,故當爲"宥"。

[7]劉延朗:人名。宋州虞城(今河南虞城縣)人。五代後唐大臣。傳見本書卷六九、《新五代史》卷二七。 屢啓於劉延朗:"於"字原闕,據《大典》卷六八五〇、《宋本册府》卷三七四補。

[8]屬潞王醉:"潞"字原闕,據《大典》卷六八五〇、《宋本册府》卷三七四補。

[9]德勝:人名。即王德勝。事迹不詳。 "殺思同並其子德勝"至"累日嗟惜之":《輯本舊史》卷四五《唐閔帝紀》應順元年三月癸亥條:"以康義誠爲鳳翔行營都招討使,餘如故;以王思同爲副招討使。"同月甲子條:"甲子,陝州奏,潞王至潼關,害西面都部署王思同。"

[10]漢高祖:即石敬瑭。 侍中:官名。秦始置。隋、唐前期爲門下省長官。唐後期多爲大臣加銜,不參與政務,實際職務由門下侍郎執行。正二品。

[11]六千八百五十:中華書局本有校勘記:"原作'六千六百七十一',檢《永樂大典目録》,卷六六七一'江'字韻'鎮江府八',與本則内容不符。按本書實出《永樂大典》卷六八五〇,據改。"《大典》卷六八五〇"干"字韻"姓氏(三五)"事目,現存。

索自通

索自通,字得之,太原清源人也。[1]父繼昭,以自通貴,授國子監祭酒致仕。[2]自通少能騎射,嘗於山墅射獵。莊宗鎮太原時,遇之於野,訊其姓名,即補右番廳直軍使。[3]後因從獵,射中走鹿,轉指揮使。佐周德威攻燕軍於涿州,[4]擒燕將郭在鈞。[5]從莊宗定魏博,改突騎指揮使。[6]明宗即位,自隨駕左右廂馬軍都指揮使授忻州刺史。[7]歲餘召還,復典禁兵,領韶州刺史,出爲大同軍節度使。[8]累歲移鎮忠武,改京兆尹、西京留守。[9]楊彦温據河中作亂,[10]自通率師討平之,授河中節度使。尋自鄜州入爲右龍武統軍。[11]初，自通既平楊彥溫，[12]代末帝鎮河中，[13]臨事失於周旋，末帝深銜之。[14]及末帝即位，自通憂悸求死。[15]清泰元年七月，因朝退涉洛，自溺而卒。[16]

　　[1]清源：縣名。位於今山西清徐縣。

　　[2]繼昭：人名。即索繼昭。事迹不詳。　國子監祭酒：官名。古代國子學或太學長官。晋武帝司馬炎始置。掌邦國儒學訓導之政令，領太學、國子學及國子監所屬各學。從三品。

　　[3]右番廳直軍使：官名。所部統兵將領。廳直爲部隊番號。

　　[4]涿州：州名。治所在今河北涿州市。

　　[5]郭在鈞：人名。籍貫、事跡不詳。本書僅此一見。中華書局本有校勘記："《册府》卷三四七、卷三六〇作‘郭在均’。"見明本《册府》卷三四七《將帥部·佐命門八》、《宋本册府》卷三六〇《將帥部·立功門一三》。

　　[6]突騎指揮使：官名。所部統兵將領。突騎爲部隊番號。

　　[7]左右廂馬軍都指揮使：官名。所部統兵將領。左右廂馬軍爲部隊番號。　隨駕左右廂馬軍都指揮使授忻州刺史："使"字原闕，據《輯本舊史》卷三六《唐明宗紀二》天成元年（926）五月壬午條、明本《册府》卷三四七《將帥部·佐命門八》補。

　　[8]韶州：州名。治所在今廣東韶關市。　大同軍：方鎮名。治所在雲州（今山西大同市）。　復典禁兵，領韶州刺史，出爲大同軍節度使：《輯本舊史》卷三九《唐明宗紀五》天成三年九月乙亥條："以捧聖左右廂副都指揮使索自通爲雲州節度使。"知所典禁兵爲捧聖軍，雲州爲大同軍治所。"復"，明本《册府》卷三四七《將帥部·佐命門八》作"後"。

　　[9]忠武：方鎮名。貞元十年（794）以陳許節度使爲忠武軍，治所在許州（今河南許昌市）。天復元年（901）移治陳州（今河

南淮陽縣）。 累歲移鎮忠武，改京兆尹、西京留守：《輯本舊史》卷三九《唐明宗紀五》天成三年十月甲子，"詔升壽州爲忠正軍"；同月戊辰條，"以雲州節度使索自通領壽州節度使"。《輯本舊史》卷四〇《唐明宗紀六》天成四年五月己卯條："以忠武軍節度使索自通爲京兆尹，充西京留守。"據朱玉龍《五代十國方鎮年表》，天成四年忠武軍節度使爲孔循，非索自通。此處"忠武"當爲"忠正"之誤。

[10]楊彥溫：人名。汴州（今河南開封市）人。後唐將領。傳見本書卷七四。

[11]鄜州：州名。治所在今陝西富縣。 右龍武統軍：官名。《新唐書·兵志》："武德六年，以天下既定，遂廢十二軍，改驃騎曰統軍，車騎曰別將。"唐代禁軍左右龍武軍、左右神武軍、左右神策軍各置統軍一人，位次於大將軍。

[12]初，自通既平楊彥溫："楊彥溫"，《輯本舊史》之影庫本粘籤："楊彥溫，原本作'湯彥溫'，考《通鑑·歐陽史》俱作楊彥溫，今改正。"此據《通鑑》卷二七七長興元年（930）四月壬寅條、《新五代史》卷六《唐明宗紀》。《宋本冊府》卷三六〇《將帥部·立功門一三》、卷六九四《牧守部·武功門二》、卷九〇九《總錄部·憂懼門》以及明本《冊府》卷四三五《將帥部·獻捷門二》均作"楊彥溫"。

[13]末帝：即後唐廢帝李從珂。 代末帝鎮河中：《宋本冊府》卷九〇九《總錄部·憂懼門》："楊彥溫據河中叛逆，自通出師。討平之時，末帝鎮河中，臨事失於周旋，帝深銜之。及帝即位，自通爲右龍武統軍，常憂悸求死。清泰元年七月，因朝退，涉洛水陽墮而卒。"其中無"代"字，然索自通確嘗鎮河中。

[14]臨事失於周旋，末帝深銜之：《舊五代史考異》："案《通鑑》：自通至鎮，承安重誨指，籍軍府甲仗數上之，以爲從珂私造，賴王德妃居中保護，從珂由是得免。"此據《通鑑》卷二七七長興元年四月壬寅條。

[15]及末帝即位，自通憂悸求死：明本《册府》卷一一四《帝王部·巡幸門三》："末帝清泰元年六月庚辰，幸至德宫，又幸房知温、安元信、范延光、索自通、李從敏居第，各賜繒帛、銀器，至夕還宫。"

[16]清泰：五代後唐廢帝李從珂年號（934—936）。　洛：即今洛河。

　　子萬進，周顯德中，歷任方鎮。[1]《永樂大典》卷一萬八千一百二十九。[2]

　　[1]萬進：人名。即索萬進。五代後周將領。事見本書卷一〇三、卷一一三。　顯德：五代後周太祖郭威年號（954）。世宗柴榮、恭帝柴宗訓沿用（954—960）。

　　[2]《大典》卷一八一二九"將"字韻"後唐將（二）"事目。

舊五代史　卷六六

唐書四十二

列傳第十八

安重誨[1]

[1]《輯本舊史》之影庫本粘籤：“《安重誨傳》,《永樂大典》全篇已佚, 今就其散見各韻者共得五條, 《册府元龜》所引《薛史》共得三條, 《通鑑注》所引《薛史》一條, 排比先後, 以存梗概。”

安重誨, 其先本北部酋豪。父福遷, 爲河東將, 救兖、鄆而没。[1]

[1]福遷：人名。即安福遷。五代後晋將領。事見本書卷二六、《新五代史》卷二四。　河東：方鎮名。治所在太原（今山西太原市）。　兖：州名。治所在今山東濟寧市兖州區。　鄆：州名。治所在今山東東平縣。　“安重誨”至“救兖、鄆而没”：《通鑑》卷二六九貞明二年（916）九月條胡注引《薛史》。“酋豪”,《輯本

舊史》原作"豪長"。中華書局本有校勘記:"'豪長',《通鑑》卷二六九胡注引《薛史》作'酋豪'。"但未改,今據改。"爲河東將",中華書局本有校勘記:"'爲'原作'於',據殿本、劉本、《通鑑》卷二六九胡注引《薛史》改。"《新五代史》卷二四《安重誨傳》:"安重誨,應州人也。其父福遷,事晋爲將,以驍勇知名。梁攻朱宣於鄆州,晋兵救宣,宣敗,福遷戰死。"

　　重誨自明宗龍潛時得給事左右。[1]及鎮邢州,以重誨爲中門使。[2]隨從征討,凡十餘年,委信無間,勤勞亦至。洎鄴城之變,[3]佐命之功,獨居其右。明宗踐祚,領樞密使,俄遷左領軍衛大將軍充職。[4]

　　[1]明宗:即李嗣源。沙陀部人。原名邈佶烈,李克用養子。五代後唐明宗,926年至933年在位。紀見本書卷三五至卷四四、《新五代史》卷六。
　　[2]邢州:州名。治所在今河北邢臺市。　中門使:官名。五代時晋王李存勗所置。爲節度使屬官,執掌同於朝廷之樞密使。《通鑑》卷二六九貞明二年(916)九月條:"嗣源以安重誨爲中門使,委以心腹,重誨亦爲嗣源盡力。"
　　[3]鄴城:地名。即鄴都。治所在今河北大名縣。
　　[4]樞密使:官名。樞密院長官。唐代宗時始以宦官掌機密,至昭宗時借朱温之力盡誅宦官,改以士人任樞密使。備顧問,參謀議,出納詔奏,權侔宰相。參見李全德《唐宋變革期樞密院研究》,國家圖書館出版社2009年版。　左領軍衛大將軍:官名。唐置,掌宫禁宿衛。唐代置十六衛,即左右衛、左右驍衛、左右武衛、左右威衛、左右領軍衛、左右金吾衛、左右監門衛、左右千牛衛。各置上將軍,從二品;大將軍,正三品;將軍,從三品。　"重誨自明宗龍潛時得給事左右"至"俄遷左領軍衛大將軍充職":亦見明

本《册府》卷三〇九《宰輔部·佐命門二》。《輯本舊史》之原輯者案語："以下有闕文。"明本《册府》卷九九《帝王部·親信門》："明宗在藩邸時，安重誨得給事左右，年尚幼而勤恪穎悟，出於時輩，漸得帝意。帝之鎮邢臺也，俾職閣司，隨從征討，垂十餘年，親信無間，歷數鎮，咸委心腹之任。及鄴城之變也，天下之心知所歸矣，佐命之功，獨居其右。"《新五代史》卷二四《安重誨傳》："重誨少事明宗，爲人明敏謹恪。明宗鎮安國，以爲中門使。及兵變于魏，所與謀議大計，皆重誨與霍彦威决之。明宗即位，以爲左領軍衛大將軍、樞密使，兼領山南東道節度使。固辭不拜，改兵部尚書，使如故。在位六年，累加侍中兼中書令。"《通鑑》卷二七五天成元年（926）四月乙未條："以中門使安重誨爲樞密使。"

（天成元年四月） 監國令所在訪求諸王。[1]通王存確、雅王存紀匿民間，或密告安重誨，重誨與李紹真謀曰："今殿下既監國典喪，諸王宜早爲之所，以壹人心。[2]殿下性慈，不可以聞。"乃密遣人就田舍殺之。後月餘，監國乃聞之，切責重誨，傷惜久之。[3]

[1]天成：五代後唐明宗李嗣源年號（926—930）。

[2]存確：人名。即李存確。李克用之子，莊宗李存勗之弟。傳見本書卷五一、《新五代史》卷一四。 存紀：人名。即李存紀。李克用之子，莊宗李存勗之弟。傳見本書卷五一、《新五代史》卷一四。 李紹真：人名。即霍彦威。洺州曲周（今河北曲周縣）人。五代後梁將領霍存養子，後梁、後唐將領。傳見本書卷六四、《新五代史》卷四六。

[3]"監國令所在訪求諸王"至"傷惜久之"：《通鑑》卷二七五。《新五代史》卷一四《太祖子》："存紀、存確聞郭從謙反，奔于南山，匿民家。明宗詔河南府及諸道：'諸王出奔，所至送赴闕；

如不幸物故者，收瘞以聞.' 存紀等所匿民家以告安重誨，重誨謂霍彥威曰：‘二王逃難，主上尋求，恐其失所。今上既監國典喪，此禮如何?' 彥威曰：‘上性仁慈，不可聞奏。宜密爲之所，以安人情。' 乃即民家殺之。"

　　帝目不知書，四方奏事皆令安重誨讀之，重誨亦不能盡通，乃奏稱："臣徒以忠實之心事陛下，得典樞機，今事粗能曉知，至於古事，非臣所及。願倣前朝侍講、侍讀，近代直崇政、樞密院，選文學之臣與之共事，以備應對。"[1]乃置端明殿學士，（天成元年五月）乙亥，以翰林學士馮道、趙鳳爲之。[2]

　　[1]侍講、侍讀：官名。唐玄宗嘗選耆儒，每日一人侍讀，以質史籍疑義，至是，置集賢院侍講學士、侍讀直學士。　直崇政、樞密院：官名。五代後梁設崇政院，後唐同光元年（923）改名樞密院。與中書分理朝政。

　　[2]端明殿學士：官名。五代後唐明宗朝始置，以翰林學士充任，負責誦讀四方書奏。　翰林學士：官名。由南北朝始設之學士發展而來，唐玄宗改翰林供奉爲翰林學士，備顧問，代王言。掌拜免將相、號令征伐等詔令的起草。　馮道：人名。瀛州景城（今河北滄縣）人。五代時官拜宰相，歷仕後唐、後晉、後漢、後周，亦曾臣服於契丹。傳見本書卷一二六、《新五代史》卷五四。　趙鳳：人名。幽州（今北京市）人。五代後唐大臣。傳見本書卷六七、《新五代史》卷二八。　"帝目不知書"至"以翰林學士馮道、趙鳳爲之"：《通鑑》卷二七五。

　　重誨嘗出，過御史臺門，殿直馬延悞衝其前導，重誨怒，即臺門斬延而後奏。[1]是時，隨駕廳子軍士桑弘遷，毆傷相州録事參軍；親從兵馬使安虔，走馬沖宰相前導。[2]弘遷罪死，虔決杖而已。重誨以斬延，乃請降敕處分，明宗不得已從之，由是御史、諫官無敢言者。[3]

　　[1]御史臺：官署名。秦漢始置。爲古代國家的監察機構。掌糾察官吏違法，肅正朝廷綱紀。大事廷辨，小事奏彈。　殿直：官名。五代後唐禁軍低級軍官。　馬延：人名。籍貫不詳。後唐明宗天成元年（926）七月，權臣安重誨出，殿直馬延誤衝其前導，安重誨怒而於御史臺門前殺之。事見本書卷五八《李琪傳》、《新五代史》卷六《唐本紀》。

　　[2]廳子軍：衙門裏當差的小吏組成的軍隊。　桑弘遷：人名。籍貫不詳。五代後唐時人。事見《新五代史》卷二四。　相州：州名。治所在今河南安陽市。　録事參軍：官名。州府屬官，總掌諸曹事務。官品爲從六品至從八品不等。　兵馬使：官名。唐、五代親從部隊統率官。掌兵馬訓練、指揮。　安虔：人名。籍貫不詳。五代後唐將領。事見《新五代史》卷二四。

　　[3]御史：掌諫諍的官員的統稱。御史臺執掌監察官員的泛稱。　諫官：掌諫諍的官員的統稱。　"重誨嘗出"至"由是御史、諫官無敢言者"：《新五代史》卷二四《安重誨傳》。《新五代史》卷六《唐本紀》天成元年七月庚申條："安重誨殺殿直馬延于御史臺門。"《通鑑》卷二七五天成元年七月條："安重誨恃恩驕橫，殿直馬延誤衝前導，斬之於馬前，御史大夫李琪以聞。秋，七月，重誨白帝下詔，稱延陵突重臣，戒諭中外。"

　　天成中，任圜以功拜平章事判三司，[1]重誨忌之，嘗會于私第，有妓善歌，重誨求之不得，嫌隙漸深。先是，使人食券皆出於户部，[2]重誨止之，俾須内出，爭於御前，往復數四，竟爲所沮，求罷三司，俄除太子少保致仕，出居磁州。[3]駕幸夷門，至鄭門，聞朱守殷叛，[4]重誨接便慮爲結構，立遣人稱制，就害之。又符習爲邢洺節度使。[5]初，習與霍彦威畫赴難之謀，[6]重誨名位猶下二人，既藉宿望，議論多抗，重誨銜之。習在鎮以軍政委判官劉搏，性褊而猾，物論惡之，有言於重誨者，重誨具以聞。[7]天成四年召習京師，復授宣武軍節度使，[8]重誨心猶不悦，會汴人言習厚賦錢以代納藁，及軍租加省耗，繇是罷歸京師私第，授太子太師致仕。[9]又皇甫立，代北人也，明宗之刺代州，署爲牙校，[10]從歷藩鎮，性純謹，明宗委信之。王建立、安重誨策名委質皆在立後。[11]明宗踐祚，以立爲忻州刺史，[12]頻詔安重誨授一藩鎮，重誨奏曰："立嘗申意於臣，且願舊地。"繇是遷改留滯，蓋重誨扼之也。[13]

[1]天成：五代後唐明宗李嗣源年號（926—930）。　任圜：人名。京兆三原（今陝西三原縣）人。後唐將領、大臣。傳見本書卷六七、《新五代史》卷二八。　平章事：即"同中書門下平章事"的簡稱。唐高宗以後，凡實際任宰相之職者，常在其本官後加同平章事的職銜。後成爲宰相專稱。　三司：官署名。唐末、五代稱鹽鐵、度支、户部爲三司，其分則爲三個獨立部門，合則稱爲三司。三司掌管統籌國家財政之事。

[2]户部：官署名。主管全國田户、均輸、錢穀之政令。

[3]太子少保：官名。與太子少傅、太子少師合稱"三少"，

唐後期、五代多爲大臣、勳貴加官。從二品。　磁州：州名。治所在今河北磁縣。

[4]夷門：地名。原指戰國魏都大梁城東門，故址在今河南開封城內東北隅。夷門位於夷山，夷山因山勢平夷而得名，故門亦以山爲名。此處代指開封。　鄭門：唐以後大梁城（今河南開封市）西面南第一門。　朱守殷：人名。籍貫不詳。五代後唐將領。傳見本書卷七四、《新五代史》卷五一。

[5]符習：人名。趙州昭慶（今河北隆堯縣）人。五代後唐將領。傳見本書卷五九、《新五代史》卷二六。　邢洺：方鎮名。治所在今河北邢臺市。　節度使：官名。唐時在重要地區所設掌握一州或數州軍事、民事、財政的長官。

[6]霍彥威：人名。洺州曲周（今河北曲周縣）人。五代後梁將領霍存養子。後梁、後唐將領。傳見本書卷六四、《新五代史》卷四六。

[7]判官：官名。唐中期後，凡觀察、防禦、團練、節度各使及元帥府，皆設判官爲其僚屬。協理政事，或備差遣。　劉搏：人名。籍貫、事迹不詳。本書僅此一見。

[8]京師：指洛陽。治所在今河南洛陽市。　宣武軍：方鎮名。唐舊鎮，治所在汴州（今河南開封市）。後梁開平元年（907）升汴州爲東京開封府。開平三年置宣武軍於宋州（今河南商丘市睢陽區）。後唐同光元年（923）改宋州宣武軍爲歸德軍。廢東京開封府，重建宣武軍於汴州。後晉天福三年（938），改爲東京開封府。除天福十二年、十三年短暫改爲宣武軍外，汴京均爲東京開封府。

[9]汴：州名。治所在今河南開封市。　太子太師：官名。與太子太傅、太子太保統稱太子三師。隋唐以後多作加官或贈官。從一品。

[10]皇甫立：人名。代北人。後唐將領。傳見本書卷一〇六。
代北：方鎮名。治所在代州（今山西代縣）。　代州：州名。治所在今山西代縣。　牙校：低級武官。

[11]王建立：人名。遼州榆社（今山西榆社縣）人。五代後唐、後晉大臣。傳見本書卷九一、《新五代史》卷四六。

[12]忻州：州名。治所在今山西忻州市。　刺史：官名。州一級行政長官。漢武帝時始置，總掌考核官吏、勸課農桑、地方教化等事。唐中期以後，節度使、觀察使轄州而設，刺史爲其屬官，職任漸輕。從三品至正四品下。

[13]“天成中”至“蓋重誨扼之也”：明本《册府》卷三三九《宰輔部·嫉害門》。《通鑑》卷二七六天成二年十月條：“或謂安重誨曰：‘失職在外之人，乘賊未破，或能爲患，不如除之。’重誨以爲然，奏遣使賜任圜死。端明殿學士趙鳳哭謂重誨曰：‘任圜義士，安肯爲逆！公濫刑如此，何以贊國！’”卷二七七長興元年（930）四月丁酉條：“宣武節度使符習，自恃宿將，論議多抗安重誨，重誨求其過失，奏之；丁酉，詔習以太子太師致仕。”《宋本册府》卷四五九《臺省部·公正門》趙鳳條：“時任圜爲宰相，恃明宗舊恩，行事無邊幅，爲巧宦者所傾，以至罷相，歸磁州。朱守殷以汴州叛，明宗親征，未及鄭州，巧宦者謂安重誨曰：‘比失權者三、四人在外地，如朝夕未能破賊，被此輩陰結狡徒，爲患非細。’乃指任圜在滏陽，即日馳驛，賜圜自盡。既而鳳知之，哭謂重誨曰：‘任圜義士，肯造逆謀以讎君父乎？公如此濫刑，何以安國！’重誨笑而不責。”《新五代史》卷二四《安重誨傳》：“宰相任圜判三司，以其職事與重誨争，不能得，圜怒，辭疾，退居于磁州。朱守殷以汴州反，重誨遣人矯詔馳至其家，殺圜而後白，誣圜與守殷通謀，明宗皆不能詰也。而重誨恐天下議己，因取三司積欠二百余萬，請放之，冀以悦人而塞責，明宗不得已，爲下詔蠲除之。其威福自出，多此類也。”

是時，四方奏事，皆先白重誨然後聞。河南縣獻嘉禾，[1]一莖五穗，重誨視之曰：“僞也。”笞其人而遣之。

夏州李仁福進白鷹，[2]重誨却之，明日，白曰：“陛下詔
天下毋得獻鷹鷂，而仁福違詔獻鷹，臣已却之矣。”重
誨出，明宗陰遣人取之以入。佗日，按鷹于西郊，戒左
右：“無使重誨知也！”宿州進白兔，[3]重誨曰：“兔陰且
狡，雖白何爲！”遂却而不白。明宗爲人雖寬厚，然其
性夷狄，果於殺人。馬牧軍使田令方所牧馬，[4]瘠而多
斃，坐劾當死，重誨諫曰：“使天下聞以馬故，殺一軍
使，是謂貴畜而賤人。”令方因得減死。[5]明宗遣回鶻侯
三馳傳至其國。侯三至醴泉縣，縣素僻，無驛馬，其令
劉知章出獵，不時給馬，侯三遽以聞。明宗大怒，械知
章至京師，將殺之，重誨從容爲言，乃得不死。《永樂大
典》卷一萬一千六百五十四。[6]

[1]河南縣：縣名。治所在今河南洛陽市。

[2]夏州：州名。治所在今陝西靖邊縣。　李仁福：人名。党
項拓跋族人。五代党項首領。傳見本書卷一三二、《新五代史》卷
四〇。

[3]宿州：州名。治所在今安徽宿州市。

[4]馬牧軍使：官名。掌戰馬畜牧等事。　田令方：人名。籍
貫不詳。五代後唐官員。事見《新五代史》卷二四。

[5]“是時”至“令方因得減死”：《新五代史》卷二四《安
重誨傳》。

[6]回鶻：部族名。原係突厥鐵勒部的一支。唐天寶三載
（744）建立回鶻汗國，9世紀中葉，回鶻汗國瓦解。參見楊蕤《回
鶻時代：10—13世紀陸上絲綢之路貿易研究》，中國社會科學出版
社2015年版。　侯三：人名。回鶻人。五代後唐時人，明宗部屬。
事見本書本卷。　醴泉縣：縣名。治所在今陝西禮泉縣。　劉知

章：人名。籍貫不詳。五代後唐官員。事見本書本卷。　“明宗遣回鶻侯三馳傳至其國”至“乃得不死”：《大典》卷一一六五四“馬”字韻“事韻（五）”事目。

　　明宗幸汴州，重誨建議，欲因以伐淮，而明宗難之。[1]其後户部尚書李鏻得吳諜者言：“徐知誥欲奉吳國以稱藩，願得安公一言以爲信。”[2]鏻即引諜者見重誨。重誨大喜，以爲然，乃以玉帶與諜者，使遺知誥爲信，其直千緡。[3]《永樂大典》卷一萬五千五百三十。

　　[1]淮：地名。即淮南。今淮河以南、長江以北地區。時屬南唐。

　　[2]李鏻：人名。唐朝宗室。五代大臣。傳見本書卷一〇八、《新五代史》卷五七。　吳：五代十國之吳國。　徐知誥：人名。即李昪。徐州（今江蘇徐州市）人。五代十國南唐開國皇帝。937年至943年在位。傳見本書卷一三四、《新五代史》卷六二。

　　[3]玉帶：通常指由玉質構件裝飾的革製腰帶，裝飾精美，風格多樣，多佩於正式禮服或官服之外。　“明宗幸汴州”至“其直千緡”：《大典》卷一五五三〇“信”字韻“事韻（二）”事目。“重誨建議”至“願得安公一言以爲信”，中華書局本有校勘記：“殿本作‘重誨建議，欲因以伐淮南，明宗難之。後李鏻得淮南諜者，言：‘徐知誥欲奉其國稱藩臣，願得安令公一言爲信。’”“明宗遣回鶻侯三馳傳至其國”至“其直千緡”，中華書局本有校勘記：“按以上二則文字與《新五代史》卷二四《安重誨傳》略同，疑係清人誤輯。”

　　錢鏐據有兩浙，號兼吳越而王，自梁及莊宗，常異其禮，以羈縻臣屬之而已。明宗即位，鏐遣使朝京師，寓書重誨，其禮慢，重誨怒，未有以發，乃遣其嬖吏韓玫、副供奉官烏昭遇復使於鏐，[1]昭遇本僞梁之承旨，數使吳越。先是，以其數將命，故令使之。昭遇至彼，每以國情私於吳人，仍名吳越國王錢鏐爲殿下，自稱臣，指兩地則云南朝北朝，及昭遇謁鏐，稱見拜蹈，如事至尊。副使韓玫數讓之，昭遇對其人誚玫曰：“昭遇事過五朝天子，四爲吳越使，時事數變，昭遇猶在，公輩何凝滯邪？”復陰許鏐陳奏所求之事。使回，玫具陳其事，故停削鏐官爵，令致仕。是日以烏昭遇下御史臺，尋賜自盡。後有自杭州使還者，言昭遇無臣鏐事，皆玫誣搆，云玫恃安重誨之勢，頗凌烏昭遇，嘗於杭州，既醉，以馬箠擊昭遇，鏐欲奏之，昭遇祈而乃止。及復命，翻誣昭遇。人頗以爲冤。[2]

[1]錢鏐：人名。杭州臨安（今浙江杭州市臨安區）人。五代時期吳越國的建立者。傳見本書卷一三三《世襲列傳》、《新五代史》卷六七《吳越世家》。　兩浙：地區名。浙東、浙西的合稱。泛指今浙江全省及江蘇南部一角。　吳越：五代時十國之一。後梁開平元年（907），封鎮海節度使錢鏐爲吳越王，領有今浙江之地及江蘇的一部分。北宋太平興國三年（978），錢俶向北宋納土，吳越亡。　莊宗：即後唐莊宗李存勗。沙陀部人。後唐開國皇帝。923年至926年在位。紀見本書卷二七至卷三四、《新五代史》卷四至卷五。　韓玫：人名。籍貫不詳。五代後唐官員。事見《新五代史》卷六七。　供奉官：官名。泛指侍奉皇帝左右的臣僚，亦爲東、西頭供奉官通稱。　烏昭遇：人名。籍貫不詳。五代後唐官員。傳見本書附錄。　“錢鏐據有兩浙”至“副供奉官烏昭遇復

使於鏐”：《新五代史》卷二四《安重誨傳》。《通鑑》卷二七六天成三年（928）二月庚辰條：“吳自莊宗滅梁以來，使者往來不絕。庚辰，吳使者至，安重誨以爲楊溥敢與朝廷抗禮，遣使窺覘，拒而不受，自是遂與吳絕。”《輯本舊史》卷一三三《錢鏐傳》：“明宗即位之初，安重誨用事，鏐嘗與重誨書，云‘吳越國工謹致書于某官執事’，不敍暄涼，重誨怒其無禮。屬供奉官烏昭遇使於兩浙，每以朝廷事私於吳人，仍目鏐爲殿下，自稱臣，謁鏐行舞蹈之禮。及迴，使副韓玫具述其事，重誨因削鏐元帥、尚父、國王之號，以太師致仕。”《通鑑》卷二七六天成四年九月癸巳條：“吳越王鏐居其國好自大，朝廷使者曲意奉之則贈遺豐厚，不然則禮遇疏薄。嘗遣安重誨書，辭禮頗倨。帝遣供奉官烏昭遇、韓玫使吳越，昭遇與玫有隙，使還，玫奏：‘昭遇見鏐，稱臣拜舞，謂鏐爲殿下，及私以國事告鏐。’安重誨奏賜昭遇死。癸巳，制鏐以太師致仕，自餘官爵皆削之，凡吳越進奏官、使者、綱吏，令所在繫治之。鏐令子傳瓘等上表訟冤，皆不省。”卷二七七長興二年（931）三月乙酉條：“復以錢鏐爲天下兵馬都元帥、尚父、吳越國王，遣監門上將軍張篯往諭旨，以曩日致仕，安重誨矯制也。”

[2]杭州：州名。治所在今浙江杭州市。　“昭遇本僞梁之承旨”至“人頗以爲冤”：明本《册府》卷九三三《總録部·構陷門》韓玫條。《新五代史》卷二四《安重誨傳》：“而玫恃重誨勢，數凌辱昭遇，因醉使酒，以馬箠擊之。鏐欲奏其事，昭遇以爲辱國，固止之。及玫還，返譖於重誨曰：‘昭遇見鏐，舞蹈稱臣，而以朝廷事私告鏐。’昭遇坐死御史獄，乃下制削奪鏐官爵，以太師致仕，於是錢氏遂絕於唐矣。”

　　潞王從珂爲河中節度使，[1]重誨以謂從珂非李氏子，後必爲國家患，乃欲陰圖之。從珂閱馬黃龍莊，其牙内指揮使楊彥溫閉城以叛。[2]從珂遣人謂彥溫曰：“我遇汝厚，何苦而反邪？"報曰："彥溫非叛也，得樞密院宣，請公趨歸朝廷耳！"從珂走虞鄉，馳騎上變。[3]明宗疑其事不明，欲究其所以，乃遣殿直都知范氳以金帶襲衣、金鞍勒馬賜彥溫，拜彥溫絳州刺史，[4]以誘致之。重誨固請用兵，明宗不得已，乃遣侍衛指揮使藥彥稠、西京留守索自通率兵討之，[5]而誡曰："爲我生致彥溫，吾將自訊其事。"彥稠等攻破河中，希重誨旨，斬彥溫以滅口。重誨率群臣稱賀，明宗大怒曰："朕家事不了，卿等不合致賀！"從珂罷鎮，居清化里第。[6]重誨數諷宰相，言從珂失守，宜得罪，馮道因白請行法。明宗怒曰："吾兒爲姦人所中，事未辨明，公等出此言，是不欲容吾兒人間邪？"趙鳳因言："《春秋》責帥之義，所以勵爲臣者。"明宗曰："皆非公等意也！"道等惶恐而退。居數日，道等又以爲請，明宗顧左右而言他。明日，重誨乃自論列，明宗曰："公欲如何處置，我即從公！"重誨曰："此父子之際，非臣所宜言，惟陛下裁之。"明宗曰："吾爲小校時，[7]衣食不能自足，此兒爲我擔石灰，拾馬糞，以相養活，今貴爲天子，獨不能庇之邪！使其杜門私第，亦何與公事！"重誨由是不復敢言。孟知祥鎮西川，董璋鎮東川，[8]二人皆有異志，重誨每事裁抑，務欲制其姦心，凡兩川守將更代，多用己所親信，必以精兵從之，漸令分戍諸州，以虞緩急。二人覺之，以爲圖己，益不自安。既而遣李嚴爲西川監軍，[9]知祥大怒，斬嚴；又分閬州爲保寧軍，以李仁矩爲節度使以制璋，[10]且削其地，璋以兵攻殺仁矩。二人遂皆反。唐兵戍蜀者，積三萬人，其後知祥殺璋，兼據兩川，而唐之精兵皆陷蜀。[11]

[1]從珂：即五代後唐廢帝李從珂。鎮州平山（今河北平山縣）人。本姓王，後唐明宗李嗣源擄其母魏氏，遂養爲己子。應順元年（934）四月，李從珂入洛陽即帝位。清泰三年（936）五月，石敬瑭謀反，廢帝自焚死，後唐亡。紀見本書卷四六至卷四八、《新五代史》卷七。　河中：方鎮名。治所在河中府（今山西永濟市）。

[2]閱馬：校閱軍馬，引申爲檢閱部隊。　黃龍莊：地名。其地不詳，疑位於虞鄉縣（今山西永濟市）一帶。　牙內指揮使：官名。即衙內指揮使。唐、五代時期衙內指揮使爲節度使府衙內之牙將，掌統最親近衛兵。　楊彥溫：人名。汴州（今河南開封市）人。五代後唐將領。傳見本書卷七四。

[3]虞鄉：縣名。治所在今山西永濟市。　上變：向朝廷報告緊急事變。多指密告謀反。

[4]殿直都知：官名。五代後唐禁軍軍官。　范匜：人名。籍貫不詳。五代後唐將領。事見本書本卷。　絳州：州名。治所在今山西新絳縣。

[5]侍衛指揮使：官名。當即侍衛親軍都指揮使。五代侍衛親軍長官。多爲皇帝親信。後梁始置侍衛親軍，爲禁軍的一支，後唐沿置並成爲禁軍主力，下設馬軍、步軍。　藥彥稠：人名。沙陀部人。五代後唐將領。傳見本書本卷、《新五代史》卷二七。　西京：指京兆府（今陝西西安市）。　留守：官名。在陪都或軍事重鎮所設留守，由地方行政長官兼任。　索自通：人名。太原清源（今山西清徐縣）人。五代後唐將領。傳見本書卷六五。

[6]清化里：里坊名。位於今河南洛陽市。

[7]小校：官名。五代時期軍隊中下級軍官的別稱，可越級提

拔爲副指揮使或指揮使。

[8]孟知祥：人名。邢州龍岡（今河北邢臺市）人。李克用女婿，五代十國後蜀開國皇帝。傳見本書卷一三六、《新五代史》卷六四。　西川：方鎮名。劍南西川的簡稱。治所在成都府（今四川成都市）。　董璋：人名。籍貫不詳。五代後梁、後唐將領。傳見本書卷六二、《新五代史》卷五一。　東川：方鎮名。治所在梓州（今四川三臺縣）。

[9]李嚴：人名。幽州（今北京市）人。五代後唐官員。後爲孟知祥所殺。傳見本書卷七〇、《新五代史》卷二六。　監軍：官名。爲臨時差遣，代表朝廷協理軍務、督察將帥。五代時常以宦官爲監軍。

[10]閬州：州名。治所在今四川閬中市。　保寧軍：方鎮名。治所在閬州（今四川閬中市）。　李仁矩：人名。籍貫不詳。後唐明宗舊將。傳見本書卷七〇、《新五代史》卷二六。

[11]"潞王從珂爲河中節度使"至"而唐之精兵皆陷蜀"：《新五代史》卷二四《安重誨傳》。《通鑑》卷二七五天成元年（926）十月條："安重誨以知祥及東川節度使董璋皆據險要，擁強兵，恐久而難制；又知祥乃莊宗近姻，陰欲圖之。"

重誨爲樞密使，四五年間，獨縮大任，否臧自若，環衛、酋長、貴戚、近習，無敢干政者。弟牧鄭州，子鎮懷孟，身爲中令，任過其才，議者謂必有覆餗之禍。無何，有吏人李虔徽弟揚言於衆云："相者言之狀，今將統軍征淮南。"時有軍將密以是聞，深駭上聽。[1]明宗謂重誨曰："聞卿樹心腹，私市兵仗，欲自討淮南，有之否？"重誨惶恐，奏曰："興師命將，出自宸衷，必是奸人結構，臣願陛下窮詰所言者。"翌日，帝召侍衛指揮使安從進、藥彥稠等，謂之曰："有人告安重誨私置兵仗，將不利於社稷，其若之何？"從進等奏曰："此是奸人結構，離間陛下勳舊。且重誨事陛下三十年，從微至著，無不盡心，今日何苦乃圖不軌！臣等以家屬保明，必無此事。"帝意乃解。[2]遂使中使就第召重誨，具以告事人邊彥溫之言諭之，因面窮詰彥溫，具狀誣告，即斬彥溫於市，李行德、張儉並族誅。[3]

[1]鄭州：州名。治所在今河南鄭州市。　懷：州名。治所在今河南沁陽市。　孟：州名。治所在今河南孟州市。　李虔徽：人名。籍貫不詳。五代後唐官員。事見《新五代史》卷二四。　淮南：指十國之吳國。景福元年（892）楊行密爲淮南節度使。天復二年（902）封爲吳王，建立吳國。　"重誨爲樞密使"至"深駭上聽"：明本《册府》卷九四二《總錄部·禍敗門》。"相者言之狀"，《輯本舊史》錄《册府》時作"聞相者言其貴不可言"，"深駭上聽"作"頗駭上聽"。《新五代史》卷二四《安重誨傳》："初不以其事聞，其後逾年，知詰之問不至，始奏貶鏻行軍司馬。已而捧聖都軍使李行德、十將張儉告變，言：'樞密承旨李虔徽語其客邊彥溫云：'重誨私募士卒，繕治甲器，欲自伐吳。又與謀者交私。'明宗以問重誨，重誨惶恐，請究其事。明宗初頗疑之，大臣左右皆爲之辨，既而少解，始告重誨以彥溫之言，因廷詰彥溫，具伏其詐，於是君臣相顧泣下。彥溫、行德、儉皆坐族誅。"《通鑑》卷二七七長興元年（930）八月乙未條："捧聖軍使李行德、十將張儉引告密人邊彥溫告'安重誨發兵，云欲自討淮南；又引占相者問命。'帝以問侍衛都指揮使安從進、藥彥稠，二人曰：'此姦人欲離間陛下勳舊耳。重誨事陛下三十年，幸而富貴，何苦謀反！臣等請以宗族保之。'帝乃斬彥溫，召重誨慰撫之，君臣相泣。""有吏人李虔徽弟"至"今將統軍征淮南"，明本《册府》卷九三三《總錄

部·誣構門》張儉條："張儉者，捧聖軍使李行德十將也。長興初，儉奏據告密人邊彥温云：'樞密承旨李虔徽弟説國家征發兵師，樞密使安重誨自爲都統，欲討淮南。'又云：'占相人言"安重誨貴不可言"。'"

[2]安從進：人名。索葛部人。五代後唐、後晋將領。傳見本書卷九八、《新五代史》卷五一。　"明宗謂重誨曰"至"帝意乃解"：《輯本舊史》引此條繫於《大典》卷四六一"中"字韻，與本傳無涉。"有人告安重誨私置兵仗"，中華書局本有校勘記："'兵仗'，《册府》卷九三三作'兵仗綱紀'。""臣等以家屬保明"，《輯本舊史》之影庫本粘籤："'家屬'原本作'家没'，今據文改正。"明本《册府》卷九三三《總録部·誣構門二》作"家族"。

[3]中使：皇宫中派出的使臣。多由宦官擔任。　邊彥温：人名。籍貫不詳。五代後唐官員。事見本書卷四一。　李行德：人名。籍貫不詳。五代後唐將領。事見本書卷四一。　張儉：人名。籍貫不詳。五代後唐將領。事見本書卷四一。　"遂使中使就第召重誨"至"李行德、張儉並族誅"：明本《册府》卷九三三《總録部·誣構門二》張儉條。

重誨三上表乞解機務，詔不允。復面奏："乞與臣一鎮，以息謗議。"明宗不悦。重誨奏不已，明宗怒，謂曰："放卿出，朕自有人！"即令武德使孟漢瓊至中書，與宰臣商量重誨事。馮道言曰："諸人苟惜安令公，解樞務爲便。"趙鳳曰："大臣豈可輕動，公失言也。"道等因附漢瓊奏曰："此斷自宸旨，然重臣不可輕議移改。"由是兼命范延光爲樞密使，重誨如故。[1]《永樂大典》卷一萬一百一。

[1]武德使：官名。五代後唐置，爲武德司長官，掌檢校皇城啓閉與警衛。 孟漢瓊：人名。籍貫不詳。五代後唐宦官。傳見本書卷七二。 中書：官署名。"中書門下"的簡稱。唐代以來爲宰相處理政務的機構。參見劉後濱《唐代中書門下體制研究——公文形態·政務運行與制度變遷》，齊魯書社 2004 年版。 范延光：人名。相州臨漳（今河北臨漳縣）人。五代後唐、後晉將領。傳見本書卷九七、《新五代史》卷五一。 "重誨三上表乞解機務"至"重誨如故"：《大典》卷一〇一一三"旨"字韻"事韻（二）"事目。亦見明本《册府》卷七八《帝王部·委任門二》。《新五代史》卷二四《安重誨傳》："重誨因求解職，明宗慰之曰：'事已辦，慎無措之胸中。'重誨論請不已，明宗怒曰：'放卿去，朕不患無人！'顧武德使孟漢瓊至中書，趣馮道等議代重誨者。馮道曰：'諸公苟惜安公，使得罷去，是紓其禍也。'趙鳳以爲大臣不可輕動。遂以范延光爲樞密使，而重誨居職如故。"《通鑑》卷二七七長興元年（930）九月甲戌條："安重誨久專大權，中外惡之者衆；王德妃及武德使孟漢瓊浸用事，數短重誨於上。重誨內憂懼，表解機務，上曰：'朕無間於卿，誣罔者朕既誅之矣，卿何爲爾？'甲戌，重誨復面奏曰：'臣以寒賤，致位至此，忽爲人誣以反，非陛下至明，臣無種矣。由臣才薄任重，恐終不能鎮浮言，願賜一鎮以全餘生。'上不許；重誨求之不已，上怒曰：'聽卿去，朕不患無人！'前成德節度使范延光勸上留重誨，且曰：'重誨去，誰能代之？'上曰：'卿豈不可？'延光曰：'臣受驅策日淺，且才不逮重誨，何敢當此！'上遣孟漢瓊詣中書議重誨事，馮道曰：'諸公果愛安令，宜解其樞務爲便。'趙鳳曰：'公失言！'乃奏大臣不可輕動。"

時以東川帥董璋恃險難制，乃以武虔裕爲綿州刺史，董璋益懷疑忌，遂縶虔裕以叛。及石敬瑭領王師伐蜀，峽路艱阻，糧運不繼，明宗憂之，而重誨請行。翌日，領數騎而出，日馳數百里，西諸侯聞之，莫不惶駭。所在錢帛糧料，星夜輦運，人乘斃踣於山路者不可勝紀，百姓苦之。[1]《永樂大典》卷一萬八千一百三十九。

重誨至鳳翔，節度使朱弘昭延于寢室，令妻子奉食器，敬事尤謹。重誨坐中言及："昨被人讒搆，幾不保全，賴聖上保鑒，苟獲全族。"因泣下。重誨既辭，弘昭遣人具奏："重誨怨望出惡言，不可令至行營，恐奪石敬瑭兵柄。"而宣徽使孟漢瓊自西迴，亦奏。重誨已至三泉，復詔歸闕。再過鳳翔，朱弘昭拒而不納，重誨懼，急騎奔程，未至京師，制授河中帥。既至鎮，心不自安，而請致仕。制初下，其子崇贊、崇緒走歸河中。二子初至，重誨駭然曰："二渠安得來？"家人欲問故，重誨曰："吾知之矣，此非渠意，是他人教來。吾但以一死報國家，餘復何言！"翌日，中使至，見重誨，號泣久之。重誨曰："公但言其故，勿過相愍。"中使曰："人言令公據城異志矣！"重誨曰："吾一死未塞責，已負君親，安敢輒懷異志，遽勞朝廷興師，增聖上宵旰，則僕之罪更萬萬矣！"時遣翟光鄴使河中，如察重誨有異志，則誅之。既至，李從璋自率甲士圍其第，仍拜重誨於其庭，重誨下階迎拜曰："太傅過禮。"俛首方拜，從璋以檛擊其首，其妻驚走抱之，曰："令公死亦不遲，太傅何遽如此！"并擊重誨妻首碎，並剝其衣服，夫妻裸形踣于廊下，血流盈庭。翌日，副使判官白從璋願以衣服覆其屍，堅請方許。及從璋疏重誨家財，不及數千緡，議者以重誨有經綸社稷之大功，然志大才短，不能回避權寵，親禮士大夫，求周身輔國之遠圖，而悉自恣胸襟，果貽顛覆。[2]

[1]武虔裕：人名。籍貫不詳。五代後唐將領。事見《新五代史》卷六四。　綿州：州名。治所在今四川綿陽市。　石敬瑭：人名。沙陀部人，晉陽（今山西太原市）人。五代後晉開國君主。在位期間割華北北部幽、雲諸州予契丹。紀見本書卷七五至卷八〇、《新五代史》卷八。　“時以東川帥董璋恃險難制”至“百姓苦之”：《大典》卷一八一二九“將”字韻“後唐將（二）”事目。

“而重誨請行”，中華書局本有校勘記：“句下《册府》卷九四二有‘纔許便辭’四字。”“星夜輦運”，中華書局本有校勘記：“句下《册府》卷九四二有‘齊赴利州’四字。”《新五代史》卷二四《安重誨傳》：“董璋等反，遣石敬瑭討之，而川路險阻，糧運甚艱，每費一石，而致一斗。自關以西，民苦輸送，往往亡聚山林爲盜賊。明宗謂重誨曰：‘事勢如此，吾當自行。’重誨曰：‘此臣之責也。’乃請行。關西之人聞重誨來，皆已恐動，而重誨日馳數百里，遠近驚駭。督趣糧運，日夜不絕，斃踣道路者，不可勝數。”《輯本舊史》卷四一《唐明宗紀七》長興元年（930）十二月甲寅條：“遣樞密使安重誨赴西面軍前。時帝以蜀路險阻，進兵艱難，潼關已西，物價甚賤，百姓挽運至利州，率一斛不得一斗，謂侍臣曰：‘關西勞擾，未有成功，誰能辦吾事者！朕須自行。’安重誨曰：‘此臣之責也，臣請行。’帝許之。言訖而辭，翌日遂行。”《通鑑》卷二七七長興元年十二月諸條：“石敬瑭征蜀未有功，使者自軍前來，多言道險狹，進兵甚難，關右之人疲於轉餉，往往竄匿山谷，聚爲盜賊。上憂之，壬子，謂近臣曰：‘誰能辦吾事者！吾當自行耳。’安重誨曰：‘臣職忝機密，軍威不振，臣之罪也，臣請自往督戰。’上許之。重誨即拜辭，癸丑，遂行，日馳數百里。西方藩鎮聞之，無不惶駭。錢帛、芻糧晝夜輦運赴利州，人畜斃踣於山谷者不可勝紀。"明本《册府》卷一二三《帝王部·征討門三》唐明宗條長興元年十二月條："遣樞密使安重誨赴西面軍前。時帝以蜀路險阻，進兵艱難，潼關以西，物價絕賤，百姓般糧往利州，每費一斛，不得一斗，至令譙類壞壤，逃竄山谷，或聚爲盜，慮不堪命。帝念饋輓之苦，形于顏色，謂近臣曰：'關勞擾軍前，未有成功，孰能辦吾事者！朕須自行。'重誨奏曰：'此臣之責也！臣今請行。'許之，言訖面辭，翼月發赴軍前，邠州節度使李敬周，如京師羅延魯，供奉官周務謙、丁延徽、陳審瓊、韓玫、符彥倫等並從重誨西行。"

[2]鳳翔：方鎮名。治所在鳳翔府（今陝西鳳翔縣）。　朱弘昭：人名。太原（今山西太原市）人。後唐明宗朝樞密使、宰相。傳見本書本卷、《新五代史》卷二七。　宣徽使：官名。宣徽院長官。總領宮內諸司、內侍名籍、郊祭、朝會等事。　三泉：縣名。治所在今陝西寧強縣。　崇贊、崇緒：人名。即安崇贊、安崇緒。安重誨之子。五代後唐官員。事見本書卷四二。　翟光鄴：人名。濮州鄄城（今山東鄄城縣）人，五代將領。傳見本書卷一二九、《新五代史》卷四九。　李從璋：人名。五代後唐明宗從子。後唐、後晉將領。傳見本書卷八八、《新五代史》卷一五。　太傅：官名。與太師、太保並爲三師。唐後期、五代多爲大臣、勳貴加官。正一品。　副使判官：官名。唐、五代方鎮僚屬，位在行軍司馬下。分掌使衙內各曹事，並協助使職官員通判衙事。　"重誨至鳳翔"至"果貽顛覆"：明本《册府》卷九四二《總錄部·禍敗門》。　"昨被人讒搆"，中華書局本有校勘記："'被'原作'有'，據《册府》卷九四二改。""復詔歸闕"，中華書局本有校勘記："'詔'原作'令'，據《册府》（宋本）卷九四二改，明本無此字。"　"二渠安得來"，中華書局本有校勘記："'二'字原闕，據《册府》卷九四二、《新五代史》卷二四《安重誨傳》補。"《新五代史》無"二"字。"家人欲問故"，《輯本舊史》之影庫本粘籤："原本作'家人欲問故里'，今以文義求之，'里'字當係衍文，今刪去。""此非渠意"，《册府》原作"非此渠意"，按文義應爲"此非"，今

從中華書局本改。《輯本舊史》於此後録《五代史補》：“初，知祥將據蜀也，且上表乞般家屬。時樞密使安重誨用事，拒其請，知祥曰：‘吾知之矣。’因使密以金百兩爲賂，重誨喜而爲敷奏，詔許之。及家屬至，知祥對僚吏笑曰：‘天下聞知安樞密，將謂天地間未有此，誰知只銷此百金耶，亦不足畏也。’遂守險拒命。”又録《五代史闕文》：“明宗令翟光鄴、李從璋誅重誨於河中私第，從璋奮檛擊重誨於地，重誨曰：‘某死無恨，但恨不與官家誅得潞王，他日必爲朝廷之患。’言終而絶。臣謹案：《明宗實録》是清泰帝朝修撰，潞王即清泰帝也。史臣避諱，不敢直書。嗚呼，重誨之志節泯矣！”《輯本舊史》卷四二《唐明宗紀八》長興二年閏五月諸條：“庚寅，制河中節度使、檢校太師、兼中書令安重誨可太子太師致仕。是日，重誨男崇緒等潛歸河中。……丁酉，安重誨奏：‘男崇贊、崇緒等到州，臣已拘送赴闕。’崇緒至陝州，詔令下獄。己亥，詔安重誨宜削奪在身官爵，並妻阿張、男崇贊、崇緒等並賜死，其餘親不問。”《輯本舊史》卷一〇〇《漢高祖紀下》天福十二年（947）閏七月丙寅條：“故河中節度使安重誨贈尚書令。”《新五代史》卷六《唐明宗本紀》長興二年閏五月丁酉條：“殺太子太師致仕安重誨及其妻張氏、子崇贊、崇緒。”《宋本册府》卷一五四《帝王部·明罰門三》長興二年閏五月條：“誅河中節度新除太子太師致仕安重誨詔曰：‘朕猥以眇躬，纘承丕構，欲華夷之共泰，於刑賞以無私。其有位極人臣，寵逾涯分，擅威權而積惡，詢物議以難容，苟緩刑章，是滋凶慝。安重誨始從幼稚，獲備指揮，既倚注以漸深，亦旌酬而益甚。自朕紹興王業，委掌樞機，官列三公，望崇四輔，謂勤劬之可恃，每率暴以居懷。且孟知祥、董璋，自守藩維，素堅臣節，輒從間諜，令負憂疑。擢任姻親，往分符竹，潛設猜防之計，擅興割據之言，兩川飲恨以俱深，一旦飛章而頓絶。又錢鏐位冠王公，嘗輸愛戴，朕方禮優元老，恩遇遠人，而重誨採掇瑕疵，遽行止絶。且去年郊天禮畢，率土乂康，重誨既縮國權，復希兵柄，輒出渡淮之語，貴邀統衆之名，事雖不行，謀實可懼。

其後終興戈甲，遽討巴邛，將士疲勞，梯船阻絶。又遣專臨寨所，俾料軍儲，恣威虐以復多，致民兵之共怨。朕尚存大體，特示優恩，爰自禁庭，委之藩翰，方繁共理，旋乃貢章。豈謂別有動搖，潛懷怨望，長子崇緒，親居內職，次子崇贊，顯列朝行，遣彼元隨，偷歸本道。據茲悖逆，須究端由，勞千里以興師，致四方之駭聽，果明罪釁，難逭誅夷。其安重誨宜削奪在身官爵，仍並男崇贊、崇緒及重誨妻、向張等四人，宜並賜死。'"《新五代史》卷二四《安重誨傳》："重誨過鳳翔，節度使朱弘昭延之寢室，使其妻子奉事左右甚謹。重誨酒酣，爲弘昭言：'昨被讒構，幾不自全，賴人主明聖，得保家族。'因感歎泣下。重誨去，弘昭馳騎上言：'重誨怨望，不可令至行營，恐其生事。'而宣徽使孟漢瓊自行營使還，亦言西人震駭之狀，因述重誨過惡。重誨行至三泉，被召還。過鳳翔，弘昭拒而不納，重誨懼，馳趨京師。未至，拜河中節度使。重誨已罷，希旨者爭求其過。宦者安希倫，坐與重誨交私，常與重誨陰伺宮中動息，事發棄市。重誨益懼，因上章告老，以太子太師致仕。而以李從璋爲河中節度使，遣藥彥稠率兵如河中虞變。重誨子崇緒、崇贊，宿衛京師，聞制下，即日奔其父。重誨見之，驚曰：'渠安得來！'已而曰：'此非渠意，爲人所使耳。吾以一死報國，餘復何言！'乃械送二子于京師，行至陝州，下獄。明宗又遣翟光業至河中，視重誨去就，戒曰：'有異志，則與從璋圖之。'又遣宦者使於重誨。使者見重誨，號泣不已，重誨問其故，使者曰：'人言公有異志，朝廷遣藥彥稠率師至矣！'重誨曰：'吾死未塞責，遽勞朝廷興師，以重明主之憂。'光業至，從璋率兵圍重誨第，入拜於庭。重誨降而答拜，從璋以楇擊其首，重誨妻走抱之而呼曰：'令公死未晚，何遽如此！'又擊其首，夫妻皆死，流血盈庭。從璋檢責其家貲，不及數千緡而已。明宗下詔，以其絶錢鏐，致孟知祥、董璋反，及議伐吳，以爲罪。並殺其二子，其餘子孫皆免。重誨得罪，知其必死，歎曰：'我固當死，但恨不與國家除去潞王！'此其恨也。"

朱弘昭

朱弘昭，太原人也。[1]祖玟，父叔宗，皆爲本府牙將。[2]弘昭事明宗，在藩方爲典客。天成元年，爲文思使，[3]歷東川副使。[4]二年餘，除左衛大將軍，充内客省使。[5]三年，轉宣徽南院使。[6]明宗親祀南郊，弘昭爲大内留守，加檢校太傅。[7]出鎮鳳翔，會朝廷命石敬瑭帥師伐蜀，久未成功，安重誨自請西行。至鳳翔，弘昭迎謁馬首，請館於府署，妻子羅拜，捧卮爲壽。弘昭密遣人謂敬瑭曰：“安公親來勞軍，觀其舉措孟浪，儻令得至，恐士心迎合，[8]則不戰而自潰也。可速拒之，必不敢前，則師徒萬全也。”敬瑭聞其言大懼，即日燒營遁還。重誨聞之，不敢西行，[9]因返旆束還。復過鳳翔，弘昭拒而不納。及重誨得罪，其年弘昭入朝，授左武衛上將軍，[10]充宣徽南院使。

[1]太原：府名。治所在今山西太原市。

[2]玟：人名。即朱玟。事迹不詳。　叔宗：人名。即朱叔宗。事迹不詳。　牙將：官名。牙兵爲唐朝節度使的親兵，爲藩鎮軍隊中的精鋭部隊。

[3]文思使：官名。文思院長官。掌造宮廷所需之物。唐代置文思院，以宦官爲文思使。五代後梁時改文思院爲乾文院，文思使改稱乾文院使。後唐時復舊。

[4]歷東川副使：《宋本册府》卷九四〇《總録部·患難門》朱弘昭條模糊不清，遂據明本：“朱弘昭爲文思使，與安重誨情不協，故罕得居内任。天成二年秋，以李嚴爲西蜀監軍，乃用弘昭爲東川副使。嚴至成都，爲孟知祥所害。弘昭懼，求還京師。董璋待

之雖厚，而嘗猜防伺察。弘昭坦懷從命，而璋不疑，尤重之。會有軍事，雖論列，乃令弘昭入覲，僞辭之，不獲，繇是免禍。”

[5]左衛大將軍：官名。唐置，掌宮禁宿衛。唐代十六衛之一，正三品。　内客省使：官名。中書省所屬内客省長官。唐始置，五代沿置。

[6]宣徽南院使：官名。唐始置。宣徽南院長官。初用宦官，五代以後改用士人。與宣徽北院使通掌内諸司及三班内侍之名籍，郊祀、朝會、宴享供帳之儀，檢視内外進奉名物。參見王永平《論唐代宣徽使》，《中國史研究》1995 年第 1 期；王孫盈政《再論唐代的宣徽使》，《中華文史論叢》2018 年第 3 期。

[7]大内留守：官名。凡有郊廟、朝獻等大禮，皇帝合當齋戒於祭所，則差大内留守，禮畢即罷。本書卷四一載：“中書奏郊天有日，合差大内留守。”　檢校太傅：官名。爲散官或加官，以示恩寵，無實際執掌。

[8]迎合：《輯本舊史》之影庫本粘籤：“迎合，原本作‘逆合’，今據文改正。”

[9]“敬瑭聞其言大懼”至“不敢西行”：《舊五代史考異》：“案《歐陽史》：敬瑭以糧餉不繼，遽燒營還軍，重誨亦以被讒召還。”見《新五代史》卷二七《朱弘昭傳》。

[10]左武衛上將軍：官名。唐置，掌宮禁宿衛。唐代十六衛之一，從二品。

長興三年十二月，[1]代康義誠爲襄州節度使。[2]四年，秦王從榮爲元帥，[3]屢宣惡言，執政大臣皆懼，謀出避之。樞密使范延光、趙延壽日夕更見，[4]涕泣求去，明宗怒而不許。延壽使其妻興平公主入言於中，[5]延光亦因孟漢瓊、王淑妃進說，[6]故皆得免。未幾，趙延壽出鎮汴州，召弘昭於襄陽，代爲樞密使，加同平章事。[7]十月，范延光出鎮常山，以三司使馮贇與弘昭對掌樞務，[8]與康義誠、孟漢瓊同謀以殺秦王。[9]

[1]長興：五代後唐明宗李嗣源年號（930—933）。

[2]康義誠：人名。沙陀部人。五代後唐將領。傳見本書本卷、《新五代史》卷二七。　襄州：州名。治所在今湖北襄陽市。　代康義誠爲襄州節度使：明本《册府》卷一二〇《帝王部·選將門二》："長興三年十月戊午，帝御廣壽殿，謂范延光、秦王從榮等曰：'契丹欲謀犯塞邊上，宜得嚴重帥臣。卿等商量誰爲可者以聞。'甲戌，秦王從榮奏：'伏見北面奏報，契丹族帳近塞，吐渾、突厥已侵邊地。北面戍卒雖多，未有統率，早宜命大將。'帝曰：'卿等商量定未？'具奏曰：'將校之中，康義誠可。'帝曰：'召義誠來。'遂令宣徽使朱弘昭往知襄州事代義誠還京師。"同書卷九四〇《總録部·患難門》："後爲襄州節度使，襄州留軍有朽腐甲胄數百，弘昭奏不堪完補，詔投之於漢水。詔至，弘昭集賓佐棄之，登南城，依却敵以視。無何，懸鐘格木朽墮，弘昭至城墇，絆之於木，左右梯而下之。幸無損，但喪魄舋氣而已。"

[3]從榮：人名。即李從榮。沙陀部人。後唐明宗李嗣源次子。傳見本書卷五一、《新五代史》卷一五。

[4]趙延壽：人名。本姓劉，恒山（今河北正定縣）人。後唐明宗李嗣源女婿，後降契丹，引導契丹攻滅後晋。傳見本書卷九八、《遼史》卷七六。

[5]興平公主：後唐明宗李嗣源之女，趙延壽之妻。事見本書卷九八。

[6]王淑妃：後唐明宗妃嬪。傳見本書卷五一、《新五代史》卷一五。

[7]襄陽：縣名。治所在今湖北襄陽市。　"未幾"至"加同平章事"：明本《册府》卷七八《帝王部·委任門二》："朱弘昭爲

山南東道節度使。長興四年九月，詔爲檢校太尉、同中書門下平章事，充樞密使。制下，弘昭面訴曰：'臣厮養之才，智謀極短，遇陛下典運，驟至方鎮，嘗懼不任，況內秉大權，必孤奬擢，伏乞別選才能。'上叱之曰：'公輩皆欲去朕左右，怕在眼前，養爾輩何爲？'弘昭退謝，不敢復言。"

[8]常山：古郡名。即鎮州，治所在今河北正定縣。　三司使：官名。後唐明宗天成元年（926）將晚唐以來的户部、度支、鹽鐵三部合爲一職，設三司使統之。主管國家財政。　馮贇：人名。太原（今山西太原市）人。五代後唐明宗朝宰相、三司使。傳見本書附録、《新五代史》卷二七。《輯本舊史》之影庫本粘籤："馮贇，原本作'爲贇'，今從《通鑑》改正。"見《通鑑》卷二七八長興四年十月乙卯條。

[9]與康義誠、孟漢瓊同謀以殺秦王：明本《册府》卷四四六《將帥部·觀望門》："明宗不豫，秦王諷義誠爲助。義誠曲意承奉，亦非其誠。及朱弘昭、馮贇等懼禍，謀於義誠。義誠但云：'僕爲將校，不敢預議，但相公所使耳。'"

閔帝即位，[1]弘昭以爲由己得立，故於庶事高下在心，及赦後覃恩，弘昭首自平章事超加中書令。[2]素猜忌潞王，致其釁隙，以致禍敗。潞王至陜，閔帝懼，欲奔，馳手詔召弘昭圖之。[3]時將軍穆延輝在弘昭第，[4]曰："急召，罪我也，其如之何？吾兒婦，君之女也，可速迎歸，無令受禍。"中使繼至，弘昭援劍大哭，[5]至後庭欲自裁，[6]家人力止之。使促之急，弘昭曰："窮至此耶！"乃自投於井。安從進既殺馮贇，斷弘昭首，俱傳於陜州。及漢高祖即位，贈尚書令。[7]《永樂大典》卷二千三十二。[8]

［1］閔帝：即五代後唐愍帝李從厚。明宗李嗣源第三子。生於太原，小字菩薩奴。長興元年（930）封宋王，移鎮鄴都。明宗死後即位，改元應順（934）。潞王李從珂反於鳳翔，愍帝出逃至衛州，被廢爲鄂王，尋被縊殺。紀見本書卷四五、《新五代史》卷七。

［2］中書令：官名。漢代始置，隋、唐前期爲中書省長官，屬宰相之職；唐後期多爲授予元勳大臣的虛銜。正二品。

［3］陝：州名。治所在今河南三門峽市陝州區。　“素猜忌潞王”至“馳手詔召弘昭圖之”：《宋本册府》卷九四二《總録部·禍敗門》：“弘昭素猜忌潞王，致其背誕，以潞王至陝，閔帝懼，欲奔，馳自首詔弘昭圖之。”

［4］穆延輝：人名。籍貫不詳。五代後唐將領。事見本書本卷、卷四六。“穆延輝”，《宋本册府》卷九四二同。《新五代史》卷二七《朱弘昭傳》作“穆延暉”。

［5］弘昭援劍大哭：中華書局本有校勘記：“‘援’，《册府》卷九四二、《新五代史》卷二七《朱弘昭傳》作‘拔’。”

［6］後庭：《宋本册府》卷九四二作“後亭”。

［7］漢高祖：即劉知遠。太原（今山西太原市）人。五代後漢開國皇帝。947年至948年在位。紀見本書卷九九至卷一〇〇、《新五代史》卷一〇。　尚書令：官名。秦始置。隋、唐前期爲尚書省長官，與中書令、侍中並爲宰相。因以李世民爲之，後皆不授，唐高宗廢其職。唐後期以李適、郭子儀有功而特授此職，爲大臣榮銜，不參與政務。五代因之。唐時爲正二品，後梁開平三年（909）升爲正一品。

［8］《大典》卷二〇三二“朱”字韻“姓氏（六）”事目。

朱洪實

朱洪實，[1]不知何許人。以武勇累歷軍校，[2]長興中，爲馬軍都指揮使。[3]秦王爲元帥，以洪實驍果，尤寵待之，歲時曲遺，頗厚於諸將。及朱弘昭爲樞密使，勢燄尤甚，[4]洪實以宗兄事之，意頗相協。弘昭將殺秦王，以謀告之，洪實不以爲辭。時康義誠以其子事於秦府，故恒持兩端。及秦王兵扣端門，洪實爲孟漢瓊所使，率先領騎軍自左掖門出逐秦王，[5]自是義誠陰銜之。[6]

[1]朱洪實：《舊五代史考異》：“案：《歐陽史》作朱弘實。”此據《新五代史》卷七《唐愍帝紀》、卷一五《秦王從榮傳》、卷二七《康義誠傳》。明本《册府》卷一八一《帝王部·無斷門》作“朱洪寔”。

[2]軍校：即牙校，爲低級武職。

[3]馬軍都指揮使：官名。所部統兵將領。 長興中，爲馬軍都指揮使：明本《册府》卷四九八《邦計部·漕運門》：長興四年（933）二月，“尋命奉聖軍都指揮朱洪實開河灣”。《輯本舊史》卷四五《唐閔帝紀》應順元年（934）正月甲申條作“捧聖左右廂都指揮使”。

[4]勢燄尤甚：“甚”，《宋本册府》卷九四五《總録部·附勢門》作“盛”。

[5]端門：自漢代以來，宮城南門多有稱端門者。 左掖門：洛陽宮城門名。位於今河南洛陽市。 “弘昭將殺秦王”至“率先領騎軍自左掖門出逐秦王”：明本《册府》卷九三五《總録部·構患門》載之甚詳，録於下：“朱弘昭、馮贇並爲樞密使。時秦王從榮屢宣忿言，執政大臣皆懼禍。及明宗疾篤，秦王知人情不附己，恐大事乖誤，與將吏謀以兵入侍，先制權臣，謂康義誠曰：‘予欲居中侍醫藥，何處宿止爲便?’對曰：‘子待父疾，何向不可?’仍懷疑慮。十一月十九日，令牙將馬延嗣謂贇曰：‘秦王明日

入侍，公等止於何處？'贇跪對曰：'奉詔。'二十日五鼓，馬延嗣復至贇第：'秦王言公等處事所宜和允，各有家族，禍福頃刻。'贇復跪對。是日，遂馳馬守右掖門，至廣壽殿門，見朱、康，具述延嗣語。又謂義誠曰：'秦王言禍福頃刻，事即可知。此事宗社所繫，侍中勿顧慮也。'義誠未暇對，監門報秦王領兵在端門外。二人切告義誠，對曰：'惟公所使。'孟漢瓊拂衣而言曰：'諸君平時惟恨禄位不大，及危疑之際，便持兩端，非丈夫也。'乃至雍和殿奏曰：'從榮謀大逆，陳兵在端門。'明宗愕然，問義誠，不能游詞，言事實。明宗曰：'爾圖之，勿驚動京師。'孟漢瓊率控鶴指揮李重吉、馬軍指揮朱洪實等拒戰，是日誅之，遂令漢瓊自赴魏州迎愍帝。"《通鑑》卷二七八繫誅秦王從榮事於長興四年十一月壬辰，謂："孟漢瓊被甲乘馬，召馬軍都指揮使朱洪實，使將五百騎討從榮。"

[6]自是義誠陰銜之：《輯本舊史》之影庫本粘籤："陰銜，原本作'陰衛'，今據文改正。"《通鑑》卷二七九清泰元年（934）三月辛酉條謂"康義誠由是恨之"。

閔帝嗣位，洪實自恃領軍之功，義誠每言，不爲之下。[1]應順元年三月辛酉，[2]義誠將出征，[3]閔帝幸左藏庫，親給軍士錢帛。[4]是時，義誠與洪實同於庫中面論用兵利害，[5]洪實言："自出軍討逆，[6]累發兵師，今聞小衄，無一人一騎來者。不如以禁軍據門自固，[7]彼安敢徑來，然後徐圖進取，全策也。"義誠怒曰："若如此言，洪實反也。"[8]洪實曰："公自反，誰反！"[9]其聲漸厲。帝聞，召而訊之，洪實猶理前謀，又曰："義誠言臣圖反，據發兵計，義誠反必矣。"閔帝不能明辨，遂命誅洪實。[10]既而義誠果以禁軍迎降潞王，故洪實之死，後人皆以爲冤。《永樂大典》卷二千三十二。[11]

[1]"閔帝嗣位"至"不爲之下"：《輯本舊史》卷四五《唐閔帝紀》應順元年（934）正月甲申條："以捧聖左右厢都指揮使、欽州刺史朱洪實爲寧國軍節度使，加檢校太保，充侍衛馬軍都指揮使。"《通鑑》卷二七八清泰元年（934）正月甲申條："朱弘昭、馮贇忌侍衛馬軍都指揮使安彥威，侍衛步軍都指揮使、忠正節度使張從賓，甲申，出彥威爲護國節度使，以捧聖馬軍都指揮使朱洪實代之。"

[2]應順元年三月辛酉：《宋本册府》卷四五六《將帥部·不和門》繫於三月，未書日，且言朱洪實"判六軍諸衛"；《通鑑》卷二七九亦繫於三月辛酉條。明本《册府》卷一八一《帝王部·無斷門》繫於二月辛酉。

[3]義誠將出征：明本《册府》卷一八一《帝王部·無斷門》、《宋本册府》卷四五六《將帥部·不和門》作"義誠將議出征。"

[4]左藏庫：官署名。負責收納各地所輸財賦，以供官吏、軍兵俸給及賞賜等費用。

[5]義誠與洪實同於庫中面論用兵利害：《舊五代史考異》："案：《歐陽史》云：洪實見軍士無鬥志，而義誠盡將以西，疑其二心。"此據《新五代史》卷二七《康義誠傳》。

[6]自出軍討逆：中華書局本有校勘記："'自'字原闕，據《册府》卷一八一、卷四五六補。"見明本《册府》卷一八一《帝王部·無斷門》、《宋本册府》卷四五六《將帥部·不和門》。

[7]不如以禁軍據門自固：明本《册府》卷一八一《帝王部·無斷門》同，《宋本册府》卷四五六《將帥部·不和門》闕"以"字。《通鑑》卷二七九清泰元年三月辛酉條："洪實欲以禁軍固守洛陽。"

[8]洪實反也："也"，明本《册府》卷一八一《帝王部·無斷門》、《宋本册府》卷四五六《將帥部·不和門》作"矣"。

[9]公自反，誰反：明本《册府》卷一八一《帝王部·無斷門》、《宋本册府》卷四五六《將帥部·不和門》作"公自惟

誰反?"

[10]遂命誅洪實:"誅",明本《冊府》卷一八一《帝王部·無斷門》作"逐"。

[11]《大典》卷二○三二"朱"字韻"姓氏（六）"事目。

康義誠

康義誠，字信臣，代北三部落人也。[1]少以騎射事武皇，從莊宗入魏博，[2]補突騎軍使，[3]累遷本軍都指揮使。[4]同光末，[5]從明宗討鄴城，軍亂，迫明宗爲主，明宗不然。義誠進曰:"主上不慮社稷阽危，不思戰士勞苦，荒躭禽色，溺於酒樂。今從衆則有歸，守節則將死。"明宗納其言，由是委之心膂。明宗即位，加檢校司空，領富州刺史，[6]總突騎如故。尋轉捧聖都指揮使，領汾州刺史。[7]明宗幸汴，平朱守殷，改侍衛馬軍都指揮使，[8]領江西節度使。車駕歸洛，授侍衛馬步軍都指揮使、河陽節度使。[9]長興末，加同平章事。[10]

[1]三部落:或即沙陀、薩葛、安慶三部落。《舊唐書》卷一九下載，中和元年（881）"二月，代州北面行營都監押陳景思率沙陀、薩葛、安慶等三部落與吐渾之衆三萬赴援關中"。參見蔡家藝《沙陀部人歷史雜探》，《民族研究》2001年第1期。

[2]武皇:即李克用。沙陀部人，生於神武川新城（一説是今山西朔州市朔城區之梵王寺村，一説是今山西應縣縣城，一説在今山西懷仁縣之日中城）。唐末軍閥，受封晋王。五代後唐追尊爲太祖武皇帝。紀見本書卷二五至卷二六、《新五代史》卷四。 魏博:方鎮名。治所在魏州貴鄉縣（今河北大名縣）。

[3]突騎軍使：官名。所部統兵將領。突騎爲部隊番號。中華書局本有校勘記："'軍'字原闕，據《册府》卷三四七補。"見明本《册府》卷三四七《將帥部·佐命門八》。

[4]都指揮使：官名。唐末、五代軍隊多置都指揮使、指揮使，爲統兵將領。

[5]同光：後唐莊宗李存勖年號（923—926）。

[6]檢校司空：官名。爲散官或加官，以示恩寵，無實際執掌。富州：州名。治所在今廣西昭平縣。

[7]捧聖都指揮使：官名。捧聖爲五代禁軍番號，因全爲騎兵，故又稱"捧聖馬軍"。捧聖都指揮使，爲捧聖軍統兵官。　汾州：州名。治所在今山西汾陽市。　領汾州刺史：中華書局本有校勘記："'領'，原作'鎮'，據邵本校改。'汾州'，原作'邠州'，據本書卷三六《唐明宗紀二》、《新五代史》卷二七《康義誠傳》改。《舊五代史考異》卷二：'案：《歐陽史》作"汾州"。'"見《輯本舊史》卷三六《唐明宗紀二》天成元年（926）五月戊寅條。

[8]侍衛馬軍都指揮使：官名。爲侍衛親軍馬軍司長官。五代後梁始置侍衛親軍，爲禁軍的一支，後唐沿置並成爲禁軍主力，下設馬軍、步軍。　改侍衛馬軍都指揮使："侍衛馬軍都指揮使"，《新五代史》卷二七《康義誠傳》、明本《册府》卷九九《帝王部·親信門》作"侍衛親軍馬步軍都指揮使"。

[9]江西節度使：即"江南西道節度使"簡稱。治所在洪州（今江西南昌市）。　洛：地名。即後唐都城洛陽。位於今河南洛陽市。　侍衛馬步軍都指揮使：官名。侍衛親軍長官。多由皇帝親信擔任。　河陽：縣名。治所在今河南孟州市。　"領江西節度使"至"河陽節度使"：《輯本舊史》卷三九《唐明宗紀五》天成三年正月戊辰條："以隨駕馬軍都指揮使、富州刺史康義誠兼領鎮南軍節度使。"又，同年四月乙酉條："以隨駕馬軍都指揮使康義誠爲侍衛親軍馬步軍都指揮使。"又，同書卷四○《唐明宗紀六》天成四年四月壬子條："以侍衛親軍都指揮使、鎮南軍節度使康義誠爲河

陽節度使。"又，同書卷四一《唐明宗紀七》長興元年（930）三月丙戌條："以侍衛親軍馬步軍都指揮使、河陽節度使康義誠爲襄州節度使、檢校太傅。"又，同書卷四三《唐明宗紀九》長興三年十二月戊午條："康義誠爲河陽節度使。""侍衛馬步軍都指揮使"，明本《册府》卷四四六《將帥部·觀望門》作"侍衛親軍都指揮使"。

　　[10]《舊五代史考異》："案：《玉堂閒話》云：長興中，侍衛使康義誠，常軍中差人于私宅充院子，亦曾小有笞責。忽一日，憐其老而詢其姓氏，則曰：'姓康。'別詰其鄉土、親族、息嗣，方知是父，遂相持而泣，聞者莫不驚異。"見《太平廣記》卷五○○康義誠條。

　　秦王爲天下兵馬元帥，[1]氣焰燻灼，大臣皆懼，求爲外任。義誠以明宗委遇，無以解退，乃令其子以弓馬事秦王以自結。[2]明宗不豫，秦王諷義誠爲助，[3]義誠曲意承奉，亦非真誠。及朱弘昭、馮贇等懼禍，謀於義誠，義誠但云：[4]"僕爲將校，不敢預議，但相公所使耳。"及秦王既誅，明宗宴駕，閔帝即位，加檢校太尉、兼侍中，判六軍諸衛事。[5]未幾，鳳翔變起，西軍不利，義誠懼，乃請行，蓋欲盡率駕下諸軍送降於潞王求免也。[6]會與朱洪實議事不叶，洪實因厲聲言義誠苞藏之志，閔帝曖昧，不能明辨，而誅洪實。及義誠率軍至新安，[7]諸軍爭先趨陝，解甲迎降，義誠以部下數十人見潞王請罪，潞王雖罪其奸回，未欲行法。清泰元年四月，[8]斬於興教門外，[9]夷其族。《永樂大典》卷一萬八千一百二十九。[10]

　　[1]天下兵馬元帥：官名。唐代朝廷有重大軍事行動時則置，統率天下軍隊。

　　[2]乃令其子以弓馬事秦王以自結：中華書局本有校勘記："'以自結'，殿本、孔本、《册府》卷四四六作'冀自保全'。"見明本《册府》卷四四六《將帥部·觀望門》。

　　[3]秦王諷義誠爲助：《輯本舊史》之影庫本粘籤："諷義誠，原本作'捧義誠'，今據《册府元龜》改正。"見明本《册府》卷四四六《將帥部·觀望門》。

　　[4]義誠但云：中華書局本有校勘記："'義誠'二字原闕，據《册府》卷四四六補。"見明本《册府》卷四四六《將帥部·觀望門》。

　　[5]檢校太尉：官名。爲散官或加官，以示恩寵，無實際執掌。太尉，與司徒、司空並爲三公。　判六軍諸衛事：官名。沿唐代舊制，置六軍諸衛，以判六軍諸衛事爲禁軍六軍與諸衛的最高統帥。　加檢校太尉、兼侍中，判六軍諸衛事：《通鑑》卷二七八應順元年（934）正月壬午條："加河陽節度使兼侍衛都指揮使康義誠兼侍中，判六軍諸衛事。"

　　[6]"鳳翔變起"至"送降於潞王求免也"：《輯本舊史》卷四五《唐閔帝紀》應順元年三月癸亥條："以康義誠爲鳳翔行營都招討使，餘如故。"《通鑑》卷二七九同日亦繫此事。

　　[7]新安：縣名。治所在今河南新安縣。

　　[8]清泰：五代後唐廢帝李從珂年號（934—936）。　清泰元年四月：《通鑑》卷二七九繫於清泰元年四月戊子條。

　　[9]興教門：唐、五代洛陽城皇宫南面三門之一。

　　[10]原作"《永樂大典》一萬八千二十九"，中華書局本有校勘記："檢《永樂大典目録》，卷一八〇二九'將'字韻'列國鄭衛燕楚將'，與本則内容不符，恐有誤説。陳垣《舊五代史輯本引書卷數多誤例》謂應作一八一二九'將'字韻'後唐將'。"據陳垣説改，《大典》卷一八一二九"將"字韻"後唐將"（二）事目。

藥彥稠

藥彥稠，沙陀三部落人。幼以騎射事明宗，累遷至列校。明宗踐阼，領澄州刺史、河陽馬步都將。[1]從王晏球討王都於定州，平之，領壽州節度使、侍衛步軍都虞候。[2]屬河中指揮使楊彥溫作亂，彥稠改侍衛步軍都指揮使，充河中副招討使，[3]將兵討平之。無幾，党項劫迴鶻入朝使，詔彥稠屯朔方，就討党項之叛命者，搜索盜賊，盡獲迴鶻所貢馳馬、寶玉，擒首領而還。[4]尋授邠州節度使。[5]遣會兵制置鹽州，[6]蕃戎逃遁，獲陷蕃士庶千餘人，並遣復鄉里。[7]受詔與延州節度使進攻夏州，[8]累月不克，兵罷歸鎮。閔帝嗣位，與王思同攻鳳翔，爲副招討使。[9]禁軍之潰，彥稠欲沿流而遁，爲軍士所擒而獻之。時末帝已至華州，令拘於獄，誅之。[10]漢高祖即位，與王思同並制贈侍中。《永樂大典》卷一萬八千一百二十九。[11]

[1]澄州：州名。治所在今廣西上林縣。　馬步都將：官名。馬步軍統兵將領。

[2]王晏球：人名。洛陽（今河南洛陽市）人。五代將領。傳見本書卷六四、《新五代史》卷四六。　王都：人名。中山陘邑（今河北定州市）人。本姓劉，後爲義武軍節度使王處直養子。五代軍閥。傳見本書卷五四、《新五代史》卷三九。　定州：州名。治所在今河北定州市。　壽州：州名。治所在今安徽壽縣。此處代指治所在壽州的方鎮忠正軍。　侍衛步軍都虞候：官名。五代侍衛親軍步軍司的統兵官，次於步軍都指揮使、副都指揮使。

[3]侍衛步軍都指揮使：官名。五代始置。侍衛親軍步軍司長官。統領侍衛步軍。　副招討使：官名。招討使副職。戰時任命，兵罷則省。掌招撫、討伐等事務。　充河中副招討使：《舊五代史考異》："案：《歐陽史》作招討使。"見《新五代史》卷二七《藥彥稠傳》。又，《輯本舊史》卷四一《唐明宗紀七》長興元年（930）六月丁酉條："以護駕步軍都指揮使、澄州刺史藥彥稠爲壽州節度使，兼護駕步軍都指揮使。"

[4]朔方：方鎮名。治所在靈州（今寧夏吳忠市）。　"無幾"至"擒首領而還"：《宋本册府》卷一五八《帝王部·誠勵門三》："（長興）三年正月，詔藥彥稠、康福往方渠鎮討党項叛命者。丁酉，康福等率騎軍先進，帝御興教門樓，誠以賞罰之令而遣之。"明本《册府》卷一六八《帝王部·却貢獻門》：長興三年二月，"藥彥稠進獻迴鶻可汗先遣使送金裝胡祿遺秦王，爲党項所掠，至是獲之而獻。帝曰：'此物已經剽掠，況曾曉諭，凡破賊所獲，軍中自收。今後却賜彥稠，所貴示人以信。'彥稠又進納党項所劫迴鶻玉二團，尋却賜之"。《宋本册府》卷九八七《外臣部·征討門六》："（長興）三年正月，遣邠州節度使藥彥稠、靈武節度使康福等率步騎七千往方渠鎮，討党項之叛命者。"同年二月，"藥彥稠奏，誅党項河埋三族，韋悉、褒勒、疆賴、埋厮骨尾各一族，屈悉堡三族，計十族，得七百餘人，黑玉一團"。

[5]邠州：州名。治所在今陝西彬縣。此處指靜難軍。

[6]鹽州：州名。治所在今陝西定邊縣。　遣會兵制置鹽州："遣"，《宋本册府》卷三九七《將帥部·懷撫門》作"詔"。

[7]並遣復鄉里：中華書局本有校勘記："'並'字原闕，據《册府》卷三九七補。"見《宋本册府》卷三九七。

[8]延州：州名。治所在今陝西延安市。　受詔與延州節度使進攻夏州：《輯本舊史》之案語："原本有闕文，《歐陽史》作靈武康福。"見《新五代史》卷二七《藥彥稠傳》。中華書局本有校勘記："殿本注：'脱兩字。'郭武雄證補：據同書《明宗紀》長興四

年三月，時延州節度使蓋安從進也。故脱文當係‘安從’兩字，接下一‘進’字，合爲安從進。”《輯本舊史》卷四三《唐明宗紀九》長興三年正月己丑條：“遣邠州節度使藥彦稠、靈武節度使康福率步騎七千往方渠討党項之叛者。”

[9]王思同：人名。幽州（今北京市）人。五代後唐將領。傳見本書卷六五、《新五代史》卷三三。　爲副招討使：《輯本舊史》卷四五《唐閔帝紀》應順元年（936）二月丁酉條作“爲副部署”。

[10]華州：州名。治所在今陝西渭南市華州區。　“禁軍之潰”至“誅之”：明本《册府》卷一一一《帝王部·繼統門三》：應順元年三月，“二十四日，次華州，收節度使藥彦稠繫獄”。

[11]《大典》卷一八一二九“將”字韻“後唐將（二）”事目。

宋令詢

宋令詢，不知何許人也。閔帝在藩時，補爲客將。[1]知書樂善，動皆由禮。長興中，閔帝連殿大藩，遷爲都押衙，[2]參輔閫政，甚有時譽，閔帝深委之。及閔帝嗣位，朱、馮用事，[3]不欲閔帝之舊臣在於左右，乃出爲磁州刺史。閔帝蒙塵於衛，令詢日令人奔問。及聞帝遇害，大慟半日，自經而卒。[4]《永樂大典》卷一萬三千四十四。[5]

[1]客將：官名。亦稱典客。唐末、五代藩鎮負責接待使節、賓客、出使等外交職責的武官。詳見吳麗娛《試論晚唐五代的客將、客司與客省》，《中國史研究》2002年第4期。

[2]都押衙：官名。“押衙”即“押牙”。唐、五代時期節度使

辟署的屬官，有稱左、右都押衙或都押衙者。掌領方鎮儀仗侍衛、統率軍隊。參見劉安志《唐五代押牙（衙）考略》，武漢大學歷史系魏晋南北朝隋唐史研究室編《魏晋南北朝隋唐史資料》第 16 輯，武漢大學出版社 1998 年版。《輯本舊史》之影庫本粘籤：“都押衙，原本作‘挾衙’，考《契丹國志》云：‘宋王舊押衙宋令詢聞變，自經卒。’原本‘挾’字係傳寫之訛，今改正。”《契丹國志》卷二《太宗紀上》天顯八年（934）四月條，似未載。《輯本舊史》卷四五《閔帝紀》長興四年（933）十二月丙辰條作“元從都押衙”。

[3]朱：即朱弘昭。　　馮：即馮贇。

[4]衛：州名。治所在今河南衛輝市。　　“閔帝蒙塵於衛”至“自經而卒”：《契丹國志》卷二《太宗紀上》天顯八年四月（後唐閔帝應順元年四月，以潞王從珂立，改元清泰元年）條：“又明日，太后令潞王即位於柩前。遣王弘贇遷愍帝於衛州廨內，隨遣弘贇之子王巒往鴆之。愍帝不飲，巒縊殺之。帝之在衛州，惟磁州刺史宋令詢遣使問起居，聞其遇害，慟哭半日，自縊死。”

[5]《大典》卷一三〇四四“宋”字韻“姓氏（三）”事目。

　　史臣曰：夫代大匠斲者，猶傷其手，況代天子執賞罰之柄者乎！是以古之賢人，當大任、秉大政者，莫不卑以自牧，推之不有，廓自公之道，絕利己之欲，然後能保其身而脫其禍也。而重誨何人，安所逃死？古語云：“無爲權首，反受其咎。”重誨之謂歟！自弘昭而下，力不能衛社稷，謀不能安國家，相踵而亡，又誰咎也。唯令詢感故君之舊恩，由大慟而自絕，以茲殞命，足以垂名。[1]《永樂大典》卷一萬三千四十四。[2]

　　[1]足以垂名：中華書局本有校勘記：“‘足’，原作‘定’，據

殿本、劉本改。影庫本批校：‘足以垂名，“足”訛“定”。’”

[2]《大典》卷一三〇四四“宋”字韻“姓氏（三）”事目。

舊五代史　卷六七

唐書四十三

列傳第十九

豆盧革

豆盧革，祖籍，同州刺史。[1]父瓚，舒州刺史。[2]革少值亂離，避地鄜、延，[3]轉入中山，王處直禮之，[4]辟于幕下，有奏記之譽。[5]因牡丹會賦詩，諷處直以桑柘爲意，言甚古雅，漸加器仰，轉節度判官。[6]而理家無法，獨請謁見處直，處直慮布政有缺，有所規諫，斂板出迎，乃爲嬖人祈軍職矣。[7]

[1]籍：人名。即豆盧籍。先世爲鮮卑慕容氏，後改豆盧氏。唐代官員，曾任右諫議大夫。事見《舊唐書》卷一七二、《新唐書》卷一六六。　同州：州名。治所在今陝西大荔縣。　刺史：官名。州一級行政長官。漢武帝時始置，總掌考核官吏、勸課農桑、地方教化等事。唐中期以後，節度使、觀察使轄州而設，刺史爲其

屬官，職任漸輕。從三品至正四品下。

[2]瓚：人名。即豆盧瓚。唐同州刺史豆盧籍之子，五代後唐宰相豆盧革之父。唐朝官員。事見《舊唐書》卷二〇〇下。　舒州：州名。治所在今安徽潛山縣。　父瓚，舒州刺史：《輯本舊史》之殿本注：“《宣和書譜》云：‘失其世系。’”見《宣和書譜》卷六《正書四》豆盧革條。

[3]鄜：州名。治所在今陝西富縣。　延：州名。治所在今陝西延安市。

[4]中山：地名。此處代指唐末河北方鎮義武軍（治所在定州）。時王都任義武軍節度使。《宋本册府》卷七二九《幕府部·辟署門四》作“山中”，似誤，蓋王處直爲易定節度使，即古中山地。　王處直：人名。京兆萬年（今陝西西安市長安區）人。唐末、五代軍閥，長期爲義武軍節度使。傳見本書卷五四、《新五代史》卷三九。《輯本舊史》之影庫本粘籤：“王處直，原本作‘處真’，今據《新唐書》改正。”此據《新唐書》卷·八六《于處存傳》。

[5]奏記：官名。即掌書記。唐、五代方鎮僚屬，位在判官下。掌表奏書檄、文辭之事。

[6]桑柘：桑樹與柘樹，代指農桑之事。　節度判官：官名。唐末、五代藩鎮僚佐，位行軍司馬下。

[7]“獨請謁見處直”至“乃爲嬖人祈軍職矣”：《宋本册府》卷七三〇《幕府部·貪縱門》作：“有日獨請謁見，處直慮布政有闕，疑有所勉，斂板出迎，革立通尺牘，處直播笏披之，乃爲嬖人祈軍職也。”

天祐末，莊宗將即位，[1]講求輔相，盧質以名家子舉之，徵拜行臺左丞相。[2]同光初，拜平章事。[3]及登廊廟，事多錯亂，至于官階擬議，前後倒置，屢爲省郎蕭希甫駁正，[4]革改之，無難色。莊宗初定汴、洛，革引薦韋説，[5]冀諳事體，與己同功。説既登庸，[6]復事流品，舉止輕脱，怨歸於革。又革、説之子俱授拾遺，[7]父子同官，爲人所刺，遂改授員外郎。[8]革請説之子濤爲弘文館學士，説請革之子昇爲集賢學士，[9]交易市恩，[10]有同市井，識者醜之。革自作相之後，不以進賢勸能爲務，唯事修鍊，求長生之術，嘗服丹砂，嘔血數日，垂死而愈。

[1]天祐：唐昭宗李曄開始使用的年號，唐哀帝李柷沿用，共四年（904—907）。唐亡後，河東李克用、李存勗仍稱天祐，沿用至天祐二十年（923）。五代十國其他政權亦有行此年號者，如南吳、吳越等。　莊宗：人名。即李存勗。代北沙陀部人，五代後唐開國皇帝。紀見本書卷二七至卷三四、《新五代史》卷四至卷五。

[2]盧質：人名。河南（今河南洛陽市）人。五代大臣。傳見本書卷九三、《新五代史》卷五六。　行臺：官署名。尚書省在京城稱中臺、内臺，在外稱行臺。自魏晉至唐初，天子、大臣在外征討，或置行臺隨軍。　左丞相：官名。秦漢始置，與右丞相同爲百官之長，輔佐皇帝綜理全國事務。

[3]同光：後唐莊宗李存勗年號（923—926）。　平章事：官名。即“同中書門下平章事”。唐高宗以後，凡實際任宰相之職者，常在其本官後加同平章事的職銜。後成爲宰相專稱。　同光初，拜平章事：明本《册府》卷七四《帝王部·命相門四》：“後唐莊宗同光元年四月，即位于魏。是月，以行臺左丞相豆盧革爲門下侍郎、平章事、太清宮使。”《輯本舊史》卷三〇《唐莊宗紀四》同光元年（923）十月乙未條：“詔宰相豆盧革權判吏部上銓。”同年十一月戊午條：“以中書侍郎、平章事豆盧革判租庸使，兼諸道鹽鐵轉

運等使。"同書卷三二《唐莊宗紀六》同光二年六月甲戌條："中書侍郎兼吏部尚書、平章事、弘文館大學士豆盧革，加右僕射，餘如故。"同年十月己巳條："以宰臣豆盧革、韋説充册使。"

[4]省郎：尚書省六部二十四司郎中、員外郎的通稱。　蕭希甫：人名。宋州（今河南商丘市睢陽區）人。五代後梁、後唐官員。傳見本書卷七一、《新五代史》卷二八。

[5]汴：州名。治所在今河南開封市。　洛：地名。即洛陽。位於今河南洛陽市。　韋説：人名。京兆萬年（今陝西西安市長安區）人。唐福建觀察使韋岫之子。唐末進士，五代後梁大臣、後唐宰相。傳見本書本卷。

[6]登庸：舉用。

[7]拾遺：官名。唐武則天於垂拱元年（685）置拾遺，分左右。左拾遺隸門下省，右拾遺隸中書省，與左、右補闕共掌諷諫，大事廷議，小事則上封事。從八品上。　又革、説之子俱授拾遺：中華書局本有校勘記："'革'字原闕，據《册府》卷三三七補。《新五代史》卷二八《豆盧革傳》敘其事作'二人各以其子爲拾遺'。"見明本《册府》卷三三七《宰輔部·徇私門》、《新五代史》卷二八《豆盧革傳》。

[8]員外郎：官名。尚書省郎官之一。爲郎中的副職，協助負責諸司事務。從六品上。

[9]濤：人名。即韋濤。事見本書卷三六、卷三七。　弘文館學士：官名。弘文館爲唐代中央官學之一。設館主一人，總領館務；判館事一人，管理日常事務。學士無員限，掌校正圖籍、教授生徒，並參議政事。五品以上稱爲學士，六品以下稱爲直學士，又有文學直館學士，均以他官兼領。　昇：人名。即豆盧昇。事見本書卷三六、卷三七。　集賢學士：官名。集賢院文史官，唐開元十三年（725）始置，大曆中改爲集賢殿學士，五代時與集賢院學士並置。授予丞相及其他侍從官，掌秘書圖書等事。由五品以上官充任。

[10]交易市恩：中華書局本有校勘記："殿本《册府》卷三三七作'交致阿私'，孔本作'交致阿思'。"見明本《册府》卷三三七《宰輔部·徇私門》。

　　天成初，將葬莊宗，以革爲山陵使。[1]及木主歸廟，不出私第，專候旄鉞，數日無耗，爲親友促令入朝。安重誨對衆辱之曰：[2]"山陵使名銜尚在，不候新命，便履公朝，意謂邊人可欺也。"側目者聞之，思有所中。[3]初，蕭希甫有正諫之望，革嘗阻之，遂上疏論革與說苟且自容，致君無狀。復誣其縱田客殺人，[4]冒元亨上第。[5]遂貶爲辰州刺史，[6]仍令所在馳驛發遣。後鄭珏、任圜等連上三章，[7]請不行後命，乃下制曰："豆盧革、韋説等，身爲輔相，手握權衡，或端坐稱臣，或半笑奏事，於君無禮，舉世寧容。革則暫委利權，便私俸禄，文武百辟皆從五月起支，父子二人偏自正初給遣。説則自居重位，全紊大綱。敘蔭貪榮，亂兒孫於昭穆；賣官潤屋，換令録之身名。醜行疊彰，群情共怒，雖居牧守，未塞非尤。革可責授費州司户參軍，説可夷州司户參軍，皆員外置同正員，並所在馳驛發遣。"尋貶陵州長流百姓，委長吏常知所在。[8]天成二年夏，詔令逐處刺史監賜自盡，其骨肉並放逐便。[9]

　　[1]天成：五代後唐明宗李嗣源年號（926—930）。　山陵使：官名。亦稱山陵儀仗使。唐貞觀中始置。掌議帝后陵寢制度、監造帝后陵寢。

　　[2]木主：木制的牌位。　安重誨：人名。應州（今山西應

縣）人。五代後唐大臣。傳見本書卷六六、《新五代史》卷二四。

[3]思有所中：《輯本舊史》之影庫本粘籤："所中，原本作'所衆'，今據文改正。"

[4]復誣其縱田客殺人：《舊五代史考異》："案：《寶真齋法書贊》載《豆盧革田園帖》云：大德欲要一居處，畿甸間舊無田園，鄜州雖有三兩處莊子，緣百姓租佃多年，累有令公大王書，請却給還人户，蓋不欲侵奪疲民，兼慮無知之輩，妄有影庇色役云云。岳珂曰：此帖乃與僧往還書，其畏强藩、避罪罟，蓋慄慄淵冰，然其後卒以故縱田客貶夜郎，正坐所畏，信乎亂邦之不可居也。是時據鄜乃高萬興，官檢校太師、中書令，封北平王，即革所謂'令公大王'者。官故梁授，唐命維新，而顙面正朝者，不能致襯鑿之誅，而反竊貢秉旄之佞，唐之不競，有自來矣。"見岳珂《寶真齋法書贊》卷八《豆盧革田園帖》。

[5]冒元亨上第：《輯本舊史》之影庫本粘籤："冒元亨上第，疑有舛誤。考《册府元龜》所引《薛史》與《永樂大典》同。今無可復考，姑仍其舊。"

[6]辰州：州名。治所在今湖南沅陵縣。

[7]鄭珏：人名。滎陽（今河南滎陽市）鄭氏族人。唐末進士，五代後梁、後唐宰相。傳見本書卷五八、《新五代史》卷五四。

任圜：人名。京兆三原（今陝西三原縣）人。五代後唐將領、大臣。傳見本書本卷、《新五代史》卷二八。

[8]昭穆：此處指家族的輩分。 費州：州名。治所在今貴州思南縣。 司户參軍：官名。簡稱"司户"。州級政府僚佐。掌本州屬縣之户籍、賦税、倉庫受納等事。上州從七品下，中州正八品下，下州從八品下。 夷州：州名。治所在今貴州鳳岡縣。 員外置同正員：古代官員名額有定數，是爲"正員額"。在正員額以外所任官員，稱爲"員外置"。"員外置同正員"是指雖在正員額之外，但待遇同於正員官。 陵州：州名。治所在今四川仁壽縣。長流：遠途流放。 "乃下制曰"至"委長吏常知所在"：《輯本

舊史》卷三六《唐明宗紀二》天成元年（926）七月癸未條："癸未，詔辰州刺史豆盧革可責授費州司戶參軍。"同月甲申條詔："革可陵州長流百姓。"同書卷三七《唐明宗紀三》天成元年八月丁亥條："詔革縱逢恩赦，不在原宥之限。"

[9]"天成二年夏"至"其骨肉並放逐便"：中華書局本有校勘記："'逐'原作'遂'，據殿本、劉本、孔本校，本書卷三八《唐明宗紀四》改。影庫本批校：'"放逐便"，"逐"訛"遂"。'"豆盧革善書法，載於《宣和書譜》卷六《正書四》豆盧革條："作正書，雖有隱者態度，然要之不出五季人物風氣，其點畫同爲一律，非若楊凝式之書，在季世翰墨中如景星鳳凰之傑出，宜革輩皆不以書得名也。今御府所藏一十：正書《開講帖》《友文公大德帖》《鄭長官帖》《王朗君帖》；行書《大德帖》《吾師帖》《寒食帖》《買花帖》《頂辭帖》《田園貼》。"《通鑑》卷二七六天成二年七月癸巳條："癸巳，以與高季興夔、忠、萬三州爲豆盧革、韋說之罪，皆賜死。"

子昇，官至檢校正郎，服金紫，尋亦削奪。[1]《永樂大典》卷二千二百一十四。[2]

[1]檢校正郎：官名。爲散官或加官，以示恩寵，無實際執掌。
"子昇"至"尋亦削奪"：《輯本舊史》卷三六《唐明宗紀二》天成元年（926）甲申條詔："貶同州長春宮判官、朝請大夫、檢校尚書禮部郎中、賜紫金魚袋豆盧昇。"同書卷三七《唐明宗紀三》天成元年八月丁亥條，詔昇仍削除自前所受官秩。

[2]劉承幹嘉業堂一九二五年刊本《舊史》作"卷三千二百一十四"。卷三二一四"雲"字韻"《大雲經》（三）"事目，則嘉業堂刊本誤。應爲《大典》卷二二一四"盧"字韻"姓氏（九）"事目。

韋説

韋説，福建觀察使岫之子也。[1]唐末爲殿中侍御史，坐事貶南海，後事梁爲禮部侍郎。[2]

[1]福建：方鎮名。治所在今福建福州市。 觀察使：官名。唐代後期出現的地方軍政長官。唐玄宗開元二十一年（733）置十五道採訪使，唐肅宗乾元元年（758）改爲觀察使。無旌節，故地位低於節度使。掌一道州縣官的考績及民政。 岫：人名。即韋岫。唐代官員，曾任庫部郎中、泗州刺史、福州觀察使。事見《舊唐書》卷一九下、《新唐書》卷二二五下。 韋説，福建觀察使岫之子也：《輯本舊史》之原輯者案語："以下疑有闕文。"

[2]殿中侍御史：唐官名。掌糾察朝儀，兼知庫藏出納及宫内門事及京畿糾察事宜，位從七品下。 南海：指南海郡，治番禺縣。隋代改番禺縣爲南海縣，故治在今廣州市。唐時又置番禺縣，二縣同城。五代南漢撤銷南海縣，分置常康、咸寧二縣和永豐、重合二場。 禮部侍郎：官名。禮部副長官。佐禮部尚書掌部事。正四品。 "唐末爲殿中侍御史"至"後事梁爲禮部侍郎"：《新五代史》卷二八《豆盧革傳》。明本《册府》卷三三五《宰輔部·不稱門》豆盧革條："豆盧革，同光初自定州判官徵拜門下侍郎平章事，及登廊廟，初無才業，事多錯亂。平梁之後，引薦韋説，冀諧事體，與己同功。説復事流品，舉止輕脱，怨歸於革。"亦見明本《册府》卷三三七《宰輔部·樹黨門》豆盧革條。

莊宗定汴洛，説與趙光胤同制拜平章事。[1]説性謹重，奉職官常，不造事端。時郭崇韜秉政，説等承順而已，政事得失，無所措言。[2]

[1]趙光胤：人名。京兆奉天（今陝西乾縣）人。唐末宰相趙光逢之弟。唐末進士，五代後梁大臣、後唐宰相。傳見本書卷五八。

[2]郭崇韜：人名。代州雁門（今山西代縣）人。五代後唐大臣。傳見本書卷五七、《新五代史》卷二四。　　“莊宗定汴洛”至“無所措言”：“奉職官常”，中華書局本有校勘記：“‘官’字原闕，據《册府》卷三三六補。”見明本《册府》卷三三六《宰輔部·依違門》。明本《册府》卷三三五《宰輔部·自全門》：“韋説，莊宗時爲禮部侍郎同平章事，與郭崇韜秉政，説承順而已，政事得失，無所指言……”明本《册府》卷三三六《宰輔部·識暗門》豆盧革條：“同光三年冬，洛下饋運不充，軍士乏食，日致怨咨，帝深憂，問所司濟贍之術，革與宰相韋説依阿狗時，竟無奇説。但云：‘陛下威德冠天下，今西蜀平定，珍貨甚多，可以取之以給軍士。水旱作沴，天之常道，不足聖憂。’”

初，或有言于崇韜，銓選踰濫，選人或取他人出身名銜，或取父兄資緒，與令史囊橐罔冒，崇韜乃條奏其事。[1]其後郊天，行事官數千人，多有告敕僞濫，因定去留，塗毁告身者甚衆，選人號哭都門之外。[2]議者亦以爲積弊累年，一旦澄汰太細，懼失惟新含垢之意。時説與郭崇韜同列，不能執而止之，頗遭物議。説之親黨告之，説曰：“此郭漢子之意也。”及崇韜得罪，説懼流言所鍾，乃令門人左拾遺王松、吏部員外郎李慎儀等上疏，[3]云“崇韜往日專權，不閑故事，塞仕進之門，非獎善之道。”疏下中書，説等覆奏，深詆崇韜，識者非之。又有王倓者，[4]能以多岐取事，納賂於説，説以其名犯祖諱，遂改之爲“操”，擬官於近甸。及明宗即位，説常慮身危，每求庇于任圜，常保護之。説居有井，昔與鄰家共之，因嫌鄙雜，築垣於外。鄰人訟之，爲希甫疏論，以爲井有貨財，及案之本人，惟稱有破釜一所，反招虚妄。初貶敘州刺史，尋責授夷州司户參軍。[5]

[1]銓選：量才授官，朝廷選拔官吏的制度。　選人：候選官員。唐制，凡以科舉、門蔭、雜色入流等資格參加吏部銓選官吏的人，通稱爲選人。

[2]告身：授官的文憑。唐沿北朝之制，凡任命官員，不論流内、視品及流外，均給以告身。

[3]左拾遺：官名。唐代門下省所屬的諫官。掌規諫，薦舉人才。從八品上。　王松：人名。京兆（今陝西西安市）人。唐僖宗宰相王徽之子。五代後唐至後漢官員。傳見本書附録、《新五代史》卷五七。　吏部員外郎：官員。輔佐尚書、郎中掌考天下文吏之班秩階品。從六品。　李慎儀：人名。籍貫不詳。五代後唐、後晉官員。事見本書本卷、卷七六、卷七九、卷八二、卷八四。

[4]王修：人名。籍貫不詳。事見本書卷三六。“王修”，《輯本舊史》卷三六原作“王參”，中華書局本有校勘記：“本書卷六七《韋説傳》、《通鑑》卷二七五作‘王修’，《册府》卷三三八作‘王修’。《舊五代史考異》卷二：‘案王參，疑有舛誤，據《册府元龜》引《薛史》亦作王參，今無可考，姑仍其舊。’”“修”與“修”形近易訛。見明本《册府》卷三三八《宰輔部·奢侈門》。

[5]敘州：州名。治所在今湖南洪江市。　“初”至“尋責授夷州司户參軍”：“選人或取他人出身名銜”，中華書局本有校勘記：“‘名’字原闕，據《册府》卷三三五補。”見明本《册府》卷三三五《宰輔部·自全門》。“乃令門人左拾遺王松、吏部員外郎李慎儀等上疏”，中華書局本有校勘記：“‘李慎儀’，原作‘李慎義’，據殿本、本書卷一四八《選舉志》、《册府》卷六三二改。”“爲希

甫疏論"，省蕭希甫之姓，疑似前有闕文。《輯本舊史》卷三〇《唐莊宗紀四》同光元年（923）十一月丁巳條："以朝散大夫、禮部侍郎韋説守本官、同平章事。"卷三二《唐莊宗紀六》同光二年六月甲戌條："禮部侍郎、平章事韋説加中書侍郎。"同年十月庚午條："正衙命使册淑妃韓氏、德妃伊氏，以宰臣豆盧革、韋説充册使。"同年十一月壬寅條："時有選人吳延皓取亡叔告身，改舊名求仕，事發，延皓付河南府處死，崔沂已下貶官，宰相豆盧革、趙光裔、韋説詣閤門待罪，詔釋之。"卷三四《唐莊宗紀八》同光四年三月丙子條："樞密使李紹宏與宰相豆盧革、韋説會於中興殿之廊下，商議軍機，因奏：'魏王西征兵士將至，車駕且宜控汜水，以俟魏王。'從之。"卷三六《唐明宗紀二》天成元年（926）五月丙辰條："韋説進位門下侍郎兼户部尚書、監修國史，並依舊平章事。"同年七月諸條："己卯，韋説貶溆州刺史，仍令所在，馳驛發遣，爲諫議大夫蕭希甫疏奏故也。制略曰：'革則縱田客以殺人，説則侵鄰家而奪井。'……庚辰，……宰相鄭珏、任圜再見安重誨，救解革、説，請不復追行後命，又三上表救解，俱留中不報。……癸未，詔辰州刺史豆盧革可責授費州司户參軍，溆州刺史韋説可責授夷州司户參軍，皆員外置同正員，仍令馳驛發遣。甲申，又詔曰：'……革可陵州長流百姓，説可合州長流百姓。'"

　　初，説在江陵，與高季興相知，及入中書，亦常通信幣。[1]自討西蜀，季興請攻峽内，莊宗許之："如能得三州，俾爲屬郡。"西川既定，季興無尺寸之功。洎明宗纘承，季興頻請三郡，朝廷不得已而與之。革、説方在中書，亦預其議。及季興佔據，獨歸其罪，流於合州。[2]明年夏，詔曰："陵州、合州長流百姓豆盧革、韋説，頃在先朝，擢居重任，欺公害物，黷貨賣官。静惟肇亂之端，更有難容之事，且夔、忠、萬三州，[3]地連巴蜀，路扼荆蠻，藉皇都弭難之初，徇逆帥借求之勢，罔予視聽，率意割移。將千里之土疆，開通狡穴；動兩川之兵賦，禦捍經年。致朕莫遂偃戈，猶煩運策。近者西方鄴雖復要害，[4]高季興尚固窠巢，增吾旰食之憂，職爾朋奸之計。而又自居貶所，繼出流言。苟刑戮之稽時，處忠良於何地？宜令逐處刺史監賜自盡。"[5]《永樂大典》卷一萬七千九百一十。[6]

[1]江陵：地名。荆州別稱，治所在今湖北荆州市。　高季興：人名。原名高季昌，陝州硤石（今河南三門峽市）人。五代十國南平（即荆南）開國君主。傳見本書卷一三三、《新五代史》卷六九。　信幣：泛指修好通聘間的書劄、禮單及禮品。

[2]合州：州名。治所在今重慶合川區。

[3]夔：州名。治所在今重慶奉節縣。　忠：州名。治所在今重慶忠縣。　萬：州名。治所在今重慶萬州區。

[4]西方鄴：人名。定州滿城（今河北保定市滿城區）人。五代後唐將領。傳見本書卷六一、《新五代史》卷二五。

[5]"初"至"宜令逐處刺史監賜自盡"："西川既定"，中華書局本有校勘記："'西川'，《冊府》卷三三七作'兩川'，《通鑑》卷二七五《考異》引《明宗實錄》及《薛史·韋説傳》、《冊府》卷三三八作'三川'。""流於合州"，《輯本舊史》之影庫本粘籤："合州，原本作'白州'，今據《五代春秋》改正。""藉皇都弭難之初"，中華書局本有校勘記："'藉'原作'接'，據殿本、劉本改。'初'，殿本、劉本、孔本作'功'。"《輯本舊史》之原輯者案語："説子濤，晋天福初，爲尚書膳部員外郎，卒。"明本《冊府》卷三三七《宰輔部·徇私門》："後唐韋説與豆盧革作相。革、説之

子俱授拾遺，父子同官，爲人所刺，遂改授員外郎。革請説之子濤爲宏文館學士，説請革之子昇爲集賢學士，交致阿私，有同市井，識者醜之。"

[6]《大典》卷一七九一〇 "相" 字韻 "五代後梁相、後唐相" 事目。

盧程

盧程，唐朝右族。[1]祖懿，父蘊，歷仕通顯。[2]程，天復末登進士第，崔魏公領鹽鐵，署爲巡官。[3]昭宗遷洛陽，柳璨陷右族，程避地河朔，客遊燕、趙，或衣道士服，干謁藩伯，人未知之。[4]豆盧革客遊中山，依王處直，盧汝弼來太原。[5]程與革、弼皆朝族知舊，[6]因往來依革，處直禮遇未優，故投于太原；汝弼因爲延譽，莊宗署爲推官，尋改支使。[7]程褊淺無他才，惟矜恃門地，[8]口多是非，篤厚君子尤薄之。

[1]右族：豪姓望族。

[2]懿：人名。即盧懿。唐代官員。曾任吏部侍郎、檢校工部尚書，兼鳳翔尹、御史大夫、鳳翔隴右節度使。事見《舊唐書》卷一八下。　蘊：人名。即盧蘊。唐代官員。曾任駕部侍郎。事見《册府》卷六四四《貢舉部·考試門二》。　"盧程" 至 "歷仕通顯"：《舊五代史考異》："案：《歐陽史》作不知其世家何人也，似誤。" 見《新五代史》卷二八《盧程傳》。

[3]天復：唐昭宗李曄年號（901—904）。　崔魏公：人名。即崔胤。清河武城（今山東武城縣）。唐末宰相。傳見《舊唐書》卷一七七、《新唐書》卷二二三下。　鹽鐵：官署名。即鹽鐵司。

唐末、五代稱鹽鐵、度支、户部爲三司，掌管統籌國家財政之事。鹽鐵司掌管鹽、鐵、茶專賣及徵稅等事務。　巡官：官名。唐代節度使、觀察使、團練使、防禦使屬官，位在判官、推官下。掌巡察及處理某些事務。

[4]昭宗：即唐昭宗李曄，888年至904年在位。紀見《舊唐書》卷二〇上、《新唐書》卷一〇。　洛陽：地名。即今河南洛陽市。　柳璨：人名。河東（今山西永濟市）人。唐末宰相、文學家、史學家。傳見《舊唐書》卷一七九、《新唐書》卷二二三下。

河朔：古地區名。泛指黄河以北地區。　燕、趙：泛指今河北省北部。　“昭宗遷洛陽”至“人未知之”：明本《册府》卷九四九《總録部·逃難門二》：“尋遇朱梁弑逆，衣冠多罹其毒，避地河朔，客遊燕趙。數年或衣儒衣，或服道服，出入公侯之門。深爲涿州牧、衡唐令所厚，卜居從之。”

[5]豆盧革：人名。先世爲鮮卑慕容氏，後改豆盧氏。唐同州刺史豆盧籍之孫，舒州刺史豆盧瓚之子。五代後唐宰相。傳見本書本卷、《新五代史》卷二八。　盧汝弼：人名。范陽（今河北涿州市）盧氏族人，家於河中蒲州（今山西永濟市）。唐代詩人盧綸之孫。唐末進士，唐、五代後唐官員。傳見本書卷六〇。　太原：府名。治所在今山西太原市。

[6]程與革、弼皆朝族知舊：中華書局本有校勘記：“‘革弼’，殿本、劉本作‘汝弼’。”

[7]推官：官名。唐始置，唐代後期節度、觀察、團練、防禦等使的屬官，掌推按刑獄。此外，度支、鹽鐵等使也置推官。　支使：官名。唐、五代節度使、觀察使等下屬官員中有支使，其職與掌書記同。位在副使、判官之下，推官之上。掌表奏書檄等。

[8]惟矜恃門地：中華書局本有校勘記：“‘矜’原作‘務’，據《册府》卷九一七改。”見《宋本册府》卷九一七《總録部·矜衒門》。

初，判官王緘從軍掌文翰，胡柳之役，[1]緘没於軍。[2]莊宗歸寧太原，置酒公宴，舉酒謂張承業曰：[3]"予今於此會取一書記，[4]先以巵酒辟之。"即舉酒屬巡官馮道，[5]道以所舉非次，抗酒辭避。[6]莊宗曰："勿謙挹，無踰於卿也。"時以職列序遷，則程當爲書記，汝弼亦左右之。程既失職，私懷憤惋，謂人曰："主上不重人物，使田里兒居余上。"先是，莊宗嘗於帳中召程草奏，程曰："叨忝成名，不閑筆硯。"由是文翰之選，不及於程。時張承業專制河東留守事，[7]人皆敬憚。舊例，支使監諸廩出納，程訴于承業曰："此事非僕所長，請擇能者。"承業叱之曰："公稱文士，即合飛文染翰，[8]以濟霸圖。[9]嘗命草辭，自陳短拙，及留職務，又以爲辭，公所能者何也？"程垂泣謝之。[10]後歷觀察判官。[11]

[1]王緘：人名。籍貫不詳。幽州劉仁恭故吏，後歷任河東李存勗掌書記、檢校司空、魏博節度副使。傳見本書卷六○。　胡柳：地名。即胡柳陂。位於今河南濮陽市。

[2]緘没於軍：中華書局本有校勘記："'没'原作'役'，據殿本、孔本、邵本校、彭校改。影庫本批校：'緘没於軍，"没"訛"役"。'"

[3]張承業：人名。同州（今陝西大荔縣）人。唐末、五代宦官，河東監軍。傳見本書卷七二、《新五代史》卷三八。

[4]予今於此會取一書記：中華書局本有校勘記："'予'原作'子'，據殿本、劉本、孔本、邵本校、《册府》卷七二九改。影庫本批校：'予於此會，"予"訛"子"。'"見《宋本册府》卷七二九《幕府部·辟署門四》。

[5]馮道：人名。瀛州景城（今河北滄縣）人。五代時官拜宰相，歷仕後唐、後晋、後漢、後周，亦曾臣事契丹。傳見本書卷一二六、《新五代史》卷五四。

[6]抗酒辭避：《宋本册府》卷七二九作“抗酒辭”。

[7]河東：方鎮名。治所在太原府（今山西太原市）。　留守：官名。古代皇帝出巡或親征時指定親王或大臣留守京城，綜理國家軍事、行政、民事、財政等事務，稱京城留守。在陪都或軍事重鎮也常設留守。

[8]合飛文染翰：《宋本册府》卷七三〇《幕府部·譴斥門》作“合飛書草檄”。“染翰”，《輯本舊史》之影庫本粘籤：“染翰，原本作‘築翰’，今據文改正。”

[9]以濟霸圖：中華書局本有校勘記：“‘圖’，原作‘國’，據《册府》卷七三〇、卷九五四改。”按《宋本册府》卷七三〇《幕府部·譴斥門》作“開濟霸圖”，卷九五四《總録部·愚暗門》作“以濟霸圖”。

[10]垂泣謝之：“泣”，《宋本册府》卷七三〇《幕府部·譴斥門》作“涕”。

[11]觀察判官：官名。唐肅宗以後置，五代沿置。觀察使屬官，參理田賦事，用觀察使印、署狀。

莊宗將即位，求四鎮判官可爲宰輔者。時盧汝弼、蘇循相次淪没，[1]當用判官盧質。質性疏放，不願重位，求留太原，乃舉定州判官豆盧革，[2]次舉程，即詔徵之，並命爲平章事。[3]程本非重器，驟歷顯位，舉止不恒。時朝廷草創，庶物未備，班列蕭然，寺署多缺。程、革受命之日，即乘肩輿，騶導喧沸。莊宗聞訶導之聲，詢於左右，曰：“宰相擔子入門。”莊宗駭異，登樓視之，笑曰："所謂似是而非者也。"頃之，遣程使晉陽宮册皇太后。[4]山路險阻，往復綿邈，程安坐肩輿，所至州縣，驅率丁夫，長吏迎謁，拜伏輿前，少有忤意，因加笞辱。

[1]蘇循：人名。籍貫不詳。唐末進士。唐、五代官員。傳見本書卷六〇、《新五代史》卷三五。

[2]定州：州名。治所在今河北定州市。

[3]並命爲平章事：《輯本舊史》之影庫本粘籤："平章，原本作'平張'，今據文改正。"明本《册府》卷七四《帝王部·命相門四》、卷三三六《宰輔部·强很門》，《宋本册府》卷九四四《總録部·佻薄門》，《新五代史》卷二八《盧程傳》，《通鑑》卷二七二同光元年（923）四月己巳條，均載命盧程爲平章事。

[4]晉陽宮：宮殿名。位於今山西太原市。

　　及汴將王彥章陷德勝南城，急攻楊劉，[1]莊宗御軍苦戰，臣下憂之，咸白宰臣，欲連章規諫，請不躬御士伍。豆盧革言及漢高臨廣武事，[2]矢及於胸，紿云中足。程曰："此劉季失策。"[3]衆皆縮頸。嘗論近世士族，或曰："員外郎孔明龜，[4]善和宰相之令緒，宣聖之系孫，[5]得非盛歟！"程曰："止於孔子之後，盛則吾不知也。"[6]親黨有假驢夫於程者，[7]程帖府給之，[8]府吏訴云無例，程怒鞭吏背。時任圜爲興唐少尹，[9]莊宗從姊婿也，[10]憑其寵戚，因詣程。程方衣鶴氅、華陽巾，憑几決事，見圜怒詈曰："是何蟲豸，恃婦力耶！[11]宰相取給於府縣，得不識舊體！"圜不言而退，是夜，馳至博平，[12]面訴於莊宗。莊宗怒，謂郭崇韜曰："朕誤相此癡物，敢辱予九卿。"促令自盡。崇韜亦怒，事幾不測，賴盧質橫身解之，遂降爲右庶子。[13]莊宗既定河南，程隨百官從幸洛陽，沿路墜馬，因病風而卒。贈禮部尚書。[14]《永樂大典》卷二千二百一十二。[15]

[1]王彦章：人名。鄆州壽張（今山東梁山縣壽張集）人。五代後梁將領。傳見本書卷二一、《新五代史》卷三二。　德勝南城：地名。德勝原爲黄河渡口，晋軍築德勝南、北二城於此，遂爲城名。位於今河南濮陽市。　楊劉：地名。位於今山東東阿縣東北楊柳鎮。

[2]漢高：即西漢開國皇帝劉邦。　廣武：地名。位於今河南滎陽市東北廣武山上。　豆盧革言及漢高臨廣武事：中華書局本有校勘記："'臨'字原闕，據殿本、孔本、《册府》卷三三六、卷九四四補。"見明本《册府》卷三三六《宰輔部・强很門》、《宋本册府》卷九四四《總録部・佻薄門》。

[3]劉季：即劉邦。沛（今江蘇沛縣）人。西漢王朝建立者。紀見《史記》卷八。

[4]孔明龜：人名。籍貫、事迹不詳。本書僅此一見。明本《册府》卷三三六《宰輔部・强很門》作"孔龜明"。　員外郎孔明龜：明本《册府》卷三三六、《宋本册府》卷九四四《總録部・佻薄門》俱作"員外孔龜明"。

[5]令緒：美稱他人的後代。　宣聖：即孔子。　系孫：遠世子孫。

[6]盛則吾不知也：中華書局本有校勘記："'吾不'原作'不吾'，據殿本、《册府》卷三三六、卷九四四乙正。"見明本《册府》卷三三六、《宋本册府》卷九四四《總録部・佻薄門》。

[7]親黨有假驢夫於程者："驢夫"，明本《册府》卷三三六《宰輔部・强很門》作"遞乘"。

[8]程帖府給之:"帖府",《新五代史》卷二八《盧程傳》作"帖興唐府"。

[9]興唐:府名。同光元年(923)由魏州改名而來。治所在今河北大名縣。　少尹:官名。唐、五代於三京、鳳翔等府均置少尹,爲府尹的副職。協助府尹通判列曹諸務。從四品下。　時任圜爲興唐少尹:"任圜",中華書局本有校勘記:"《册府》卷三三六同,《通鑑》卷二七二作'任團',本卷下文《任圜傳》記武皇以宗女妻任圜弟團。本傳下文同。"明本《册府》卷三三六《宰輔部·强很門》、《通鑑》卷二七二同光元年七月甲子條後。

[10]莊宗從姊婿也:《舊五代史考異》:"案:《歐陽史》誤作莊宗姊婿也。"見《新五代史》卷二八《盧程傳》。明本《册府》卷三三六《宰輔部·强很門》作"帝妹婿"。

[11]鶴氅:用鶴羽或其他鳥類羽毛織成的披衣,也稱"鶴氅裘"。其形制是直領、大袖,衣形寬鬆。　華陽巾:道士或隱士所戴的一種頭巾,亦泛指士人頭巾。

[12]博平:縣名。治所在今山東茌平縣博平鎮。

[13]右庶子:官名。亦稱太子右庶子。太子府屬官。掌侍從太子左右,獻納啓奏,宣傳令言。正四品下。

[14]禮部尚書:官名。尚書省禮部長官。掌禮儀、祭享、貢舉之政。正三品。

[15]《大典》卷二二一二"盧"字韻"姓氏(七)"事目。

趙鳳[1]

[1]《輯本舊史》之影庫本粘籤:"《趙鳳傳》,《永樂大典》闕全篇,其散見各韻者尚得三條,今次第編排,以存大概。"

趙鳳,幽州人也。少爲儒,唐天祐中,燕帥劉守光盡率部内丁夫爲軍伍，而黥其面，爲儒者患之，多爲僧以避之，鳳亦落髮至太原。頃之，從劉守奇奔梁，梁用守奇爲博州刺史，表鳳爲判官。[1]《永樂大典》卷一萬六千四百六十五。[2]

[1]幽州：州名。治所在今北京市。　劉守光：人名。深州樂壽（今河北獻縣）人。唐末幽州節度使、燕王劉仁恭之子。劉守光囚父自立，後號大燕皇帝，爲晋王李存勗俘殺。傳見本書卷一三五、《新五代史》卷三九。　劉守奇：人名。深州樂壽（今河北獻縣）人。唐末幽州節度使、燕王劉仁恭之子，劉守光之弟。唐末、五代將領。事見本書卷八、卷一三。　博州：州名。治所在今山東聊城市。　“趙鳳”至“表鳳爲判官”：《輯本舊史》之原輯者案語：“下有闕文。《歐陽史》云：守奇卒，鳳去，爲鄆州節度判官。”見《新五代史》卷二八《趙鳳傳》。亦見《宋本册府》卷九四〇《總録部·患難門》、卷九五五《總録部·知舊門》，明本《册府》卷九四九《總録部·逃難門二》。

[2]《大典》卷一六四六五“疝”字韻“諸疝證治（四）”事目，與本傳無涉。

爲鄆州節度判官。唐莊宗聞鳳名，得之甚喜，以爲護鑾學士。後莊宗即位，拜鳳中書舍人。[1]《永樂大典》卷一萬三千四百二十四。[2]

[1]鄆州：此處代指天平軍。　中書舍人：官名。中書省屬官。掌起草文書、呈遞奏章、傳宣詔命等。正五品上。　“爲鄆州節度判官”至“拜鳳中書舍人”：《輯本舊史》之原輯者案語：“《五代會要》作護鑾書制學士。《歐陽史》云：莊宗即位，拜中書舍人、

翰林學士。時皇后及羣小用事，鳳言皆不見納。”《新五代史》卷二八《趙鳳傳》：“全義養子郝繼孫犯法死，宦官、伶人冀其貲財，固請籍沒，鳳又上書言：‘繼孫爲全義養子，不宜有別籍之財，而於法不至籍沒，刑人利財，不可以示天下。’是時，皇后及群小用事，鳳言皆不見納。”《輯本舊史》卷三〇《唐莊宗紀四》同光元年（923）十一月丁巳條：“以扈變書制學士、行尚書倉部員外郎趙鳳爲倉部郎中，知制誥，充翰林學士。”卷九四《張廷蘊傳》：“廷蘊所識不過數字，而性重文士。下汶陽日，首獲鄆帥戴思遠判官趙鳳，訊之曰：‘爾狀貌必儒人也，勿隱其情。’鳳具言之，尋引薦於明宗，明宗令送赴行臺，尋除鳳翰林學士。及鳳入相，頗與廷蘊相洽，數言於近臣安重誨，重誨亦以廷蘊苦戰出於諸將之右，力保薦之。”明本《册府》卷三二四《宰輔部·薦賢門》郭崇韜條：“明宗拔鄆州，得天平軍節度判官趙鳳，送之于莊宗。崇韜素聞其名，及見與語，乃薦用爲扈變學士。”亦見卷八二八《總録部·論薦門》。

　　[2]《大典》卷一三四二四“士”字韻“學士（一四）”事目。

　　及入汴，改授禮部員外郎。[1]莊宗及劉皇后幸張全義第，[2]后奏曰：“妾五六歲失父母，每見老者，思念尊親泣下，以全義年德，妾欲父事之，以慰孤女之心。”莊宗許之，命鳳作箋上全義，定往來儀注。鳳上書極諫，不納。天成初，置端明殿學士，[3]鳳與馮道俱任其職。時任圜爲宰相，爲安重誨所傾，以至罷相歸磁州。[4]及朱守殷以汴州叛，[5]馳驛賜圜自盡。既而鳳哭謂安重誨曰：“任圜義士也，肯造逆謀以讎君父乎？如此濫刑，何以安國！”重誨笑而不責。是冬，權知貢舉。[6]

[1]禮部員外郎：官名。掌貳尚書、侍郎。舉其儀制，而辨其名數。從六品上。

[2]劉皇后：指五代後唐莊宗劉皇后。魏州成安（今河北成安縣）人。傳見本書卷四九、《新五代史》卷一四。　張全義：人名。後因犯諱，改名張宗奭。亦作“張言”。濮州臨濮（今山東鄄城縣）人。唐末、五代後梁、後唐將領。傳見本書卷六三、《新五代史》卷四五。

[3]端明殿學士：官名。後唐明宗時始置，以翰林學士充任，負責誦讀四方書奏。

[4]磁州：州名。治所在今河北磁縣。

[5]朱守殷：人名。籍貫不詳。五代後唐將領。傳見本書卷七四、《新五代史》卷五一。

[6]知貢舉：官名。唐始置，爲主持禮部會試的考官。　“及入汴”至“權知貢舉”：“及入汴”至“不納”，中華書局本有校勘記：“以上八十字原闕，據殿本、劉本補。”明本《册府》卷五五三《詞臣部·獻替門二》：“命劉皇后拜張全義爲養父，后傳教，令草謝全義書，鳳以國后無拜人臣爲父之禮，乃密上疏，陳其失曰：‘臣叨被睿慈、獲親密，勿在可言之地，居掌誥之司。其或事異常規，禮關草創。程式先謀於國輔，封章然貢於天聰。庶顯公忠，免貽錯失。今月九日，中宮傳命，令修張全義書題，將行父事之儀，有玷君臨之道。既行文翰，難決否臧，奉行則罔叶國經，違命則恐虧臣節，遂修記事，取則宰臣，貴動合於楷模，期永垂爲規範。以兹奉職，庶顯致君。臣聞覆萬物者天，載萬物者地，非聖主無以體乾道，非賢后無以法坤儀，百代攸同，二儀無改。伏惟陛下恢張九五，統馭玄黄，外設明廷，内崇陰教，言動而華夷知仰，弛張而幽顯欽承。張全義雖位極於王公，而名不離於臣校。承陛下曲旨，受皇后重儀，致紊彝章，不防輿議。臣又聞纂洪基者真主，行直道者忠臣，不可務一時之緘藏，失久長之體制，得不恭陳手疏，罄露血誠。庶裨益於神聰，免隳弛於王度。伏乞皇帝陛下俯容狂瞽，動畏

簡書，時開睿敏之懷，永守文明之訓，使聖后式全其內則，元臣可保於令圖。永揚日月之光，載理乾坤之體。臣職叨侍從，名忝論司，儻避事以不言，是偸安而冒寵。'疏奏，帝雖嘉其直誠，而劉后已拜全義，追改無及。"亦見《通鑑》卷二七三同光二年（924）十二月庚午條，《輯本舊史》卷三二《唐莊宗紀六》同光二年十二月庚午條，《宋本册府》卷一八〇《帝王部·失政門》唐莊宗同光二年十二月庚午條。《輯本舊史》卷三七《唐明宗紀三》天成元年（926）十月庚戌條："以中書舍人、端明殿學士趙鳳爲户部侍郎，並依前充職。"

明年春，有僧自西國取經回，得佛牙大如拳，褐漬皴裂，進于明宗。鳳揚言曰："曾聞佛牙錘鍛不壞，請試之。"隨斧而碎。時宮中所施已逾數千緡，聞毀乃止。及車駕還洛，留知汴州事，尋授中書侍郎、平章事。[1]長興中，[2]安重誨出鎮河中，人無敢言者，惟鳳極言於上前曰："重誨是陛下家臣，其心終不背主，五年秉權，賢豪俯伏，但不周防，自貽浸潤。"明宗以爲朋黨，不悦其奏。重誨獲罪，乃出邢州節度使。[3]及閔帝蒙塵于衞州，[4]鳳集賓佐軍校，垂涕曰："主上播遷，渡河而北，吾輩安坐不赴奔問，於禮可乎？"軍校曰："唯公所使。"將行，聞閔帝遇弑而止。清泰初，召還，授太子太保。[5]既而病足，不能朝謁。疾篤，自爲蓍筮，卦成，投蓍而歎曰："吾家世無五十者，而復窮賤；吾年已五十，又爲將相，豈有遐壽哉！"清泰二年三月卒。鳳性豁達，輕財重義，凡士友以窮厄告者，必傾其資而餉之，人士以此多之也。[6]《永樂大典》卷一萬七千九百一十。[7]

[1]中書侍郎：官名。中書省副長官。唐後期三省長官漸爲榮銜，中書侍郎、門下侍郎却因參議朝政而職位漸重，常用爲以"同三品"或"同平章事"任宰相者的本官。正三品。

[2]長興：五代後唐明宗李嗣源年號（930—933）。

[3]邢州：州名。治所在今河北邢臺市。　節度使：官名。唐時在重要地區所設掌握一州或數州軍事、民事、財政的長官。

[4]閔帝：即五代後唐廢帝李從厚。亦稱愍帝。明宗李嗣源第三子。生於太原，小字菩薩奴。長興元年（930）封宋王，移鎮鄴都。明宗死後即位，改元應順（934）。潞王李從珂反於鳳翔，閔帝出逃至衛州，被廢爲鄂王，尋被縊殺。紀見本書卷四五、《新五代史》卷七。　衛州：州名。治所在今河南衛輝市。

[5]清泰：五代後唐廢帝李從珂年號（934　936）。　太子太保：官名。與太子太師、太子太傅統稱太子三師。隋唐以後多作加官或贈官。從一品。

[6]"明年春"至"人士以此多之也"："尋授中書侍郎"，中華書局本有校勘記："'中書侍郎'，本書卷四〇《唐明宗紀六》、《新五代史》卷六《唐本紀》、卷二八《趙鳳傳》、《通鑑》卷二七六作'門下侍郎'。"《舊五代史考異》："李之儀《姑溪居士集》：鳳爲《莊宗實録》，將何挺論劉昫疏不載，昫既相，遂引鳳共政事。"　"及閔帝蒙塵于衛州"至"聞閔帝遇弑而止"，中華書局本有校勘記："以上五十三字原闕，據殿本補。""授太子太保"，中華書局本有校勘記："'太子'二字原闕，據本書卷四六《唐末帝紀上》、《册府》卷八〇四、卷八九五、《新五代史》卷二八《趙鳳傳》補。"明本《册府》卷八一二《總録部·好施門》："後唐趙鳳，性豁達，輕財重義，凡士友以窮厄告者，必傾其資而餉之，或賓友過從，飲之食之，無倦色。位至平章事。"卷四三三《將帥

部·輕財門》："趙鳳爲邢州節度使，在鎮所請俸禄之餘，分給將校賓佐，故雖危難之中，軍民帖然。"《宋本册府》卷六四一《貢舉部·條制門三》唐明宗天成三年（928）條："趙鳳知貢舉，塲中利病，備達天聽，因勑：'進士帖經，通三即可，五科試本業後對策全精即可。諸經學帖經，及格後於大經汎問五義，面書於試紙，令直解其理，通三即可。對策並須理有指歸，言關體要。'"《輯本舊史》卷三九《唐明宗紀五》天成三年十一月丙申條："帝謂侍臣曰：'古鐵券如何？'趙鳳對曰：'帝王誓文，許其子子孫孫長享爵禄。'帝曰：'先朝所賜，惟朕與郭崇韜、李繼麟三人爾，崇韜、繼麟尋已族滅，朕之危疑，慮在旦夕。'於是嗟歎久之，趙鳳曰：'帝王執信，故不必銘金鏤石矣。'"卷四〇《唐明宗紀六》天成四年二月辛酉條："以端明殿學士趙鳳權知汴州軍州事。"同年四月甲寅條："以端明殿學士趙鳳爲門下侍郎兼工部尚書、平章事。"同年八月庚戌條："以宰臣、監修國史趙鳳兼判集賢院事。"亦見明本《册府》卷一〇四《帝王部·訪問門》。《宋本册府》卷四七五《臺省部·奏議六》鄭玕條："鄭玕爲膳部郎中。天成三年九月乙亥，奏：'諸司、諸使職掌人吏，乘暖坐，帶銀魚，席帽輕衣，肥馬，參雜庭臣，尊卑無別，污染時風，請下禁止。'帝嘉其事，促行之，中書覆爲不可，趙鳳亟言於執政曰：'此禮戒人，不可不切。'爲權吏所庇，竟寢其事。"亦見明本《册府》卷三三五《宰輔部·竊位門》。明本《册府》卷五五七《國史部·採撰門》："趙鳳監修國史。天成四年七月，鳳奏：'當館奉勑修懿祖、獻祖、太祖、莊宗四帝《實録》，自今年六月初一日起，手旋具進呈次。伏以凡關纂述，務合品題，承乾御宇之君，行事方云實録。追尊册號之帝，約文只可紀年。所修前件史書，今欲自莊宗一朝名爲實録，其太祖已上並目爲紀年。'從之。至其年十一月，史館上新修懿祖、獻祖、太祖《紀年録》共二十卷，《莊宗實録》三十卷，鳳及修撰張昭遠、吕咸休各賜繒綵銀器等。"亦見卷五五四《國史部·恩獎門》，《會要》卷一八修國史條。《輯本舊史》卷四〇《唐明宗紀六》天成四年十一月癸未條："祕書少監于嶠配振武長流百姓，永不齒任，爲宰臣趙鳳誣奏也。"明本《册府》卷四八一《臺省部·輕躁門》于嶠條："于嶠，天成初爲户部員外郎、知制誥。逾歲當轉，未行，聞周倉、程遜轉舍人，甚怒，退朝謁宰相趙鳳，欲以言訟，鳳知其故，辭未之見，乃叱：'闒伯省吏！'語言不遜，揮袂而去。吏譖於鳳，言嶠訴詈，又溺於客次，鳳怒，翌日上章貶謫。"《輯本舊史》卷四一《唐明宗紀七》長興元年四月戊申條："趙鳳加吏部尚書。"明本《册府》卷三三七《宰輔部·徇私門》："趙鳳爲中書侍郎平章事。長興元年八月壬寅，明宗御中興殿對，鳳奏曰：'一日已來，臣等竊知有姦人熒惑陛下，誣陷大臣，未知信否？'上曰：'閑事卿勿復言，朕已處置訖。'鳳堅奏曰：'所聞之事不小，陛下不得以爲閑。'自數日已來，衆口籍籍，言安重誨幾傾家族，因指殿以諭之曰：'此殿宏壯，所以不騫不撓者，棟梁柱石之所扶持也。如狂人折一柱，壞一棟，則殿危矣。重誨歷艱險，經危難，事陛下，致君爲中興主，人欲誣搆陷之，是壞陛下棟梁柱石也！'上因改容報曰：'予雖不信，然生此讒隙者，皆兇徒也。'"《通鑑》卷二七七長興元年八月壬寅條："趙鳳奏：'切聞近有姦人誣陷大臣，搖國柱石，行之未盡。'帝乃收李行德、張儉，皆族之。"《輯本舊史》卷四三《唐明宗紀九》長興三年七月丁未條："以門下侍郎兼吏部尚書、同平章事、監修國史趙鳳爲檢校太傅、同平章事，充邢州節度使。"卷四五《唐閔帝紀》應順元年閏正月癸卯條："邢州節度使趙鳳加爵邑。"《宋本册府》卷三七四《將帥部·忠門五》："趙鳳爲邢州節度使，明宗厭代，潞鄂搆難，俄聞鄂王出奔，鳳流涕集賓佐軍校曰：'主上播遷，渡河而北，吾輩安坐，不赴奔問，於理可乎？'軍校曰：'惟公所使！'尋聞王弘贄殺鄂王左右，留王衞州，又得清泰檄書而止。"《輯本舊史》卷四六《唐末帝紀上》清泰元年八月乙未條："以前邢州節度使趙鳳爲太子太保。"卷四七《唐末帝紀中》清泰二年（935）三月戊戌條："故太子太保趙鳳贈太傅。"明本《册府》卷五三三《諫諍部·規諫門一〇》："趙鳳，明宗朝爲端明殿學士。有周玄豹者，自言善相術，明宗爲將時，玄豹曰：'貴不可言'。帝素異之。即位後，命爲少列，頻召之。鳳奏曰：'玄豹是臣鄉里人，待臣不薄。前代術士，妄言致人破家滅族者多矣。玄豹藝術雖精，臣不欲置之都下。昔言陛下應運，今已効矣。陛下無事更詢，而輕薄狡妄之徒，不知命有定分，若玄豹至京師，則人士湊其門，臣竊思之無益。'於是乃止。"

[7]《大典》卷一七九一〇"相"字韻"五代相"事目。

李愚

李愚，字子晦。自稱趙郡平棘西祖之後，[1]家世爲儒。父瞻業，應進士不第，遇亂，徙家渤海之無棣，[2]以詩書訓子孫。愚童齔時，謹重有異常兒，年長方志學，徧閱經史。慕晏嬰之爲人，[3]初名晏平。[4]爲文尚氣格，有韓柳體。[5]厲志端莊，風神峻整，非禮不言，行不苟且。愚初以艱貧，求爲假官，滄州盧彥威署安陵簿。[6]丁憂，服闋，隨計之長安。[7]屬關輔亂離，[8]頻年罷舉，客於蒲、華之間。[9]

[1]平棘：縣名。治所在今河北趙縣。　西祖：趙郡李氏爲中古時期北方望族。西晉時，先祖李楷爲避趙王司馬倫之亂，舉家遷徙趙郡平棘。李楷育有五子，後來形成三大房系，即南祖房、西祖房、東祖房。這三支也成爲趙郡李氏的顯著支派。

[2]瞻業：人名。即李瞻業。事迹不詳。　渤海：郡名。隋大業中以滄州改。治所在今山東陽信縣。　無棣：縣名。治所在今山東慶雲縣。

[3]晏嬰：即晏子。春秋末齊國大夫，事齊靈公、莊公、景公

三位君主。謚平，亦稱晏平仲。事見《史記》卷三二。

[4]初名晏平：《輯本舊史》之影庫本粘籤："晏平，原本作'晏來'，今據《册府元龜》改正。"見明本《册府》卷七九二《總録部·慕賢門》。

[5]韓：即韓愈。河陽（今河南孟州市）人。唐中葉官員、文學家。傳見《舊唐書》卷一六〇、《新唐書》卷一七六。　柳：即柳宗元。河東解縣（今山西運城市）人。唐代文學家。倡導古文運動，爲唐宋八大家之一。傳見《舊唐書》卷一六〇、《新唐書》卷一六八。

[6]滄州：州名。治所在今河北滄縣舊州鎮。　盧彦威：人名。籍貫不詳。五代軍閥。事見《舊唐書》卷一九下至卷二〇下。　安陵：縣名。治所在今河北景縣。　簿：官名。即主簿。漢代以後歷朝均置。唐代京城百司和地方官署，均設主簿。管理文書簿籍，參議本署政事，爲官署中重要佐官。其官階品秩因官署而不同。

[7]丁憂：原指遇到父母喪事。後多專指官員居喪。　服闋：因父母去世，服喪三年，期滿除服，稱服闋。　長安：地名。即今陝西西安市。

[8]關輔：地名。漢景帝二年（前155）分内史爲左、右内史，與主爵中尉（不久改爲主爵都尉）同治長安，管轄京畿地區，合稱"三輔"。武帝太初元年（前104）改爲京兆尹、左馮翊、右扶風。轄境相當於今陝西中部地區。

[9]蒲：州名。即蒲州。唐開元八年（720）改蒲州爲河中府，因地處黄河中游而得名，其後名稱屢有改易。治所在今山西永濟市。　華：州名。治所在今陝西渭南市華州區。　客於蒲、華之間："蒲華"，《宋本册府》卷七六二《總録部·忠義門三》作"蒲津"，然從"之間"而言，當以"蒲華"爲是。

光化中，軍容劉季述、王奉先廢昭宗，[1]立德王裕，[2]月餘，[3]諸侯無奔問者。愚時在華陰，致書於華帥韓建，[4]其略曰："僕關東一布衣爾，幸讀書爲文，每見君臣父子之際，有傷教害義之事，常痛心切齒，恨不得抽腸蹀血，肆之市朝。明公居近關重鎮，君父幽辱月餘，坐視凶逆，而忘勤王之舉，僕所未諭也。僕竊計中朝輔弼，雖有志而無權；外鎮諸侯，[5]雖有權而無志。惟明公忠義，社稷是依。往年車輅播遷，號泣奉迎，累歲供饋，再復朝廟，義感人心，至今歌詠。此時事勢，尤異於前，明公地處要衝，位兼將相，自宮闈變故，已涉旬時，若不號令率先，以圖反正，遲疑未決，一朝山東侯伯唱義連衡，鼓行而西，明公求欲自安，如何決策！此必然之勢也。不如馳檄四方，諭以逆順，軍聲一振，則元兇破膽，浹旬之間，二豎之首傳於天下，計無便於此者。"建深禮遇之，堅辭還山。天復初，[6]駕在鳳翔，[7]汴軍攻蒲、華，愚避難東歸洛陽。時衛公李德裕孫道古在平泉舊墅，[8]愚往依焉。子弟親採梠負薪，以給朝夕，未嘗干人。故少師薛廷珪掌貢籍之歲，[9]登進士第，又登宏詞科，[10]授河南府參軍，遂卜居洛表白沙之別墅。[11]

[1]光化：唐昭宗李曄年號（898—901）。　軍容：官名。即觀軍容使。唐代後期爲監視出戰將帥所設的最高軍職，多以掌權的宦官擔任。後以"軍容"爲對宦官的稱呼。　劉季述：人名。籍貫不詳。唐末宦官。顯於唐僖宗、唐昭宗時期，累遷至樞密使。傳見《新唐書》卷二〇八。　王奉先：人名。籍貫不詳。唐末宦官。事見《舊唐書》卷一八四。"王奉先"，中華書局本有校勘記："《舊

唐書》卷一八四《楊復恭傳》、《册府》卷七六二同，本書卷二《梁太祖紀二》、《舊唐書》卷二〇上《昭宗紀》、《新唐書》卷一〇《昭宗紀》、《册府》卷一八七作‘王仲先。’”見《宋本册府》卷七六二《總録部·忠義門三》、卷一八七《閏位部·勳業門五》。

[2]裕：人名。即李裕。唐昭宗長子，封德王。乾寧四年（897），册封爲皇太子。傳見《舊唐書》卷一七五、《新唐書》卷八二。　德王裕：中華書局本有校勘記：“原作‘裕王’，據本書卷二《梁太祖紀二》、《册府》卷一八七改。《舊唐書》卷一七五有《德王裕傳》。”

[3]月餘：中華書局本有校勘記：“原作‘五月餘’，據《册府》卷七六二改。按《通鑑》卷二六二，昭宗被廢在光化三年十一月，次年正月初復位，其間僅三月。《通鑑》繫李愚上韓建書事於十一月。”見《通鑑》卷二六二光化三年（900）十一月條。

[4]華陰：縣名。治所在今陝西華陰市。　韓建：人名。許州長社（今河南許昌市）人。唐末、五代軍閥。傳見本書卷一五、《新五代史》卷四〇。

[5]外鎮諸侯：《輯本舊史》之影庫本粘籤：“外鎮，原本作‘外鉸’，今從《通鑑》改正。”見《通鑑》卷二六二光化三年十一月條。

[6]天復：中華書局本有校勘記：“原作‘天福’，據劉本、《册府》卷九〇二改。按天復爲昭宗年號。”見《宋本册府》卷九〇二《總録部·安貧門》。

[7]鳳翔：方鎮名。治所在鳳翔府（今陝西鳳翔縣）。

[8]李德裕：人名。趙郡（今河北趙縣）人。李吉甫之子。唐武宗朝宰相。傳見《舊唐書》卷一七四、《新唐書》卷一八〇。道古：人名。即李道古。趙郡（今河北趙縣）人。李德裕之孫，李燁之子。唐末、五代大臣。事見《新唐書》卷一八〇、《通鑑》卷二六五。　平泉：即平泉莊。李德裕所築之平泉山莊，故址位於今河南洛陽市。中華書局本有校勘記：“《册府》卷六五〇、卷七八

五、卷九〇二、卷九四九同，本書卷六〇《李敬義傳》、《舊唐書》卷一七四《李德裕傳》、《新五代史》卷四五《張全義傳》記居平泉者爲延古，《新唐書》卷七二上《宰相世系表二上》記李德裕孫殷衡、延古。"見《宋本册府》卷六五〇《貢舉部·應舉門》、卷七八五《總録部·守道門》、卷九〇二《總録部·安貧門》，明本《册府》卷九四九《總録部·逃難門二》。

[9]少師：官名。即太子少師。與太子少傅、太子少保合稱"三少"，唐後期、五代多爲大臣、勳貴加官。從二品。　薛廷珪：人名。河東（今山西永濟市西南蒲州鎮）人。唐末、五代官員。傳見本書卷六八。

[10]宏詞科：科舉考試科目之一。屬制科。選拔能文之士。又登宏詞科：《宋本册府》卷六四一《貢舉部·條制門三》："伏緣近年別無事例，今檢《登科録》内，於僞梁開平三年應宏詞登科二人，前進士余渥、承旨舍人李愚；考官二人，司勳郎中崔景、兵部員外郎張貽憲。"《宋本册府》卷六四五《貢舉部·科目門》同。知其登宏詞科在五代後梁開平三年（909）。

[11]河南府：府名。治所在今河南洛陽市。　參軍：官名。唐於府稱士曹參軍，州稱司士參軍，縣稱司士佐。掌河津及營造橋梁、廨宇等事。　白沙：地名。位於今河南洛陽市。《通鑑》卷二七四胡三省注："自白沙至龕澗，其地皆在洛陽東。"

　　梁有禪代之謀，柳璨希旨教害朝士，愚以衣冠自相殘害，乃避地河朔，與宗人李延光客於山東。[1]梁末帝嗣位，[2]雅好儒士，延光素相款奉，得侍講禁中，屢言愚之行高學贍，有史魚、蘧瑗之風。[3]召見，嗟賞久之，擢爲左拾遺。俄充崇政院直學士，[4]或預咨謀，而儼然正色，不畏强禦。衡王入朝，[5]重臣李振輩皆致拜，惟愚長揖。末帝讓之曰："衡王，朕之兄。朕猶致拜，崇政使李振等皆拜，[6]爾何傲耶！”對曰：“陛下以家人禮兄，振等私臣也。臣居朝列，與王無素，安敢謟事。”其剛毅如此。晋州節度使華温琪在任違法，[7]籍民家財，[8]其家訟於朝，制使劾之，伏罪。梁末帝以先朝草昧之臣，不忍加法，愚堅按其罪。[9]梁末帝詔曰：“朕若不與鞫窮，謂予不念赤子；若或遂行典憲，謂余不念功臣。爲爾君者，不亦難乎！其華温琪所受贓，宜官給代還所訟之家。”貞明中，通事舍人李霄備夫毆傷舍人致死，[10]法司按律，罪在李霄。愚白：“李霄手不鬭毆，備夫毆之致死，[11]安得坐其主耶！”以是忤旨。愚自拾遺再遷膳部員外郎、賜緋，改司勳員外郎、賜紫，[12]至是罷職，歷許、鄧觀察判官。[13]

[1]李延光：人名。籍貫不詳。五代後梁、後唐官員。事見本書卷三八。

[2]梁末帝：即後梁末帝朱友貞。後梁太祖朱温之子。913年至923年在位。紀見本書卷八至卷一○、《新五代史》卷三。

[3]史魚：人名。春秋時衛國大夫。以剛正不阿著稱。事見《論語·衛靈公第十五》。　蘧瑗：人名。春秋時衛國大夫。爲人勤於改過。事見《淮南子·原道訓》。

[4]崇政院直學士：官名。五代後梁置，選有政術、文學者充任。五代後唐同光元年（923），改樞密院直學士。充皇帝侍從，備顧問應對。

[5]衡王：即朱友諒。朱全昱之子，五代後梁太祖朱温之姪。後梁建國，初封衡王，後襲封廣王。傳見本書卷一二、《新五代史》卷一三。《輯本舊史》之影庫本粘籤：“衡王，原本作‘衛王’，今據《歐陽史·家人傳》改正。”見《新五代史》卷一三《廣王

全昱傳》。

[6]李振：人名。河西（今甘肅武威）人。唐潞州節度使李抱真曾孫。五代後梁大臣。傳見本書卷一八、《新五代史》卷四三。

[7]晋州：州名。治所在今山西臨汾市。　華溫琪：人名。宋州下邑（今河南夏邑縣）人。唐末爲黃巢部下，五代時爲後梁、後唐將領。傳見本書卷九〇、《新五代史》卷四七。

[8]籍民家財：中華書局本有校勘記："句下《册府》卷二〇九、卷六一七有‘入己’二字。"此據明本《册府》卷二〇九《閏位部・念功門》、《宋本册府》卷六一七《刑法部・正直門》。

[9]愚堅按其罪：《宋本册府》卷六一七《刑法部・正直門》無"堅"字。

[10]貞明：後梁末帝朱友貞年號（915—921）。　通事舍人：官名。東晋始置。唐代爲中書省屬官，全稱中書通事舍人。掌殿前承宣通奏。從六品上。　李霄：人名。籍貫不詳。後唐官員。事見本書本卷。　僦舍：租賃房屋。

[11]備夫歐之致死：中華書局本有校勘記："‘歐之’二字原闕，據《册府》卷六一六補。"見《宋本册府》卷六一六《刑法部・議讞門》。

[12]膳部員外郎：官名。膳部郎中的副職。從六品上。　賜緋：輿服制度。皇帝頒賜緋色官服。唐代五品、四品官服緋。後世或沿用此制，品級不盡相同。　司勳員外郎：官名。吏部尚書司勳司副長官。掌邦國官人之勳級。從六品上。　賜紫：皇帝頒賜紫色官服。唐代官員三品以上服紫。特殊情況下，京官散階未及三品者可以賜紫，以示尊寵。

[13]許：州名。治所在今河南許昌市。　鄧：州名。治所在今河南鄧州市。　至是罷職，歷許、鄧觀察判官：《舊五代史考異》："案：《歐陽史》作罷爲鄧州觀察判官。"見《新五代史》卷五四《李愚傳》。

初在内職，磁州舉子張礪依焉。[1]貞明中，礪自河陽北歸莊宗，補授太原府掾，出入崇闥之間，揄揚愚之節概，及言愚之所爲文《仲尼遇》《顏回壽》《夷齊非餓人》等篇，[2]北人望風稱之。[3]洎莊宗都洛陽，鄧帥俾奏章入朝，諸貴見之，禮接如舊。尋爲主客郎中，數月，召爲翰林學士。[4]三年，魏王繼岌征蜀，請爲都統判官，仍帶本職從軍。[5]時物議以蜀險阻，未可長驅，郭崇韜問計於愚，愚曰："如聞蜀人厭其主荒恣，倉卒必不爲用。宜乘其人情二三，[6]風馳電擊，彼必破膽，安能守險？"及前軍至固鎮，[7]收軍食十五萬斛，崇韜喜，謂愚曰："公能料事，吾軍濟矣！"招討判官陳乂至寶鷄，[8]稱疾乞留在後。愚厲聲曰："陳乂見利則進，懼難則止。今大軍涉險，人心易惑，正可斬之以徇。"由是軍人無遲留者。是時，軍書羽檄，皆出其手。蜀平，就拜中書舍人。師還，明宗即位。時西征副招討使任圜爲宰相，[9]雅相欽重，屢言於安重誨，請引爲同列，屬孔循用事，援引崔協以塞其請。[10]俄以本職權知貢舉，改兵部侍郎，充翰林承旨。[11]長興初，除太常卿，[12]屬趙鳳出鎮邢臺，[13]乃拜中書侍郎、平章事，[14]轉集賢殿大學士。[15]

[1]内職：晚唐、五代時期皇帝試圖越過現有機構和機制，依靠自己身邊的謀士和辦事人員，直接處理政務軍機。這批謀士和辦事人員即"内職"，其中較有代表性的群體是諸使和使臣。參見趙冬梅《文武之間：北宋武選官研究》，北京大學出版社2010年版。
　張礪：人名。籍貫不詳。五代後唐翰林學士。後入契丹，爲翰林

學士。傳見本書卷九八、《遼史》卷七六。　磁州舉子張礪依焉：
"磁州"，中華書局本有校勘記："原作'慈州'，據劉本、《冊府》
卷八四一改。按本書卷九八《張礪傳》：'張礪，字夢臣，磁州滏陽
人。'"見《宋本冊府》卷八四一《總錄部‧文章門五》。

[2]河陽：方鎮名。全稱"河陽三城"。治所在孟州（今河南
孟州市）。　"貞明中"至"等篇"："貞明中""補授""崇闈之
間""及言""夷齊非餓人"，《宋本冊府》卷八四一分別作"末帝
貞明中""版授""崇達之門""及""夷齊非餓"。"顏回壽"，《輯
本舊史》之影庫本粘籤："'顏回壽'，原本作'顏回儔'，今據
《夏文莊集》所引《薛史》改正。"按《夏文莊集》卷三一《奉和
御製讀五代史後唐史注》作"顏子壽"。

[3]北人望風稱之：此句下《宋本冊府》卷八四一尚有一句：
"愚爲文尚氣格，効韓、柳諸公之立意。"

[4]主客郎中：官名。尚書省禮部主客司長官。掌接待外國使
臣等事。從五品上。　翰林學士：官名。由南北朝始設之學士發展
而來，唐玄宗改翰林供奉爲翰林學士，備顧問，代王言。掌拜免將
相、號令征伐等詔令的起草。

[5]繼岌：人名。即李繼岌。五代後唐莊宗長子。傳見本書卷
五一、《新五代史》卷一四。　都統判官：官名。行營都統屬官。
佐都統處理行營軍政事務。

[6]宜乘其人情二三：中華書局本有校勘記："'情'字原闕，
據《冊府》卷七二一補。"見明本《冊府》卷七二一《幕府部‧謀
畫門二》。

[7]固鎮：地名。位於今甘肅徽縣。

[8]招討判官：官名。行營都統屬官。佐都統處理行營軍政事
務。　陳乂：人名。薊門（今北京昌平區）人。五代後梁時爲太子
舍人。後唐莊宗時從郭崇韜伐蜀，署爲招討判官。明宗時歷知制
誥、中書舍人、左散騎常侍。傳見本書卷六八。　寶雞：縣名。治
所在今陝西寶雞市。　招討判官陳乂至寶雞：《輯本舊史》之影庫

本粘籤："寶雞，原本作'實雞'，今據《通鑑》改正。"見《通鑑》卷二七三莊宗同光三年（925）十月條。

[9]招討使：官名。唐始置。戰時任命，兵罷則省。常以大臣、將帥或地方軍政長官兼任。掌招撫、討伐等事務。

[10]崔協：人名。清河（今河北清河縣）人。唐末進士，五代後梁時仕至中書舍人，後唐時爲宰相。傳見本書卷五八。

[11]兵部侍郎：官名。尚書省兵部次官。協助兵部尚書掌武官銓選、勛階、考課之政。正四品下。　翰林承旨：官名。爲翰林學士之首。掌拜免將相、號令征伐等詔令的起草。《舊唐書》卷四三《職官志二》"翰林院"："例置學士六人，内擇年深德重者一人爲承旨，所以獨承密命故也。"

[12]太常卿：官名。西漢置太常，南朝梁始置太常卿。太常寺長官。掌宗廟祭祀禮樂及教育等。正三品。　長興初，除太常卿：《宋本册府》卷九〇九《總録部·憂懼門》此句下尚有一句："時大臣加恩，所爲制詞不愜，愚尤深憂惴。家皇城内，國忌日行香，即宿于洛水南佛寺，以防糾劾。"

[13]趙鳳：人名。幽州（今北京市）人。五代後唐大臣。傳見本書本卷、《新五代史》卷二八。　邢臺：此處代指安國軍，治所在邢州（今河北邢臺市）。

[14]乃拜中書侍郎、平章事：《舊五代史考異》："案：《歐陽史》作任圜罷相，乃拜愚中書侍郎、同平章事，吳縝嘗辨其誤。據《薛史》，愚代趙鳳爲相，非繼任圜也。"《輯本舊史》之殿本注："案：《歐陽史》：任圜罷相，乃拜愚中書侍郎、同平章事。吳縝《纂誤》云：《明宗紀》天成二年六月，任圜罷，長興二年，李愚爲平章事。自任圜罷至此已五年矣，與愚入相年月太遠。蓋史之所書，本謂趙鳳而誤爲任圜也。"中華書局本《新五代史》卷五四《李愚傳》校勘記："'任圜罷相乃拜愚中書侍郎同平章事'據本書卷六《唐本紀》、《舊五代史》卷六七《李愚傳》，長興二年（931）三月，趙鳳罷相，李愚爲中書侍郎、平章事，而任圜罷相在天成二

年六月，距李愚入相尚有五年。吳縝《纂誤》卷下疑‘史之所書本謂趙鳳，而誤爲任圜也’。”又，明本《册府》卷七四《帝王部·命相門四》：長興二年三月，“制曰：‘朝議大夫、守太常卿、上柱國、隴西縣開國男、食邑三百户、賜紫金魚袋李愚，可正議大夫、守中書侍郎、平章事、集賢殿大學士。’”可知其拜相時間。

[15]集賢殿大學士：官名。唐中葉置，位在學士之上，以宰相兼。掌修書之事。

　　長興季年，秦王恣橫，[1]權要之臣，避禍不暇，邦之存亡，無敢言者。愚性剛介，往往形於言，然人無唱和者。[2]後轉門下侍郎、監修國史、兼吏部尚書，與諸儒修成《創業功臣傳》三十卷。[3]愚初不治第，既命爲相，官借延賓館居之。[4]嘗有疾，詔近臣宣諭，延之中堂，設席惟筦秸，使人言之，明宗特賜帷帳茵褥。[5]

[1]秦王：即李從榮。沙陀部人。五代後唐明宗李嗣源次子。傳見本書卷五一、《新五代史》卷一五。

[2]然人無唱和者：明本《册府》卷三三五《宰輔部·自全門》此句下尚有一句：“但舉六典之舊事，書之粉牆；補六經之闕文，刻其印板。其經緯大略，曾無所施。”

[3]門下侍郎：官名。門下省次官，常加“同中書門下平章事”銜爲宰相。正二品。　監修國史：官名。北齊始置史館，以宰相爲之。唐史館沿置，爲宰相兼職。　吏部尚書：官名。尚書省吏部長官，與二侍郎分掌六品以下文官選授、勳封、考課之政令。正三品。

[4]延賓館：接待賓客的館舍。

[5]明宗特賜帷帳茵褥：中華書局本有校勘記：“‘特’原作‘時’，據殿本、劉本、孔本校、彭校、《文莊集》卷三一《奉和御

製讀五代史後唐史注》改。”又，《輯本舊史》之案語：“《職官分紀》云：‘長興四年，愚病，明宗遣中使宣問。愚所居寢室，蕭然四壁，病榻弊氈而已。中使具言其事，帝曰：宰相月俸幾何？而委頓如此。詔賜絹百匹、錢百千、帷帳什物一十二事。’所載較《薛史》爲詳，今録以備參考。”《職官分紀》所載實已載於明本《册府》卷三一〇《宰輔部·威重門》，字句稍異。

　　閔帝嗣位，志修德政，易月之制纔除，便延訪學士讀《貞觀政要》《太宗實録》，有意於致理。愚私謂同列曰：“吾君延訪，少及吾輩，位高責重，事亦堪憂，奈宗社何！”皆惕息而不敢言。以恩例進位左僕射。[1]清泰初，徽陵禮畢，馮道出鎮同州，愚加特進、太微宮使、弘文館大學士。[2]宰相劉昫與馮道爲婚家，[3]道既出鎮，兩人在中書，或舊事不便要釐革者，對論不定。愚性太峻，因曰：“此事賢親家翁所爲，[4]更之不亦便乎！”昫憾其言切，於是每言必相折難，或至喧呼。無幾，兩人俱罷相，守本官。[5]清泰二年秋，愚已嬰疾，率多請告，累表乞骸，不允，尋卒於位。[6]《永樂大典》卷一萬三百八十九。[7]

　　[1]左僕射：官名。秦始置。隋唐前期，以左、右僕射佐尚書令總理六官、綱紀庶務；如不置尚書令，則總判省事，爲宰相之職。唐後期多爲大臣加銜。從二品。《輯本舊史》卷四五《閔帝紀》應順元年（934）正月庚辰條作“右僕射”。

　　[2]徽陵：五代後唐明宗李嗣源陵墓。位於今河南新安縣。後晉石敬瑭將後唐愍帝（閔帝）、李從榮、李重吉皆祔葬於此。　特進：官名。西漢末期始置，授給列侯中地位較特殊者。隋唐時期，

特進爲散官，授給有聲望的文武官員。正二品。　太微宮使：官名。唐天寶元年（742）於東都積善坊建玄元皇帝廟，次年更名太微宮，故址在今河南洛陽市洛水南岸。掌事者稱宮使。　弘文館大學士：官名。宋敏求《春明退朝錄》：“唐制，宰相四人，首相爲太清宮使，次三相皆帶館職，洪文館大學士、監修國史、集賢殿大學士，以此爲次序。”

[3]劉昫（xù）：人名。涿州歸義（今河北容城縣）人。五代大臣，曾任宰相、監修國史，領銜撰進《舊唐書》。傳見本書卷八九、《新五代史》卷五五。　宰相劉昫與馮道爲婚家：中華書局本有校勘記：“‘爲’字原闕，據殿本、《册府》卷三三七補。《新五代史》卷五五《劉昫傳》敘其事作‘爲姻家’。‘家’，原作‘嫁’，據殿本、彭校、《册府》卷三三三、卷三三七改。”見明本《册府》卷三三三《宰輔部·罷免門二》、卷三三七《宰輔部·不協門》。

[4]此事賢親家翁所爲：中華書局本有校勘記：“‘親’字原闕，據邵本校、彭校、《册府》卷三三三、《新五代史》卷五五《劉昫傳》補。影庫本粘籤：‘賢家翁，《通鑑》作“賢親家”，疑原本有誤。然《册府元龜》所引《薛史》亦作“賢家翁”，今仍其舊。’”見《通鑑》卷二七九清泰元年（934）六月條。

[5]兩人俱罷相，守本官：《輯本舊史》原輯者案語：“《錦繡萬花谷》云：愚爲相迂闊，廢帝謂愚等無所事，常目爲‘粥飯僧’，以爲飲食終日，無所用心。”見《錦繡萬花谷前集》卷一〇。亦見《新五代史》卷五四《李愚傳》。《宋本册府》卷一五八《帝王部·誡勵門三》：“末帝清泰元年七月，宰臣李愚、劉昫因論公事於政事堂相訴，辭甚鄙惡，各欲非時見訟是非。帝令劉延郎宣諭：‘卿皆輔弼之臣，萬國式瞻，不宜如是！此後不得更然。’”《通鑑》卷二七九清泰元年十月戊寅條：“戊寅，左僕射、門下侍郎同平章事李愚罷守本官，吏部尚書兼門下侍郎、同平章事、判三司劉昫罷爲右僕射。”

[6]尋卒於位：中華書局本有校勘記：“‘尋’字原闕，據《册

　　[7]《大典》卷一〇三八九 "李" 字韻 "姓氏（三四）" 事目。

任圜

　　任圜，京兆三原人。[1]祖清，成都少尹。[2]父茂弘，避地太原，奏授西河令，[3]有子五人，曰圖、回、圜、團、囦，[4]風彩俱異。武皇愛之，以宗女妻團，[5]歷代、憲二郡刺史。[6]李嗣昭典兵於晋陽，[7]與圜遊處甚洽。及鎮澤潞，請爲觀察支使，解褐，賜朱紱。[8]圜美姿容，有口辯。[9]嗣昭爲人間搆於莊宗，方有微隙，圜奉使往來，常申理之，克成友于之道，圜之力也。及丁母憂，莊宗承制起復潞州觀察判官，[10]賜紫。

　　[1]京兆：府名。治所在今陝西西安市。　　三原：縣名。治所在今陝西三原縣。

　　[2]清：人名。即任清。事迹不詳。　　成都：府名。治所在今四川成都市。

　　[3]茂弘：人名。即任茂弘。事迹不詳。　　西河：縣名。治所在今山西汾陽縣。　　令：官名。即縣令。爲縣的行政長官，掌治本縣。唐代之縣，分赤（京）、次赤、畿、次畿、望、緊、上、中、中下、下十等。縣令分六等，正五品上至從七品下。　　父茂弘，避地太原，奏授西河令：《宋本册府》卷八五三《總録部‧姻好門》作："考茂弘，乾符末選授夏縣主簿，避地太原，西河令。"

　　[4]曰圖、回、圜、團、囦："囦"中華書局本有校勘記："原作'囘'，據《册府》卷三〇〇、卷七八三、卷八五三（宋本）改。"

見明本《册府》卷三〇〇《外戚部·選尚門》，《宋本册府》卷七八三《總録部·兄弟齊名門》、卷八五三《總録部·姻好門》。

[5]武皇：即李克用。沙陀部人，生於神武川新城（一説今山西朔州市朔城區之梵王寺村，一説今山西應縣縣城，一説今山西懷仁縣之日中城）。唐末軍閥，受封晋王。五代後唐追尊爲太祖武皇帝。紀見本書卷二五至卷二六、《新五代史》卷四。　以宗女妻圖：中華書局本有校勘記：“句下《册府》卷八五三有‘因’字，疑爲‘囝’之譌。”

[6]代：州名。治所在今山西代縣。　憲：州名。治所在今山西婁煩縣。　歷代、憲二郡刺史：中華書局本有校勘記：“《册府》（宋本）卷八五三叙其事作‘任圖代、憲二郡守，回交城令’。”

[7]李嗣昭：人名。汾州（今山西汾陽市）人。唐末、五代李克用義子、部將。傳見本書卷五二、《新五代史》卷三六。　晋陽：縣名。治所在今山西太原市。

[8]澤潞：方鎮名。治所在潞州（今山西長治市）。　觀察支使：官名。唐置，爲觀察使佐官，位在觀察副使之下，判官之上。掌支州、支郡考績。　解褐：又作“釋褐”。除去布衣，換上官服。指初仕。　朱綬：古代服裝上的紅色蔽膝，後多借指官服。　“及鎮澤潞”至“賜朱綬”：《宋本册府》卷七二九《幕府部·辟署門四》作：“及鎮澤潞，請爲觀察判官，制授廷評，解褐，賜朱綬。”

[9]圖美姿容，有口辯：《宋本册府》卷八八五《總録部·和解門》作：“圖美姿容，有口辯，論解其事，令人喜聽。”

[10]潞州觀察判官：《輯本舊史》卷二九《唐莊宗紀三》同光元年（923）四月條作“澤潞節度判官”，澤潞節度使治潞州，兼任觀察使，故有觀察判官之謂。

常山之役，嗣昭爲帥，卒於軍，[1]圖代總其事，[2]號令如一，敵人不知。莊宗聞之，倍加獎賞。是秋，復以上黨之師攻常山，[3]城中萬人突出，大將孫文進死之，[4]賊逼我軍，圉麾騎士擊之，頗有殺獲。嘗以禍福諭其城中，鎮人信之，使人乞降。[5]及城潰，誅元惡之外，官吏咸保其家屬，亦圉所庇護焉。莊宗改鎮州爲北京，以圉爲工部尚書兼真定尹、北京副留守，[6]知留守事。[7]明年，郭崇韜兼鎮，改行軍司馬，充北面水陸轉運使，[8]仍知府事。同光三年，歸朝，守工部尚書。

[1]常山：此處指稱鎮州。治所在今河北正定縣。　卒於軍：中華書局本有校勘記："'卒'字原闕，據《册府》卷七一七補。"見《宋本册府》卷七一七《幕府部・智識門》。

[2]圉代總其事：《舊五代史考異》："案：《歐陽史》作嗣昭戰殁，圉代將其事。"見《新五代史》卷二八《任圉傳》，原文爲："嗣昭戰殁，圉代將其軍。"

[3]上黨：此處代指澤潞節度。

[4]孫文進：人名。籍貫不詳。五代將領。事見本書本卷、明本《册府》卷七二四。

[5]鎮：州名。治所在今河北正定縣。　使人乞降：中華書局本有校勘記："'人'字原闕，據《册府》卷七二四補。"見明本《册府》卷七二四《幕府部・武功門》。

[6]工部尚書：官名。尚書省工部長官。掌百工、屯田、山澤之政令。正三品。　真定尹：官名。即真定府尹。真定府即鎮州，治所在今河北正定縣。真定尹總其政務。從三品。　北京副留守：官名。北京，即鎮州真定府。古代在都城、陪都或軍事重鎮所設留守、副留守，由地方行政長官兼任。　以圉爲工部尚書兼真定尹、北京副留守：《輯本舊史》之影庫本粘籤："真定，原本作'真寶'，今據《歐陽史》改正。"見《新五代史》卷二八《任圉傳》。

[7]知留守事：明本《册府》卷七一六《幕府部・倚任門》：

“晋張彭，仕後唐爲真定留守任圜推官，事無巨細，悉訪於彭。”

　　[8]行軍司馬：官名。節度使屬官。掌軍籍符伍、號令印信，是藩鎮重要的軍政官員。　水陸轉運使：官名。掌一方水陸轉運賦稅諸事。爲差遣職事。　充北面水陸轉運使：《輯本舊史》卷三一《唐莊宗紀五》同光二年（924）四月壬申條：“壬申，以成德軍節度行軍司馬、權知府事任圜爲檢校右僕射、權北面水陸轉運制置使。”

　　崇韜伐蜀，奏令從征。西蜀平，署圜黔南節度使，[1]懇辭，遂止。魏王班師，行及利州，康延孝叛，[2]以勁兵八千欲迴劫西川。[3]繼岌聞之，夜半命中使李廷安召圜，[4]圜方寢，廷安登其床以告之，圜衣不及帶，遽見繼岌。繼岌泣而言曰：“紹琛負恩，[5]非尚書不能制。”即署圜爲招討副使，與都指揮使梁漢顒等率兵攻延孝於漢州，[6]擒之以旋。[7]至渭南，繼岌遇害。[8]圜代總全師，朝於洛陽。明宗嘉其功，拜平章事、判三司。[9]

　　[1]黔南：方鎮名。治所在黔州（今重慶彭水縣）。

　　[2]利州：州名。治所在今四川廣元市。　康延孝：人名。代北（今山西代縣）人。五代後唐將領。傳見本書卷七四、《新五代史》卷四四。

　　[3]以勁兵八千欲迴劫西川：“欲”字原闕，據明本《册府》卷四二三《將帥部·討逆門》、《宋本册府》卷三六〇《將帥部·立功門一三》補。

　　[4]中使：即宦官。　李廷安：人名。籍貫不詳。後唐宦官。事見本書卷七四。

　　[5]紹琛：人名。即康延孝。　紹琛負恩：《輯本舊史》之影

庫本粘籤："紹琛，原本作'昭深'，考《歐陽史》雜傳，康延孝賜名紹琛，今改正。"見《新五代史》卷四四《康延孝傳》。

[6]都指揮使：官名。唐末、五代軍隊多置都指揮使、指揮使，爲統兵將領。　梁漢顒：人名。太原（今山西太原市）人。五代後唐將領。傳見本書卷八八。　漢州：州名。治所在今四川廣漢市。

[7]擒之以旋：中華書局本有校勘記："'以'字原闕，據《册府》卷三六〇補。"見《宋本册府》卷三六〇《將帥部·立功門一三》。明本《册府》卷四二三載討康延孝事頗詳："蜀平，魏王班師。及利州，先鋒使康延孝叛，以勁兵欲回劫西川，繼岌遣人馳書諭之。夜半，令中使李延安召圖，因署爲副招討使，令圖率兵七千餘騎，與都指揮使梁漢顒、監軍李延安討之。圖先令都將何建宗擊劍門，下之。圖以大軍至漢州，延孝來逆戰。圖命董璋以東川懦卒當其鋒，伏精兵於其後。延孝擊退東川之軍，急追之，遇伏兵起，延孝敗，馳入漢州，閉壁不出。西川孟知祥以兵二萬與圖，令合勢攻之。漢州四面樹竹木爲柵，圖陣於金雁橋，即率諸軍鼓譟而進，四面縱火，風焰亘空。延孝危急，引騎出戰，遇陣於金雁橋，又敗之。延孝以十數騎奔綿州，何建崇追及擒之。圖命載以檻車，至鳳翔，詔誅之。"

[8]渭南：縣名。治所在今陝西渭南市。

[9]三司：官署名。五代後唐明宗天成元年（926）合鹽鐵、度支、户部爲一職，始稱三司，爲中央最高之理財機構。　拜平章事、判三司：明本《册府》卷七四《帝王部·命相門四》：天成元年五月，制："正議大夫、守工部尚書、上柱國、樂安縣開國男、食邑三百户、賜紫金魚袋任圖……可金紫光禄大夫、中書侍郎、兼工部尚書、平章事、判三司。"

圖揀拔賢俊，杜絶倖門。百官俸入爲孔謙減折，[1]圖以廷臣爲國家羽儀，故優假班行，禁其虛估，[2]期月之内，府庫充贍，朝廷修葺，軍民咸足。雖憂國如家，而切於功名，故爲安重誨所忌。嘗與重誨會於私第，有妓善歌，重誨求之不得，嫌隙自兹而深矣。先是，使人食券皆出於户部，[3]重誨止之，俾須内出，爭於御前，往復數四，竟爲所沮，[4]因求罷三司。天成二年，除太子少保致仕，[5]出居磁州。及朱守殷叛，重誨乘間誣其結搆，立遣人稱制就害之，乃下詔曰："太子少保致仕任圜，早推勳舊，曾委重難，既退免於劇權，俾優閑於外地，而乃不遵禮分，潛附守殷，緘題罔避於嫌疑，情旨頗彰於怨望。自收汴壘，備見蹤由，若務含弘，是孤典憲，尚全大體，止罪一身。宜令本州於私第賜自盡。"圜受命之日，聚族酣飲，神情不撓。清泰中，制贈太傅。[6]

[1]孔謙：人名。魏州（今河北大名縣）人。五代後唐大臣，善聚斂錢財，爲李存勗籌劃軍需。傳見本書卷七三、《新五代史》卷二六。　百官俸入爲孔謙減折：中華書局本有校勘記："'爲'，《册府》卷三二九作'久爲'。"見明本《册府》卷三二九《宰輔部・任職門》。

[2]禁其虚估：明本《册府》卷三二九作："禁其虚佑，欲致恭於儒道。"

[3]使人食券皆出於户部："食券"，《舊五代史考異》："《通鑑》作館券。"見《通鑑》卷二七五天成二年（927）五月條。

[4]"重誨止之"至"竟爲所沮"：《舊五代史考異》："案：《通鑑》：安重誨與圜爭于上前，往復數四，聲色俱屬。上退朝，宮人問上：'適與重誨論事爲誰？'上曰：'宰相。'宮人曰：'妾在長安宮中，未嘗見宰相、樞密奏事敢如是者，蓋輕大家耳！'上愈不

悦。"見《通鑑》卷二七五天成二年五月條。

[5]太子少保：官名。與太子少師、太子少傅統稱太子三少。隋唐以後多作加官或贈官。從二品。　致仕：官員告老辭官。　除太子少保致仕：《宋本册府》卷八九九《總録部·致政門》："任圜爲太子少保，表請致仕。敕宣以本官致仕，兼許尋醫。"

[6]太傅：名。與太師、太保合稱三師，唐後期、五代多爲大臣、勳貴加官。正一品。　清泰中，制贈太傅：《舊五代史考異》："案：《歐陽史》作愍帝即位，贈圜太傅，《薛史》作廢帝清泰中，未知孰是。"見《新五代史》卷二八《任圜傳》。

子徹，仕皇朝，位至度支郎中，[1]卒。《永樂大典》卷九千三百五十二。[2]

[1]度支郎中：官名。尚書省户部度支司長官。掌判天下租賦、財利收入總額，計度和供給國家支出。從五品上。

[2]《大典》卷九三五二"任"字韻"姓氏（二）"事目。

史臣曰：革、説承舊族之胄，佐新造之邦，業雖謝于財成，罪未聞于昭著，而乃爲權臣之所忌，顧後命以無逃，静而言之，亦可憫也。盧程器狹如是，形渥攸宜。趙鳳、李愚，咸以文學之名，俱踐巖廊之位，校其貞節，愚復優焉。任圜有縱橫濟物之才，無明哲保身之道，退猶不免，歔可悲哉！《永樂大典》卷一萬七千九百一十。[1]

[1]《大典》卷一七九一〇"相"字韻"後唐相"事目。

舊五代史　卷六八

唐書四十四

列傳第二十

薛廷珪

薛廷珪，其先河東人也。[1]父逢，咸通中爲祕書監，[2]以才名著于時。廷珪，中和年在西川登進士第，累歷臺省。[3]乾寧中，爲中書舍人。[4]駕在華州，改散騎常侍，尋請致仕，客遊蜀川。[5]昭宗遷洛陽，徵爲禮部侍郎。[6]時柳璨屠害朝士，[7]衣冠畢罹其毒，廷珪以居常退讓獲全。[8]入梁爲禮部尚書。[9]莊宗平定河南，[10]以廷珪年老，除太子少師致仕。[11]同光三年九月卒，贈右僕射。[12]所著《鳳閣書詞》十卷、《克家志》五卷，[3]並行于世。初，廷珪父逢，著《鑿混沌》《真珠簾》等賦，[14]大爲時人所稱。廷珪既壯，亦著賦數十篇，同爲一集，故目曰《克家志》。《永樂大典》卷二萬一千三百六十七。[15]

　　［1］河東：方鎮名。治所在太原府（今山西太原市西南晉源鎮）。

　　［2］逢：人名。即薛逢。唐代大臣。傳見《舊唐書》卷一九〇下、《新唐書》卷二〇三。　咸通：唐懿宗李漼年號（860—874）。祕書監：官名。秘書省長官。東漢始置，掌圖書秘記等。從三品。

　　［3］中和：唐僖宗李儇年號（881—885）。　西川：方鎮名。治所在成都（今四川成都市）。　臺省：泛指御史臺、尚書省、中書省、門下省。　累歷臺省：《舊五代史考異》：“案《舊唐書》：大順初，累遷司勳員外郎、知制誥。”見《舊唐書》卷一九〇下《薛逢傳》。

　　［4］乾寧：唐昭宗李曄年號（894—898）。　中書舍人：官名。中書省屬官。掌起草文書、呈遞奏章、傳宣詔命等。正五品上。爲中書舍人：《宋本冊府》卷六五八《奉使部·才學門》：“後唐薛廷珪，初仕唐，昭宗乾寧中，爲中書舍人。晉太祖初平王行瑜，歸藩，天子冊封晉王，以廷珪爲冊使。廷珪富文才，好爲篇什，遇物屬詠，獻詩於太祖。嘉賞其才，酬以幣、馬復命。”

　　［5］華州：州名。治所在今陝西渭南市華州區。　散騎常侍：官名。門下省屬官。掌侍奉規諷，備顧問應對。正三品下。　致仕：官員告老辭官。

　　［6］昭宗：即唐昭宗李曄。888 年至 904 年在位。紀見《舊唐書》卷二〇上、《新唐書》卷一〇。　洛陽：地名。即今河南洛陽市。　禮部侍郎：官名。尚書省禮部次官。協助禮部尚書掌禮儀、祭享、貢舉之政。正四品下。　徵爲禮部侍郎：《舊五代史考異》：“案《舊唐書》：光化中，復爲中書舍人，遷刑部、吏部二侍郎，權知禮部貢舉，拜尚書左丞。”見《舊唐書》卷一九〇下《薛逢傳》。又《宋本冊府》卷六五〇《貢舉部·應舉門》：李愚，“故少師薛廷珪掌貢籍之歲，登進士第”。同書卷六五一《貢舉部·謬濫門》：“梁太祖開平三年五月，敕：‘禮部所放進士薛鈞，是左司侍

郎薛延珪男。方持省轄，固合避嫌。其薛鈞宜令所司落下。’”同
書卷八二〇《總録部·立祠門》：“韓遜嗣襲靈州節度使，善於爲
理，部民請立生祠堂於其地，太祖許之，仍詔禮部侍郎薛廷珪撰碑
文以賜之，其廟至今在焉。”

[7]柳璨：人名。河東（今山西太原市）人。唐末宰相、文學
家、史學家。傳見《舊唐書》卷一七九、《新唐書》卷二二三下。

[8]廷珪以居常退讓獲全：《舊五代史考異》：“案《新唐書》：
朱全忠兼四鎮，廷珪以官告使至汴，客將先見，諷其拜。廷珪佯不
曉，曰：‘吾何德，敢受令公拜乎！’及見，卒不肯加禮。”見《新
唐書》卷二〇三《薛逢傳》。

[9]禮部尚書：官名。尚書省禮部長官。掌禮儀、祭享、貢舉
之政。正三品。

[10]莊宗：即李存勗。沙陀部人，太原（今山西太原市）人。
李克用之子，五代後唐開國皇帝。923年至926年在位。紀見本書
卷二七至卷三四、《新五代史》卷四至卷五。　河南：府名。治所
在今河南洛陽市。

[11]太子少師：官名。與太子少傅、太子少保合稱三少，唐後
期、五代多爲大臣、勳貴加官。從二品。　除太子少師致仕：《輯
本舊史》卷三一《唐莊宗紀五》同光二年（924）正月戊午條：
“以前太子少師薛廷珪爲檢校户部尚書、太子少師致仕。”又，《舊
五代史考異》：“案《通鑑》：廷珪與李琪嘗爲太祖册禮使。”見
《通鑑》卷二七二同光元年十一月丁巳條。

[12]同光：五代後唐莊宗李存勗年號（923—926）。　右僕
射：官名。唐後期多爲大臣加銜。從二品。

[13]鳳閣書詞：中華書局本有校勘記：“原作‘鳳閣詞書’，據
《册府》卷八四一《新唐書》卷六〇《藝文志四》、《宋史》卷二〇
八《藝文志七》改。按《通鑑》卷二六一考異嘗引薛廷珪《鳳閣
書詞》。”見《宋本册府》卷八四一《總録部·文章門五》、《通鑑》
卷二六一乾寧四年（897）八月條《考異》。

[14]著《鑿混沌》《真珠簾》等賦:《輯本舊史》之影庫本粘籤:"珠簾,原本作'殊廉',今從《文苑英華》改正。"

[15]《大典》卷二一三六七"薛"字韻"姓氏(六)"事目。

崔沂

崔沂,[1]大中時宰相魏公鉉之幼子也。[2]兄沆,廣明初亦爲宰輔。[3]沂舉進士第,歷監察、補闕。[4]昭宗時,累遷至員外郎、知制誥。[5]性抗厲守道,而文藻非優,嘗與同舍顔蕘、錢珝俱秉筆,[6]見蕘、珝贍速,草制數十,無妨譚笑,而沂自愧。翌日,謁國相訴曰:"沂疏淺,不足以供詞翰之職。"相輔然之,移爲諫議大夫。[7]入梁,爲御史司憲,[8]糾繆繩違,不避豪右。

[1]崔沂:《舊五代史考異》:"案《新唐書·宰相世系表》:沂,字德潤。"見《新唐書》卷二下《宰相世系表二下》。

[2]大中:唐宣宗李忱年號(847—859),唐懿宗沿用(859—860)。　鉉:人名。即崔鉉。唐代宰相。傳見《舊唐書》卷一六三、《新唐書》卷一六〇。　大中時宰相魏公鉉之幼子也:"鉉",明本《册府》卷八六七《總録部·自知門》作"玄",誤。

[3]沆:人名。即崔沆。唐代宰相。傳見《舊唐書》卷一六三、《新唐書》卷一六〇。　廣明:唐僖宗李儇年號(880—881)。

[4]監察:官名。即監察御史。唐代屬御史臺之察院,掌監察中央機構、州縣長官及祭祀、庫藏、軍旅等事。唐中期以後,亦作爲外官所帶之銜。正八品下。　補闕:官名。唐武則天時始置。分爲左右,左補闕隸於門下省,右補闕隸於中書省。掌規諫諷諭,大

事可以廷議，小事則上封奏。從七品上。

[5] 員外郎：官名。尚書省郎官之一。爲郎中的副職，協助負責諸司事務。從六品上。中華書局本有校勘記：“‘郎’字原闕，據《册府》卷五五三、卷八六七補。”見《宋本册府》卷五五三《詞臣部·稽緩門》、明本《册府》卷八六七《總録部·自知門》。知制誥：官名。掌起草皇帝的詔、誥之事，原爲中書舍人之職。唐開元末置學士院，翰林學士入院一年，則加知制誥銜，專掌任免宰相、册立太子、宣布征伐等特殊詔令，稱爲内制。而中書舍人所撰擬的詔敕稱爲外制。兩種官員總稱兩制官。

[6] 同舍：《輯本舊史》之影庫本粘籤：“‘同舍’，原本作‘周舍’，今據文改正。”《宋本册府》卷五五三《詞臣部·稽緩門》、明本《册府》卷八六七《總録部·自知門》亦作“同舍”。　顔蕘：人名。籍貫不詳。唐代官員。曾任中書舍人。事見《舊唐書》卷二〇上。　錢珝：人名。吳郡人。吏部尚書錢徽之子。善文辭，宰相王摶薦知制誥，進中書舍人。摶得罪，珝貶撫州司馬。事見《新唐書》卷一七七《錢徽傳》。

[7] 諫議大夫：官名。唐代置左、右諫議大夫各四人，分隸門下省、中書省。掌諫諭得失，侍從贊相。正四品下。　“翌日”至“移爲諫議大夫”：明本《册府》卷八六七《總録部·自知門》：“翌日，謁國相訴曰：‘珝疏淺，不足供詞翰之職，守官則敢不策屬，以報掄選。’相輔然之，移爲諫議。”

[8] 御史司憲：官名。五代後梁置，掌監察百官。

開平中，金吾街使寇彦卿入朝，過天津橋，[1] 市民梁現者不時迴避，[2] 前導伍伯捽之，投石欄以致斃。彦卿自前白於梁祖，[3] 梁祖命通事舍人趙可封宣諭，[4] 令出私財與死者之家，以贖其罪。珝奏劾曰：“彦卿位是人臣，無專殺之理。況天津橋，御路之要，正對端門，[5]

當車駕出入之途，非街使震怒之所。況梁現不時迴避，其過止於鞭笞，捽首投軀，深乖朝憲，請論之以法。”梁祖惜彥卿，令沂以過失論，沂引《鬬競律》，以怙勢力爲罪首，下手者減一等；又“鬬毆”條，不鬬，故毆傷人者，加傷罪一等。沂表入，責授彥卿游擊將軍、左衛中郎將。[6]沂剛正守法，人士多之。遷左司侍郎，改太常卿，[7]轉禮部尚書。

[1]開平：五代後梁太祖朱温年號（907—911）。　金吾街使：官名。“左右金吾衛左、右街使”的省稱。掌分察六街徼巡。入夜則以騎卒巡行、武官暗探。　寇彥卿：人名。河南開封（今河南開封市）人。唐末、五代將領。傳見本書卷二〇、《新五代史》卷二一。　天津橋：橋名。位於今河南洛陽市。

[2]梁現：人名。籍貫不詳。平民。事見本書本卷、卷二〇。《輯本舊史》之影庫本粘籤：“梁現，《册府元龜》作梁觀，考《通鑑》注亦作現，今仍其舊。”見《宋本册府》卷五二〇下《憲官部·彈劾門三》、《通鑑》卷二六七開平四年（910）四月辛巳條胡注。

[3]梁祖：即后梁太祖朱温。　彥卿自前白於梁祖：“自前白”，中華書局本有校勘記：“《册府》卷五二〇下、《通鑑》卷二六七作‘自首’。”見《宋本册府》卷五二〇下、《通鑑》卷二六七開平四年四月辛巳條。

[4]通事舍人：官名。東晉始置。唐代爲中書省屬官，全稱中書通事舍人。掌殿前承宣通奏。從六品上。　趙可封：人名。籍貫不詳。本書僅此一見。

[5]端門：自漢代以來，宮城南門多有稱端門者。

[6]游擊將軍：武散官名。唐制秩從五品。　左衛中郎將：官名。左衛爲唐置十六衛之一，掌宮禁宿衛。將軍缺員，中郎將則代

之，掌貳上將軍事。

[7]左司侍郎：官名。唐左司管吏、户、禮部，右司管兵、刑、工部。正四品上。　太常卿：官名。西漢置太常，南朝梁始置太常卿。太常寺長官。掌宗廟祭祀禮樂及教育等。正三品。

　貞明中，帶本官充西京副留守。[1]時張全義爲留守，[2]天下兵馬副元帥、河南尹、判六軍諸衛事、守太尉、中書令、魏王，[3]名位之重，冠絕中外。沂至府，客將白以副留守合行廷禮，沂曰：“張公官位至重，然尚帶府尹之名，不知副留守見尹之儀何如？”全義知之，遽引見沂，勞曰：“彼此有禮，俱老矣，勿相勞煩。”莊宗興復唐室，復用爲左丞，判吏部尚書銓選司，[4]坐累謫石州司馬。[5]明宗即位，[6]召還，復爲左丞。以衰疾告老，授太子少保致仕。[7]卒於龍門之別墅，[8]時年七十餘。贈太子少傅。[9]《永樂大典》卷二千七百四十。[10]

[1]貞明：五代後梁末帝朱友貞年號（915—921）。　西京：指洛陽（今河南洛陽市）。　留守：官名。在陪都或軍事重鎮所設留守，由地方行政長官兼任。

[2]張全義：人名。後因犯諱，改名張宗奭。亦作“張言”。濮州臨濮（今山東鄄城縣）人。唐末、五代後梁、後唐將領。傳見本書卷六三、《新五代史》卷四五。　時張全義爲留守：中華書局本有校勘記：“‘爲’字原闕，據《冊府》卷六七四補。”見《宋本冊府》卷六七四《牧守部·公正門》。

[3]天下兵馬副元帥：唐代朝廷有重大軍事行動，則置元帥，統率天下軍隊。副元帥爲元帥之副。　河南尹：官名。唐開元元年（713）改洛州爲河南府，治所在今河南洛陽市，河南府尹總其政

務。從三品。　判六軍諸衛事：官名。後唐沿唐代舊制，置六軍諸衛，以判六軍諸衛事爲禁軍六軍與諸衛的最高統帥。　太尉：官名。與司徒、司空並爲三公，唐後期、五代多爲大臣、勳貴加官。正一品。　中書令：官名。漢代始置，隋、唐前期爲中書省長官，屬宰相之職；唐後期多爲授予元勳大臣的虛銜。正二品。

[4]左丞：官名。尚書省佐貳官。唐中期以後，與尚書右丞實際主持尚書省日常政務，權任甚重。正四品上。後梁開平二年（908）改爲左司侍郎，後唐同光元年（923）復舊爲左丞。正四品。　吏部尚書銓選司：“銓選司”，查唐無此司名。中華書局本有校勘記：“本書卷三〇《唐莊宗紀四》、卷三二《唐莊宗紀六》作‘銓事’。”見《輯本舊史》卷三〇《唐莊宗紀四》同光二年（924）十二月乙酉條、卷三二《唐莊宗紀六》同光二年十一月壬寅條。

[5]石州：州名。治所在今山西呂梁市離石區。　司馬：官名。州軍佐官，名義上紀綱衆務，通判列曹，品高俸厚，實際上無具體職事，多用以安置貶謫官員，或用作遷轉官階。上州從五品下，中州正六品下，下州從六品上。　坐累謫石州司馬：《輯本舊史》卷三二《唐莊宗紀六》同光二年十一月壬寅條：“尚書左丞、判吏部尚書銓事崔沂貶麟州司馬。”

[6]明宗：即李嗣源。沙陀部人，應州金城（今山西應縣）人。李克用養子，逼宮李存勗後自立爲後唐皇帝。926年至933年在位。紀見本書卷三五至卷四四、《新五代史》卷六。

[7]太子少保：官名。與太子少傅、太子少師合稱“三少”，唐後期、五代多爲大臣、勳貴加官。從二品。

[8]龍門：地名。位於今河南洛陽市。因兩山相對如闕，伊河從中流過，又名伊闕。唐以後習稱龍門。

[9]太子少傅：官名。與太子少保、太子少師合稱三少，唐後期、五代多爲大臣、勳貴加官。從二品。

[10]《大典》卷二七四〇“崔”字韻“姓氏（八）”事目。

劉岳

劉岳，字昭輔。其先遼東襄平人，[1]元魏平定遼東，徙家于代，隨孝文遷洛，[2]遂爲洛陽人。[3]八代祖民部尚書、渝國公政會，[4]武德時功臣。[5]祖符，蔡州刺史。[6]父珪，洪洞縣令。[7]符有子八人，皆登進士第。珪之母弟瓌、玕，[8]異母弟崇夷、崇龜、崇望、崇魯、崇謩。[9]崇龜，乾寧中廣南節度使；[10]崇望，乾寧中宰相；崇魯、崇謩、崇夷，並歷朝省。

[1]遼東：郡名。戰國燕置，治所在襄平。轄境相當於今遼寧大凌河以東、開原市以南，朝鮮清川江下游以北地區。西晉改爲遼東國。後復爲郡。十六國後燕時地入高句麗。北燕僑治遼東郡於今遼寧西部。北魏廢。　襄平：縣名。縣治故址在今遼寧遼陽市西北隅靠近太子河注入遼河處。

[2]元魏：北朝時期的魏朝，孝文帝遷都洛陽，改本姓拓跋爲元，史稱元魏。　代：指代郡。北魏置，治平城（今山西大同市北）。　孝文：即北魏孝文帝元宏。471 年至 499 年在位。紀見《魏書》卷七、《北史》卷三。

[3]遂爲洛陽人：《新唐書》卷九〇《劉政會傳》："劉政會，滑州胙人。"

[4]民部尚書：官名。唐因避唐太宗諱改吏部爲民部。尚書省民部長官，與二侍郎分掌六品以下文官選授、勳封、考課之政令。正三品。　政會：人名。即劉政會。滑州胙城（今河南延津縣）人。隋末、唐初將領、官員。傳見《舊唐書》卷五八、《新唐書》卷九〇。　八代祖民部尚書、渝國公政會：《輯本舊史》之影庫本粘籤："渝國公，原本作'諭國公'，今據《新唐書·劉政會傳》改

正。"見《新唐書》卷九〇《劉政會傳》。

[5]武德：唐高祖李淵年號（618—626）。

[6]符：人名。即劉符。事迹不詳。 蔡州：州名。治所在今河南汝南縣。 刺史：官名。州一級行政長官。漢武帝時始置，總掌考核官吏、勸課農桑、地方教化等事。唐中期以後，節度使、觀察使轄州而設，刺史爲其屬官，職任漸輕。從三品至正四品下。

[7]珪：人名。即劉珪。事迹不詳。 洪洞：縣名。治所在今山西洪洞縣。 縣令：官名。爲縣的行政長官，掌治本縣。唐代之縣，分赤（京）、次赤、畿、次畿、望、緊、上、中、中下、下十等。縣令分六等，正五品上至從七品下。

[8]瓌、玗：即劉瓌、劉玗。事迹不詳。中華書局本有校勘記："'玗'，《册府》卷八六六作'瑋'，《新唐書》卷七一上《宰相世系表一上》作'玗'。"見明本《册府》卷八六六《總録部·貴盛門》。

[9]崇夷：人名。即劉崇夷。事跡不詳。事見本書本卷。 崇龜：人名。即劉崇龜。劉崇望兄。唐代官員。傳見《舊唐書》卷一七九《劉崇望傳》、《新唐書》卷九〇《劉崇望傳》。 崇望：人名。即劉崇望。唐代宰相。傳見《舊唐書》卷一七九、《新唐書》卷九〇。《輯本舊史》之影庫本粘籤："崇望，原本作'崇梁'，考新、舊《唐書》及《北夢瑣言》俱作'崇望'，知原本'梁'字係傳寫之誤，今改正。"見《舊唐書》卷一七九《劉崇望傳》、《新唐書》卷九〇《劉崇望傳》和《北夢瑣言》卷一一心疾不妨文章條。 崇魯：人名。即劉崇魯。劉崇望弟。唐代官員。傳見《舊唐書》卷一七九、《新唐書》卷九〇。 崇謩：人名。即劉崇謩。劉崇望弟。唐代官員。傳見《舊唐書》卷一七九。

[10]廣南：《舊唐書》卷一七九《劉崇望傳》記，劉崇龜任廣州刺史、清海軍節度、嶺南東道觀察處置等使。清海軍，治所在廣州（今廣東廣州市）。 節度使：官名。唐時在重要地區所設掌握一州或數州軍事、民事、財政的長官。

　　岳少孤，亦進士擢第，歷户部巡官、鄭縣簿、直史館，[1]轉左拾遺、侍御史。[2]梁貞明初，召入翰林爲學士。岳爲文敏速，尤善談諧，在職累遷户部侍郎，[3]在翰林十二年。莊宗入汴，隨例貶均州司馬，[4]尋丁母憂，許自貶所奔喪，服闋，授太子詹事。[5]明宗即位，歷兵部吏部侍郎、[6]祕書監、太常卿。卒，年五十六。贈吏部尚書。[7]

　　[1]巡官：官名。鹽鐵使屬官。地位在判官、推官之下，掌巡察及有關事務。　　鄭縣：縣名。治所在今陝西渭南市華州區。簿：官名。即主簿。漢代以後歷朝均置。唐代京城百司和地方官署，均設主簿。管理文書簿籍，參議本署政事，爲官署中重要佐官。其官階品秩，因官署而不同。　　直史館：官名。唐天寶以後，他官兼領史職者，稱史館修撰。初入史館者稱爲直館。元和六年（811）宰相裴垍建議：登朝官領史職者爲修撰，以官階高的一人判館事；未登朝官均爲直館。

　　[2]左拾遺：官名。唐代門下省所屬的諫官。掌規諫，薦舉人才。從八品上。　　侍御史：官名。三國魏始置。唐前期屬御史臺之殿院，掌宮門、庫藏及糾察殿庭供奉朝會儀式，及分掌左、右巡，負責京師治安、京畿軍兵。唐後期常爲外官所帶憲銜。從七品下。

　　[3]户部侍郎：官名。尚書省户部次官。協助户部尚書掌天下田户、均輸、錢穀之政令。正四品下。

　　[4]汴：州名。治所在今河南開封市。　　均州：州名。治所在今湖北丹江口市。

　　[5]太子詹事：官名。掌領太子之詹事府，爲太子官屬之長。正三品。

　　[6]兵部：指兵部侍郎。官名。尚書省兵部次官。協助兵部尚書掌武官銓選、勛階、考課之政。正四品下。　　吏部侍郎：官名。

尚書省吏部次官。協助吏部尚書掌文選、勳封、考課之政。正四品上。

[7]吏部尚書：官名。尚書省吏部長官，與二侍郎分掌六品以下文官選授、勳封、考課之政令。正三品。

岳文學之外，通於典禮。天成中，奉詔撰《新書儀》一部，文約而理當，[1]今行於世。

[1]天成：五代後唐明宗李嗣源年號（926—930）。　文約而理當：《舊五代史考異》：“案：《歐陽史》謂其事出鄙俚，兩史褒貶，微有異同。”見《新五代史》卷五五《劉岳傳》。

子溫叟，仕至御史中丞。[1]《永樂大典》卷九千九十八。[2]

[1]溫叟：人名。即劉溫叟。洛陽（今河南洛陽市）人。五代後唐至宋初官員。傳見《宋史》卷二六二。　御史中丞：官名。如不置御史大夫，則爲御史臺長官。掌司法監察。正四品下。　子溫叟，仕至御史中丞：《舊五代史考異》：“案《東都事略》：溫叟以父名岳，終身不聽樂。《宋史》云：晉少帝時，溫叟充翰林學士。初，岳仕後唐，嘗居內署，至是溫叟復居斯任，時人榮之。溫叟既受命，歸爲母壽，候立堂下，須臾，聞樂聲，兩青衣舉箱出庭，奉紫袍兼衣。母命捲簾，見溫叟曰：‘此即爾父在禁中日內庫所賜者。’溫叟拜受泣下。案：岳仕梁已爲翰林學士，《宋史》作仕後唐，歷內署，微異。”又，《輯本舊史》之孔本案語：“《國老談苑》云：劉溫叟方正守道，以名教爲己任。幼孤，事母以孝聞。其母甚賢。初爲翰林學士，私庭拜母，母即命二婢箱擎公服、金帶，置于階下，謂溫叟曰：‘此汝父長興中入翰林時所賜也。自先君子薨背以

來，常懼家門替墜，今汝能自致青雲，繼父之職，可服之無愧矣！'因欷歔掩泣。溫叟伏地號慟，退就別寢，素衣蔬食，追慕數日，然後服之，士大夫以爲得禮。考劉岳在貞明中已爲翰林學士，至唐長興中復爲學士，《薛史》未及詳載。"見《東都事略》卷三〇《劉溫叟傳》、《宋史》卷二六二《劉溫叟傳》、《國老談苑》卷一。《輯本舊史》卷八二《晋少帝紀二》開運元年（944）六月戊戌條："以刑部郎中劉溫叟改都官郎中，充翰林學士。"同書卷八四《晋少帝紀四》開運二年六月癸酉條："翰林學士、都官郎中劉溫叟加知制誥。"同書卷一一四《周世宗紀一》顯德元年（954）七月丙申條："丙申，以中書舍人、史館修撰、判館事劉溫叟爲禮部侍郎，判館如故。"同書卷一一五《周世宗紀二》顯德二年三月壬辰條，詔劉溫叟失於選士放罪。同年四月戊午條："以禮部侍郎劉溫叟爲太子詹事。"同書卷一二〇《周恭帝紀》顯德六年九月乙丑條："以太子詹事劉溫叟爲工部侍郎、判國子祭酒事。"

[2]《大典》卷九〇九八"劉"字韻"姓氏（二六）"事目。

封舜卿[1]

[1]《輯本舊史》之原輯者案語："《封舜卿傳》，《永樂大典》中僅存一條，今採《册府元龜》以存梗概。"

封舜卿，仕梁，爲禮部侍郎、知貢舉。[1]

[1]禮部侍郎：官名。尚書省禮部次官。協助禮部尚書掌禮儀、祭享、貢舉之政。正四品下。　知貢舉：官名。唐始置，爲主持禮部會試的考官。　"封舜卿"至"知貢舉"：亦見明本《册府》卷九三九《總錄部·譏誚門》。《舊五代史考異》："原本有闕文。據《新唐書·宰相世系表》，封氏世居渤海蓨縣。舜卿，字贊聖。父

敖，字碩夫，户部尚書，渤海縣男。《唐書》有傳。"此《考異》中華書局本有校勘記："'舜卿，字贊聖。父敖，字碩夫，户部尚書'，'聖父敖字碩夫户部'八字原闕，據殿本、劉本、《新唐書》卷七一下《宰相世系表一下》補。"《輯本舊史》之原輯者案語："《太平廣記》引《王氏見聞録》云：'封舜卿文詞特異，才地兼優。梁使聘於蜀，時岐、梁眦睚，關路不通，遂泝漢江而上。'考《薛史・本紀》及《通鑑》俱不載封舜卿使蜀事。"《太平廣記》卷二五七《嘲誚五》："朱梁封舜卿文詞特異，才地兼優，恃其聰俊。率多輕薄。梁祖使聘于蜀，時岐、梁眦睚，關路不通，遂溯漢江而上，路出全州，土人全宗朝爲帥。封至州，宗朝致筵于公署。封素輕其山州，多有傲睨，全之人莫敢不奉之。及執斝索令，曰：'麥秀兩歧。'伶人愕然相顧：'未嘗聞之，且以他曲相同者代之。'封擺頭曰：'不可。'又曰：'麥秀兩歧。'復無以措手。主人耻而復惡，杖其樂將。停盞移時，逡巡，盞在手，又曰：'麥秀兩歧。'既不獲之，呼伶人前曰：'汝雖是山民，亦合聞大朝音律乎！'全人大以爲耻。次至漢中，伶人已知全州事，憂之。及飲會，又曰：'麥秀兩歧。'亦如全之筵，三呼不能應。有樂將王新殿前曰：'略乞侍郎唱一遍。'封唱之未遍，已入樂工之指下矣。由是大喜，吹此曲，訖席不易之。其樂工白帥曰：'此是大梁新翻，西蜀亦未嘗有之，請寫譜一本。'急遞入蜀，具言經過二州事。洎封至蜀，置設。弄參軍後，長吹麥秀兩歧於殿前，施芟麥之具，引數十輩貧兒，繿縷衣裳，携男抱女，挈筐籠而拾麥，仍合聲唱，其詞凄楚，及其貧苦之意，不喜人聞。封顧之，面如土色，卒無一詞，憽恨而返，乃復命。歷梁、漢、安、康等道，不敢更言'兩歧'字。蜀人嗤之。"《舊唐書》卷二〇下《哀帝紀》天祐元年（904）十月丙申條："户部郎中知制誥封舜卿等加勛階。"明本《册府》卷二〇五《閏位部・巡幸門》梁太祖條開平元年（907）十月條："帝以用軍，未暇西幸，文武百官等久居東京，漸及疑冱，令就便各許歸安，只留宰臣韓建、薛貽矩，翰林學士張策、韋郊、杜曉，中書舍人封舜卿、張袞并左右御史、司天監、宗正寺兼要當諸司節級外，其宰臣張文蔚已下文武百官並先於西京祇侯。"

　　開平三年，奉使幽州，以門生鄭致雍從行，[1]復命之日，又與致雍同受命入翰林爲學士。致雍有俊才，舜卿雖有文辭，才思拙澀，及試五題，不勝困弊，因託致雍秉筆，當時議者以爲座主辱門生。[2]

　　[1]幽州：州名。治所在今北京市。　　鄭致雍：人名。籍貫、事迹不詳。本書僅此一見。

　　[2]"開平三年"至"當時議者以爲座主辱門生"：明本《册府》卷九三九《總録部·譏誚門》。《輯本舊史》之原輯者案語："以下有闕文。"亦見《宋本册府》卷五五三《詞臣部·稽緩門》。

　　莊宗同光以來，累歷清顯。封氏自大和以來，世居兩制，以文筆稱于時。舜卿從子渭，昭宗遷洛時，爲翰林學士，舜卿爲中書舍人，叔姪對掌内外制。從子翹，於梁貞明中亦爲翰林學士。[1]天成中，爲給事中，因轉對上言，以星辰合度，風雨應時，請以御前香一合，帝親爇一炷，餘令於塔廟中焚之，貴表精至。議者以翹時推名族，出翰苑，登瑣闥，甚有巖廊之望，而忽有此請，乃近諸妖佞耳，物望由是減之。[2]《永樂大典》卷六千三十四。[3]

　　[1]大和：唐文宗李昂年號（827—835）。　　渭：人名。即封渭。唐代官員。曾任中書舍人、齊州司户。事見《舊唐書》卷二〇

下。 内外制：内制（翰林學士）、外制（知制誥、中書舍人）的連稱。 翹：人名。即封翹。五代後梁、後唐官員。曾任刑部員外郎、翰林學士、中書舍人。事見本書卷九、卷四二。 "莊宗同光以來"至"於梁貞明中亦爲翰林學士"：《宋本册府》卷七七一《總錄部·世官門》。《輯本舊史》卷三一《唐莊宗紀五》同光二年（924）正月戊午條："以前太子賓客封舜卿爲太子少保致仕。"卷四一《唐明宗紀七》長興元年（930）十一月己巳條："故太子少保致仕封舜卿贈太子少傅。"

[2]給事中：官名。秦始置。隋、唐以來，爲門下省屬官。掌讀署奏抄、駁正違失。正五品上。 "天成中"至"物望由是減之"：中華書局本有校勘記："'請御前香一合'，'以'字原闕，據《册府》卷四八二補。"又："'出翰苑'，'翰'原作'朝'，據《册府》卷四八二改。"

[3]檢《永樂大典目錄》，卷六〇三四爲"陽"字韻，與本則内容不符，恐有誤記。陳垣《舊五代史輯本引書卷數多誤例》謂應作卷六六三四"香"字韻。

竇夢徵

竇夢徵，同州人。[1]少苦心爲文，登進士第，歷校書郎，[2]自拾遺召入翰林，充學士。梁貞明中，加兩浙錢鏐元帥之命。[3]夢徵以鏐無功於中原，兵柄不宜虚授，其言切直。梁末帝以觸時忌，[4]左授外任。[5]有頃，復召爲學士。及莊宗入汴，夢徵以例貶沂州，[6]居嘗感梁末帝舊恩，因爲《祭故君文》云："嗚呼！四海九州，天迴眷命，一女二夫，人之不幸。當革故以鼎新，若金銷而火盛，必然之理，夫何足競"云。秉筆者皆許之，尋量移宿州。[7]天成初，遷中書舍人，復入爲翰林學士、工部侍郎。[8]卒，贈禮部尚書。[9]夢徵隨計之秋，文稱甚高，尤長於牋啓，編爲十卷，目曰《東堂集》，行於世。《永樂大典》卷一萬九千三百五十四。[10]

[1]同州：州名。治所在今陝西大荔縣。　竇夢徵，同州人：《舊五代史考異》："案：《通鑑》作棣州人。"見《通鑑》卷二六九貞明二年（916）七月壬戌條。

[2]校書郎：官名。東漢始置，掌典校收藏於蘭臺的圖書典籍，亦稱校書郎中。唐秘書省及著作局皆置，正九品上；弘文館亦置，從九品上。

[3]拾遺：官名。始設於武后垂拱元年（685）。諫官。負責諷諫皇帝，察納百官。　兩浙：地區名。浙東、浙西的合稱。泛指今浙江全省及江蘇南部一角。　錢鏐：人名。杭州臨安（今浙江杭州市臨安區）人。五代時期吳越國的建立者。傳見本書卷一三三《世襲列傳》、《新五代史》卷六七《吳越世家》。　元帥：官名。此處指天下兵馬元帥。唐代朝廷若有重大軍事行動，則置此官，以統率天下軍隊。

[4]梁末帝：即後梁末帝朱友貞。後梁太祖朱溫之子。913年至923年在位。紀見本書卷八至一〇、《新五代史》卷三。

[5]左授外任：《舊五代史考異》："案《玉堂閒話》：夢徵抱麻哭於朝，翌日，謫掾于東州。《通鑑》採用之。據《梁末帝紀》，夢徵貶蓬萊尉。"殿本亦引《玉堂閒話》："竇以錢公無功於本朝，僻在一方，坐邀恩澤，不稱是命，乃抱麻哭于朝。翌日，竇謫掾于東州。"見《太平廣記》卷一五八竇夢徵條。

[6]沂州：州名。治所在今山東臨沂市。　夢徵以例貶沂州：《輯本舊史》之影庫本粘籤："沂州，原本作'忻州'，今據《莊宗本紀》改正。"見《輯本舊史》卷三〇《唐莊宗紀四》同光元年

（923）十月丙午條，貶竇夢徵爲沂州司馬。

[7]宿州：州名。治所在今安徽宿州市。

[8]工部侍郎：官名。尚書省工部次官。協助尚書掌管百工、山澤、水土之政令，考其功以昭賞罰，總所統各司之事。正四品下。

[9]卒，贈禮部尚書：《舊五代史考異》：“案《玉堂閒話》云：竇失意被謫，嘗鬱鬱不樂，曾夢有人謂曰：‘君無自苦，不久當復故職。然將來慎勿爲丞相，苟有是命，當萬計避之。’其後竇復居禁職。有頃，遷工部侍郎。竇忽憶夢中所言，深惡其事。然已受命，不能遽避，未幾果卒。”見《太平廣記》卷一五八竇夢徵條。

[10]《大典》卷一九三五四“竇”字韻“姓氏（五）”事目。

李保殷

李保殷，河南洛陽人也。昭宗朝，自處士除太子正字，改錢塘縣尉。[1]浙東帥董昌辟爲推官，[2]調補河府兵曹參軍，歷長水令、毛詩博士，累官至太常少卿、端王傅。[3]入爲大理卿，[4]撰《刑律總要》十二卷；與兵部侍郎郗殷象論刑法事。[5]左降房州司馬。[6]同光初，授殿中監，[7]以其素有明閑法律之譽，[8]拜大理卿；未滿秩，屢爲人所制。[9]保殷曰：“人之多辟，無自立辟。”乃謝病以歸，卒於洛陽思順里。[10]《永樂大典》卷一萬三百八十九。[11]

[1]處士：閑居未仕或不仕之人。　太子正字：官名。東宮屬官，掌校讎刊正東宮的文章典籍。從九品上。　錢塘：縣名。治所

在今浙江杭州市。　縣尉：官名。掌管一縣緝捕盜賊、按察奸宄之事。從八品下至從九品下不等。

[2]董昌：人名。杭州臨安（今浙江杭州市）人。唐末方鎮將領。傳見《新唐書》卷二二五下。　推官：官名。唐肅宗以後置，五代沿置。爲節度、觀察、團練、防禦等使的屬官。度支、鹽鐵等使也置推官掌理刑案之事。

[3]兵曹參軍：官名。"兵曹參軍事"的省稱。掌武官選、兵甲、器仗、門禁、管鑰、軍防、烽候、傳驛、畋獵。正九品上。長水：縣名。治所在今河南洛寧縣西長水鎮。　博士：官名。起於先秦。古代學官。　太常少卿：官名。太常寺次官。佐太常卿掌宗廟祭祀禮樂及教育等。正四品上。　端王：後唐無端王，疑誤。

[4]大理卿：官名。大理寺長官。負責大理寺的具體事務，掌邦國折獄詳刑之事。從三品。

[5]郗殷象：人名。籍貫不詳。唐末、五代官員。事見《舊唐書》卷二〇下、《通鑑》卷二六二。

[6]左降：官吏貶降秩位。多指京官降職到州郡。　房州：州名。治所在今湖北房縣。

[7]殿中監：官名。殿中省長官。掌宮廷供奉之事。從三品。

[8]以其素有明閑法律之譽：中華書局本有校勘記："'閑'字原闕，據《册府》卷八一三補。"見明本《册府》卷八一三《總錄部·退迹門》。

[9]屢爲人所制：中華書局本有校勘記："'屢'，原作'屬'，據邵本校、《册府》卷八〇五、卷八一三改。"見《宋本册府》卷八〇五《總錄部·棄官門》。

[10]思順里：地名。位於今河南洛陽市。"思順里"原闕，據明本《册府》卷八一三補。

[11]《大典》卷一〇三八九"李"字韻"姓氏（三四）"事目。

歸藹

歸藹，字文彥，吳郡人也。曾祖登，祖融，父仁澤，位皆至列曹尚書、觀察使。[1]藹登進士第，及升朝，遍歷三署。[2]同光初，爲尚書右丞，[3]遷刑、户二部侍郎，以太子賓客致仕。[4]卒，年七十六。《永樂大典》卷二千七百二。[5]

[1]吳郡：地名。治所在今江蘇蘇州市。　登：人名。即歸登。唐代官員。曾任工部侍郎、户部侍郎、工部尚書。傳見《舊唐書》卷一四九、《新唐書》卷一六四。　融：人名。即歸融。唐代官員。曾任御史中丞、京兆尹、吏部侍郎、禮部尚書。傳見《舊唐書》卷一四九、《新唐書》卷一六四。　仁澤：人名。即歸仁澤。唐代官員。曾任禮部侍郎。事見《登科記考》卷二三。　觀察使：官名。唐代後期出現的地方軍政長官。唐玄宗開元二十一年（733）置十五道採訪使，唐肅宗乾元元年（758）改爲觀察使。無旌節，地位低於節度使。掌一道州縣官的考績及民政。

[2]遍歷三署：《輯本舊史》之原輯者案語：“以下疑有闕文。據《舊唐書·昭宗紀》：天祐元年七月，宴于文思殿。朱全忠入，百官或坐于廊下，全忠怒，笞通引官何凝。丙寅，制金紫光禄大夫、行御史中丞、上柱國韓儀責授棣州司馬，侍御史歸藹責授登州司户，坐百官傲全忠也。此事應見《薛史》，今無可考。”見《舊唐書》卷二〇上《昭宗紀》天祐元年（904）七月丙寅條。

[3]尚書右丞：官名。尚書省佐貳官。唐中期以後，與尚書左丞實際主持尚書省日常政務，權任甚重。後梁開平二年（908）改爲右司侍郎，後唐同光元年（923）復舊爲右丞。唐時爲正四品下，後唐長興元年（930）升爲正四品。　爲尚書右丞：中華書局本有校勘記：“‘右’，《册府》卷八六六同，本書卷三三《唐莊宗紀七》

作'左'。"此據明本《册府》卷八六六《總録部·貴盛門》、《輯本舊史》卷三三《唐莊宗紀七》同光三年（925）七月壬子條。

[4]太子賓客：官名。爲太子官屬。唐高宗顯慶元年（656）始置。掌侍從規諫、贊相禮儀。正三品。

[5]《大典》卷二七○二"歸"字韻"事韻（六）詩文（一）"事目。中華書局本據《永樂大典目録》，疑本則出自卷二七○三"歸"字韻"姓氏"事目。

孔邈[1]

[1]《輯本舊史》之原輯者案語："《孔邈傳》，《永樂大典》中僅存一條。考《册府元龜》云：乾寧五年，登進士第，除校書郎。崔遠在中書，奏萬年尉、充集賢校理，以親舅獨孤損方在廊廟，避嫌不赴職。蓋《册府元龜》兼採《後唐實録》之文，與《薛史》異。孔邈在後唐不應一無表見，今無可復考，謹録原本如右。"

孔邈，兗州曲阜人，[1]文宣王四十一代孫。身長七尺餘，神氣温厚，綽有素風。[2]乾寧五年，登進士第，歷校書郎、萬年尉，充集賢校理。[3]《永樂大典》卷二千九百二十五。[4]蕭頃爲御史中丞，請孔邈爲御史。[5]乾化元年，貶爲同州澂縣尉，以扈從北征後至行在故也。[6]

[1]兗州：州名。治所在今山東濟寧市兗州區。　曲阜：縣名。治所在今山東曲阜市。"兗州曲阜人"五字原闕，中華書局本於"孔邈"下有校勘記云"句下《册府》卷七二九、卷八○八、卷八八三有'兗州曲阜人'五字"，但未補入，現據補。見《宋本册府》卷七二九《幕府部·辟署門四》、卷八八三《總録部·形貌

門》，明本《册府》卷八〇八《總録部·遠名勢門》。

[2]文宣王：即孔子。　神氣温厚，綽有素風：中華書局本有校勘記："'温厚'，《册府》卷八八三作'温克'，又句下有'綽有素風'四字。""綽有素風"四字原闕，據《宋本册府》卷八八三補。

[3]乾寧五年："乾寧五年"四字原闕，據《宋本册府》卷七二九、明本《册府》卷八〇八《總録部·遠名勢門》補。　萬年：縣名。治所在今陝西西安市。　尉：即縣尉。掌分判諸司，收率課調。品秩雖卑，然科第出身的士人初仕仍須由此而進。品秩從八品下至從九品下。　集賢校理：官名。唐玄宗時始置。掌校理集賢殿圖籍。　歷校書郎、萬年尉，充集賢校理：《輯本舊史》之原輯者案語："《孔邈傳》，《永樂大典》中僅存一條。考《册府元龜》云：乾寧五年，登進士第，除校書郎。崔遠在中書，奏萬年尉、充集賢校埋，以親舅獨孤損方在廊廟，避嫌不赴職。蓋《册府元龜》兼採《後唐實録》之文，與《薛史》異。孔邈在後唐不應一無表見，今無可復考，謹録原本如右。"見《宋本册府》卷七二九《幕府部·辟署門四》、明本《册府》卷八〇八《總録部·遠名勢門》。《宋本册府》卷七二九句下有："謁羅紹威於鄴下，辟爲判官。"明本《册府》卷八〇八《總録部·避嫌門》："孔邈爲萬年尉充集賢校理，以親舅獨孤損在中書，避嫌不赴職。"

[4]《大典》卷二九二五"身"字韻"事韻（四）"，或"身長"事目。

[5]蕭頃：人名。京兆萬年（今陝西西安市長安區）人。唐、五代官員。傳見本書卷五八。　蕭頃爲御史中丞，請孔邈爲御史：《宋本册府》卷五一三《憲官部·引薦門》。同書卷五二二《憲官部·譴讓門》："孔邈爲殿中侍御史。"

[6]乾化：五代後梁太祖朱温年號（911—912），末帝朱友貞沿用（913—915）。　澂縣：縣名。即澂城縣。治所在今陝西澂城縣。　乾化元年，貶爲同州澂縣尉，以扈從北征後至行在故也：

《宋本册府》卷五二二《憲官部·譴讓門》。

孔邈爲吏部郎中。[1]爲諫議大夫，以年老致仕。[2]天成四年四月，卒。[3]

[1]吏部郎中：官名。尚書省吏部頭司吏部司長官。掌文官階品、朝集、禄賜，給其告身、假使以及選補流外官等事。《新唐書》記正五品上。　　孔邈爲吏部郎中：《宋本册府》卷四七五《臺省部·奏議門六》，原文爲："孔邈爲吏部郎中。天成二年八月庚辰，上言曰：'臣聞賞延於世，寔皇王體國之規；立身揚名，爲人子承家之道。苟推誠於忠孝，必懷慶於子孫。存殁共瞻，君親是望。伏自陛下中興大業，念舊録勳，賞賜無時，渥恩咸徧，尚慮有奮身爲國，迹殞魂孤，姓名不達於乾坤，骨肉飢寒於道路，不因詔書博訪，所在不與申聞。伏乞特下外藩，如有身殁王事，忠節顯彰，軍伍備聞，恩澤未及者，必令具録聞奏。如有子孫，便委所司齒録，便父母有可依之地，妻孥免無告之心。如秖有孤遺，亦便令救卹。即已往者，知皇恩不棄，將來者罄臣節何疑？楚師忘寒，空憑念問；周文葬骨，唯示深仁。冀於有道之朝，不漏無垠之澤。'上先是已行詔命，及覽是奏，促再行之。"同書卷六三二《銓選部·條制門四》："（天成）二年正月，吏部郎中孔邈奏：'近見選人，或以志在循陔，難違色養；或以家同懸磬，不辨裂裳。致違調選之期，遂遇廢沉之例。臣愚，伏請自天成元年已前，有出身分明者，悉許注擬。況三蜀之内，員闕極多，俾出自於朝恩，免使希於假攝。'"

[2]爲諫議大夫，以年老致仕：《宋本册府》卷八九九《總録部·致政門》。　《輯本舊史》卷三八《唐明宗紀四》天成二年（927）八月丁酉條："以吏部郎中、襲文宣公孔邈爲左諫議大夫。"

[3]天成四年四月，卒：《輯本舊史》卷四〇《唐明宗紀六》天成四年四月丙辰條："諫議大夫致仕、襲文宣公孔邈卒。"據補。

張文寶

張文寶，昭宗朝諫議大夫顥之子也。[1]文寶初依河中朱友謙爲從事。[2]莊宗即位於魏州，[3]以文寶知制誥，歷中書舍人、刑部侍郎、左散騎常侍、[4]知貢舉，遷吏部侍郎。[5]文寶性雅淡稽古。長興初，奉使浙中，泛海船壞，水工以小舟救，文寶與副使吏部郎中張絢信風至淮南界，[6]僞吳楊溥禮待甚至，[7]兼厚遺錢幣、食物。文寶受其食物，反其錢幣，吳人善之，送文寶等復至杭州宣國命，還青州，[8]卒。

[1]顥：人名。即張顥。唐代大臣。事見《舊唐書》卷二〇上。

[2]河中：府名。治所在今山西永濟市。　朱友謙：人名。許州（今河南許昌市）人。朱溫養子，唐末、五代大臣。傳見本書卷六三、《新五代史》卷四五。　從事：泛指一般屬官。

[3]魏州：州名。治所在今河北大名縣。

[4]刑部侍郎：官名。尚書省刑部次官。協助刑部尚書掌天下刑法及徒隸、勾覆、關禁之政令。正四品下。　左散騎常侍：中華書局本有校勘記：“‘左’，本書卷四〇《唐明宗紀六》、卷四二《唐明宗紀八》作‘右’。《新五代史》卷五五《李愚傳》：‘時右散騎常侍張文寶知貢舉。’”見《輯本舊史》卷四〇《唐明宗紀六》天成四年（929）十一月戊辰條、卷四二《唐明宗紀八》長興二年（931）閏五月庚寅條。明本《册府》卷五〇二《邦計部·常平門》：“後唐明宗天成二年六月，中書舍人張文寶請復常平倉。”《宋本册府》卷五五三《詞臣部·獻替門二》：“張文寶爲中書舍人。天成二年十一月，文寶上言曰：‘巡狩省方，唐虞之舊典，弔民伐罪，

湯武之前功。陛下親統貔狴，盡除梟鏡，刷蕩瑕穢，殄息氛埃。天威已震於華夷，濡澤又沾於幽顯，動植蘇泰，遐邇歡康。所宜旋軫神都，凝旒紫禁，居中土而表正，來萬國以均輸，允叶億兆之心，共樂雍熙之化。’”

[5]遷吏部侍郎：《輯本舊史·唐明宗紀八》長興二年閏五月庚寅條：“以右散騎常侍張文寶爲兵部侍郎。”同書卷四三《唐莊宗紀九》長興三年十月己未條：“以兵部侍郎張文寶爲吏部侍郎。”知其以兵部爲吏部。

[6]張絢：人名。籍貫、事迹不詳。本書僅此一見。　淮南：今淮河以南、長江以北地區。當時屬吳境。　文寶與副使吏部郎中張絢信風至淮南界：《舊五代史考異》：“案：《通鑑》作風飄至天長。胡三省注疑天長地不通海。《薛史》作淮南界，爲得其實。”《輯本舊史》之孔本案語：“《通鑑》作風飄至天長，從者二百人，所存者五人。胡三省云：天長縣在揚州西一百一十里，其地北不至淮，東不至海，豈小舟隨風所能至。通州海門縣崇明鎮東海中有大洲，謂之天賜鹽場，舟人揚帆遇順，東南可以徑至明州定海，西南可以至許浦、達蘇州，恐是此處。”見《通鑑》卷二七八長興四年九月丙申條及胡注。

[7]吳：五代十國之吳國。後晉天福二年（937），吳主楊溥禪位於徐知誥，知誥即皇帝位於金陵，史稱南唐。　楊溥：人名。五代十國吳國皇帝，後禪位於徐知誥。傳見《新五代史》卷六一。

[8]杭州：州名。治所在今浙江杭州市。　青州：州名。治所在今山東青州市。

　　子吉，嗣位邑宰。[1]《永樂大典》卷六千三百九十。[2]

[1]吉：人名。即張吉。事迹不詳。　邑宰：縣令的別稱。
[2]《大典》卷六三九〇“張”字韻“姓氏（六〇）”事目。

陳乂

陳乂，薊門人也。[1]少好學，善屬文。因避亂，客於浮陽，轉徙於大梁。[2]梁將張漢傑延於私邸，表授太子舍人。[3]莊宗平梁，郭崇韜遙領常山，[4]召居賓榻。崇韜從魏王繼岌伐蜀，署爲招討判官。[5]崇韜死，明宗即位，隨任圜歸闕，[6]圜薦之於朝，除膳部員外郎、知制誥，累遷中書舍人。[7]乂性陰僻，寡與人合，不爲當路所與。[8]尋移左散騎常侍，由是忿以成疾，踰月而卒。

[1]薊門：地名。位於今北京市昌平區。　薊門人也：《輯本舊史》之影庫本粘籤："'薊門'，原本作'蓟門'，今據文改正。"《宋本册府》卷四一三《將帥部・薦賢門》張漢傑條云"薊門人陳乂"。

[2]浮陽：縣名。治所在今河北滄縣東南。

[3]張漢傑：人名。清河（今河北清河縣）人。五代後梁大臣，張歸霸之子。傳見本書附録、《新五代史》卷二二。　太子舍人：官名。撰寫章、表等文字。正六品上。

[4]郭崇韜：人名。代州雁門（今山西代縣）人。五代後唐大臣。傳見本書卷五七、《新五代史》卷二四。　常山：此處代指成德軍節度。

[5]繼岌：人名。即李繼岌。五代後唐莊宗長子。傳見本書卷五一、《新五代史》卷一四。　招討判官：官名。行營招討使屬官。佐招討使處理行營軍政事務。　署爲招討判官：明本《册府》卷七二一《幕府部・謀畫門二》："招討判官陳乂至寶雞稱疾，乞留在後，（李）愚厲聲曰：'陳乂見利則進，懼難則止，今大軍涉險，人心易惑，正可斬之以殉。'由是軍中無敢遲留者。"

[6]任圜：京兆三原（今陝西三原縣）人。五代後唐明宗時拜

同中書門下平章事，後與權臣安重誨失和，被誣與叛臣朱守殷通謀而見殺。傳見本書卷六七、《新五代史》卷二八。

[7]膳部員外郎：官名。尚書省郎官之一。爲膳部郎中的副職，協助負責諸司事務。從六品上。　累遷中書舍人：《舊五代史考異》：“案：《通鑑》作閏月，以膳部郎中、知制誥陳乂爲給事中，充樞密直學士，與此傳互有詳略。”見《通鑑》卷二七八清泰元年（934）閏正月條。《輯本舊史》卷四五《唐閔帝紀》應順元年（934）閏正月癸卯條亦曰：“以膳部郎中、知制誥陳乂並爲給事中，充樞密院直學士。”

[8]“乂性陰僻”至“不爲當路所與”：明本《册府》卷九三八《總録部·姦佞門二》：“陳乂爲給事中，充樞密直學士。性姦險，好爲陰計。始在梁，事張漢傑，滅宗。莊宗時，佐郭崇韜伐蜀，而郭又覆族。至是，朱弘昭拔用之，不兩月，弘昭及禍。其時僻政拙謀，而乂有力焉。”

乂微有才術，嘗自恃其能。[1]爲判官日，[2]人有造者，垂帷深處，罕見其面。及居西掖，[3]而姿態愈倨，位竟不至公卿，蓋器度促狹者也。然乂性孤執，尤廉於財。長興中，嘗自舍人銜命册晋國公主石氏於太原，晋高祖善待之，[4]但訝其高岸。人或有獻可於乂，宜陳一謳頌以稱晋高祖之美，可邀其厚賄耳。[5]乂曰：“人生貧富，咸有定分，未有持天子命，違禮以求利，既損國綱，且虧士行，乂今生所不爲也。”聞者嘉之。[6]晋高祖即位，贈禮部尚書。《永樂大典》卷三千一百三十五。[7]

[1]嘗自恃其能：“嘗”，明本《册府》卷四七八《臺省部·簡傲門》作“常”。

　　[2]爲判官日：《宋本册府》卷九三〇《總録部・傲慢門》作
"爲常山判官日"，明本《册府》同卷則作"爲恒山判官"。

　　[3]西掖：中書省的別稱。

　　[4]晋國公主石氏：即五代後晋高祖石敬瑭之妹，五代後晋將
領杜重威之妻。事見本書卷一〇九、《新五代史》卷五二。　太原：
府名。治所在今山西太原市。　晋高祖：即後晋高祖石敬瑭。沙陀
部人。五代後唐將領、後晋開國皇帝。紀見本書卷七五至卷八〇、
《新五代史》卷八。

　　[5]可邀其厚賄耳：中華書局本有校勘記："'厚賄'，《册府》
卷六五四同，《御覽》卷二二二引《五代史・晋史》、《册府》卷六
六一作'異待'。"見《宋本册府》卷六五四《奉使部・廉慎門》、
明本《册府》卷六六一《奉使部・守節門》。

　　[6]聞者嘉之：《宋本册府》卷六五四同，明本《册府》卷六
六一作"聞者無不嘉之"。

　　[7]《大典》卷三一三五"陳"字韻"姓氏（九）"事目。

劉贊

　　劉贊，[1]魏州人也。幼有文性。父玭，爲令録，[2]誨
以詩書，夏月令服青襦單衫。玭每肉食，別置蔬食以飯
贊，謂之曰："肉食，君之禄也。爾欲食肉，當苦心文
藝，自可致之，吾禄不可分也。"繇是贊及冠有文辭，
年三十餘登進士第。魏州節度使羅紹威署巡官，罷歸京
師，依開封尹劉鄩。[3]久之，租庸使趙巖表爲巡官，[4]累
遷至金部員外郎，[5]職如故。莊宗入汴，租庸副使孔謙
以贊里人，[6]表爲鹽鐵判官。[7]天成中，歷知制誥、中書
舍人。[8]與學士竇夢徵同年登第，[9]鄰居友善，夢徵

卒，[10]贊與同年楊凝式緦麻爲位而哭，[11]其家無嫡長，與視喪事，卹其孀稚，人士稱之。改御史中丞、刑部侍郎。[12]

[1]劉贊：《舊五代史考異》：“案：《通鑑》作劉瓚。”見《通鑑》卷二七八長興四年（933）四月癸丑條。

[2]批：人名。即劉批。事見本書本卷。　令錄：縣令、錄事參軍的合稱。

[3]羅紹威：人名。五代後梁將領。傳見本書卷一四、《新五代史》卷三九。　巡官：官名。唐代節度使、觀察使、團練使、防禦使屬官，位在判官、推官下。掌巡察及處理某些事務。　開封：地名。即今河南開封市。　劉鄩：人名。密州安丘（今山東安丘市）人。唐末、五代將領。傳見本書卷二三、《新五代史》卷二二。

[4]租庸使：官名。唐主持催徵租庸地稅的中央使臣。五代後梁、後唐時，租庸使取代鹽鐵、度支、戶部，爲中央財政長官。趙巖：人名。陳州宛丘（今河南淮陽縣）人。唐忠武軍節度使趙犨之子。五代後梁大臣。事見本書卷八、《新五代史》卷四二。

[5]金部員外郎：官名。尚書省郎官之一。爲金部郎中的副職，協助負責諸司事務。從六品上。中華書局本有校勘記：“‘金部’，殿本作‘戶部’。”

[6]孔謙：人名。魏州（今河北大名縣）人。後唐大臣，善聚斂錢財，爲李存勗籌劃軍需。傳見本書卷七三、《新五代史》卷二六。　里人：《宋本冊府》卷九五五《總錄部·知舊門》作“鄉黨”。

[7]鹽鐵判官：官名。掌鹽鐵政務及稅收。

[8]歷知制誥、中書舍人：《輯本舊史》卷三八《唐明宗紀四》天成二年（927）九月條：“以比部郎中、知制誥劉贊爲中書舍人。”《宋本冊府》卷五五三《詞臣部·獻替門二》：“劉贊爲比部郎中、知制誥。明宗天成二年八月，贊上言曰：‘臣聞信者使民不惑，義

者使民知禁。非信無以彰明德，非義無以顯聖猷。此乃三代英風，百王令則。伏惟陛下恭臨寶位，虔紹鴻圖，握金鏡而照萬方，運璇璣而調四序。遐敷至德，廣納忠言，凡列周行，許陳封事。雖皆聽覽，而尚寡依行，縱所依行，亦未遵守。自此或有益國利人之術，除奸去弊之謀，可以擇其所長，便爲永制。仍乞特頒詔令，峻立條章。豈唯示信義於域中，抑亦振威風於海內。既遵法度，必致治平。'"

[9]竇夢徵：人名。同州（今陝西大荔縣）人，一作棣州（今山東惠民縣）人。唐末進士，五代後梁、後唐官員。傳見本書本卷。

[10]夢徵卒：中華書局本有校勘記："《御覽》卷二二二引《五代史·後唐書》、《册府》卷八八二作'夢徵早卒'。"按，明本《册府》卷八八二《總録部·交友門二》同，《宋本册府》卷八八二則作"夢早卒"。

[11]楊凝式：人名。華陰（今陝西華陰市）人。唐末、五代官員。傳見本書卷一二八、《新五代史》卷三五。　總麻：麻布所製之喪服。古人居喪期間的服飾，可分斬衰、齊衰、大功、小功、總麻五種。

[12]改御史中丞、刑部侍郎：《舊五代史考異》："案：《通鑑》作兵部侍郎。"見《通鑑》卷二七八長興四年四月癸丑條。

贊性雍和，與物無忤，居官畏慎，人若以私干之，[1]雖權豪不能移其操。未幾，改秘書監，兼秦王傅。[2]贊節概貞素，忽聞其命，掩泣固辭，竟不能止。[3]時秦王參佐，皆新進小生，動多輕脱，每稱頌秦王功德，阿意順旨，祗奉談笑，惟贊從容諷議，必獻嘉言。秦王常接見賓僚及遊客，於酒筵之中，悉令秉筆賦詩。[4]贊爲師傅，亦與諸客混，然容狀不悦。秦王知其意，自是戒典客，贊至勿通，令每月一度至衙。[5]贊既官係王府，不敢朝參，不通慶弔，但閉關暗鳴而已。及秦王得罪，或言贊止於朝降，[6]而贊已服麻衣備驢乘在門矣。[7]聞其言曰：「豈有國君之嗣，一旦舉室塗地，而賓佐朝降？得免死，幸也。」[8]俄而臺史示敕，長流嵐州，[9]即時赴貶所。在嵐州踰年，清泰二年春，[10]詔歸田里。妻紇干氏塗中卒，[11]贊比羸瘠，慟哭殆絕，因之亦病，行及石會關而卒，[12]時年六十餘。《永樂大典》卷九千九十九。[13]

[1]人若以私干之：《宋本冊府》卷四五九《臺省部·公正門》同，同書卷七一九《幕府部·公正門》作「人若以私故干之」。

[2]秦王：即秦王從榮。沙陀部人。五代後唐明宗李嗣源次子。傳見本書卷五一、《新五代史》卷一五。　兼秦王傅：《舊五代史考異》：「案《冊府元龜》：秦王爲元帥，秦王府判官、太子詹事王居敏與贊鄉曲之舊，以秦王盛年自恣，須朝中選端士納誨，冀其稟畏，乃奏薦贊焉。」《宋本冊府》卷七〇八《宮臣部·選任門》闕，此據明本。《宋本冊府》卷七一九《幕府部·公正部》所記略同。

[3]掩泣固辭，竟不能止：《舊五代史考異》：「案《通鑑》：瓚自以左遷，泣訴，不得免。胡三省注云：唐制，六部侍郎除吏部之外，餘皆從四品下；王傅從三品。然六部侍郎爲鄉用，王傅爲左遷，以職事有閒劇之不同也。當是時，從榮地居儲副，則秦王傅不可以閒官言。蓋以從榮輕佻峻急，恐豫其禍，故求脱耳。」見《通鑑》卷二七八長興四年（933）四月癸丑條及胡注。

[4]悉令秉筆賦詩：《舊五代史考異》：「案《冊府元龜》：時從榮溺于篇章，凡門客及通謁遊士，必坐于客次，自出題目，令賦一章，然後接見。」見明本《冊府》卷七〇九《宮臣部·正直門》。

[5]「自是戒典客」至「令每月一度至衙」：《舊五代史考異》：

"案《言行龜鑑》載：劉贊諫秦王曰：'殿下宜以孝敬爲職，浮華非所尚也。'秦王不悅，戒閤者後弗引進。"

[6]或言贊止於朝降：《輯本舊史》之影庫本粘籤："'朝降'二字疑有舛誤，考《册府元龜》所引《薛史》亦作'朝降'，詳其文義，當爲降爲京朝官不至外謫也，今仍其舊。"見《宋本册府》卷七一九《幕府部·公正門》。

[7]而贊已服麻衣備驢乘在門矣：中華書局本有校勘記："'贊'字原闕，據《册府》卷七一九、卷七三〇補。"見《宋本册府》卷七一九《幕府部·公正門》、卷七三〇《幕府部·連累門》。

[8]"聞其言曰"至"幸也"：《宋本册府》卷七一九《幕府部·公正門》、卷七三〇《幕府部·連累門》作："聞其安慰曰：'此存撫之情也。豈有國君之嗣，一旦舉世塗地，而參佐朝降？免死，幸也。'"

[9]嵐州：州名。治所在今山西嵐縣。

[10]清泰：五代後唐廢帝李從珂年號（934—936）。

[11]紇干氏：人名。劉贊之妻。本書僅此一見。

[12]石會關：關隘名。位於今山西省榆社縣西北。爲澤、潞和太原間交通要扼之地。

[13]《大典》卷九〇九九"劉"字韻"姓氏（二七）"事目。

史臣曰：自唐祚橫流，衣冠掃地，苟無端士，孰恢素風。如廷珪之文學，崔沂之剛正，劉岳之典禮，舜卿之掌誥，洎夢徵而下，皆蔚有貞規，無虧懿範，固可以爲搢紳之圭表，聳朝廷之羽儀，以之垂名，夫何不韙。《永樂大典》卷二千七百四十。[1]

[1]《大典》卷二七四〇"崔"字韻"姓氏（八）"事目。

舊五代史　卷六九

唐書四十五

列傳第二十一[1]

[1]按，本卷末無史論。

張憲

　　張憲，字允中，晋陽人，世以軍功爲牙校。[1]憲始童丱，喜儒學，勵志橫經，不捨晝夜。太原地雄邊服，[2]人多尚武，耻于學業，惟憲與里人藥縱之精力遊學，[3]弱冠盡通諸經，尤精《左傳》。[4]嘗袖行所業，謁判官李襲吉，[5]一見欣歎。既辭，謂憲曰：“子勉之，將來必成佳器。”石州刺史楊守業喜聚書，[6]以家書示之，聞見日博。

[1]晋陽：縣名。治所在今山西太原市。　　牙校：爲低級武官。
[2]太原：府名。治所在今山西太原市。
[3]藥縱之：人名。太原（今山西太原市）人。五代後唐官

員。傳見本書卷七一。

[4]《左傳》:《春秋左氏傳》的簡稱，也稱《左氏春秋》。中國古代編年體史書，儒家經典之一。相傳爲春秋魯太史左丘明所作。近人認爲係戰國初年人據各國史料編成。全書共三十卷。其内容是以史實爲《春秋》作解，記事起於魯隱公元年（前722），止於魯悼公四年（前464）。

[5]判官:官名。唐、五代方鎮僚屬，位在行軍司馬下。分掌使衙内各曹事，並協助使職官員通判衙事。　李襲吉:人名。洛陽（今河南洛陽市）人。唐末進士，官員。傳見本書卷六〇、《新五代史》卷二八。

[6]石州:州名。治所在今山西吕梁市離石區。　刺史:官名。州一級行政長官。漢武帝時始置，總掌考核官吏、勸課農桑、地方教化等事。唐中期以後，節度使、觀察使轄州而設，刺史爲其屬官，職任漸輕。從三品至正四品下。　楊守業:人名。籍貫不詳。五代將領。曾任河東馬步軍都虞候。事見明本《册府》卷七六八《總録部·儒學門二》。

莊宗爲行軍司馬，[1]廣延髦俊，素知憲名，令朱守殷齎書幣延之。[2]歲餘，釋褐交城令。[3]秩滿，莊宗嗣世，補太原府司録參軍。[4]時霸府初開，幕客馬郁、王緘，燕中名士，盡與之遊。[5]十二年，莊宗平河朔，念藩邸之舊，徵赴行臺。[6]十三年，授監察，賜緋，署魏博推官，[7]自是恒簪筆扈從。十五年，王師戰胡柳，周德威軍不利，[8]憲與同列奔馬北渡；梁軍急追，殆將不濟。至晚渡河，人皆陷水而没，[9]憲與從子朗履冰而行；將及岸，冰陷，朗號泣，[10]以馬箠引之，憲曰:“吾兒去矣，勿使俱陷。”朗曰:“忍覩季父如此，[11]俱死無恨。”

朗偓伏引筆，憲躍身而出。是夜，莊宗令于軍中求憲，或曰："與王緘俱歿矣！"莊宗垂涕求尸，數日，聞其免也，遣使慰勞。尋改掌書記、水部郎中，賜金紫，歷魏博觀察判官。[12]從討張文禮，鎮州平，授魏博、鎮冀十郡觀察判官，改考功郎中，兼御史中丞，權鎮州留事。[13]

[1]莊宗：即李存勗，小字亞子，沙陀部人，太原（今山西太原市）人。李克用之子，後唐開國皇帝。紀見本書卷二七至卷三四、《新五代史》卷四至卷五。　行軍司馬：官名。出征將領及節度使的屬官。掌軍籍符伍、號令印信，是藩鎮重要的軍政官員。

[2]朱守殷：人名。籍貫不詳。五代後唐將領。傳見本書卷七四、《新五代史》卷五一。

[3]交城：縣名。治所在今山西交城縣。《輯本舊史》之影庫本粘籤："交城，原本作'友城'，今據《歐陽史》改正。"　令：官名。即縣令。爲縣的行政長官，掌治本縣。唐代之縣，分赤（京）、次赤、畿、次畿、望、緊、上、中、中下、下十等。縣令分六等，正五品上至從七品下。《新五代史》卷二八《張憲傳》未見其任交城令。

[4]司錄參軍：官名。唐以三京府及鳳翔、成都、河中、江陵、興元、興德六府的錄事參軍爲司錄參軍，都督府及諸州仍爲錄事參軍。五代沿置。掌符印，參議府政得失。正七品上。

[5]馬郁：人名。范陽（今河北涿州市）人。唐末、五代大臣。傳見本書卷七一。　王緘：人名。幽州劉仁恭故吏。後爲河東李克用、李存勗重臣。傳見本書卷六〇。　燕：今河北北部。

[6]河朔：泛指黃河以北地區。　行臺：官署名。尚書省在京城稱中臺、內臺，在外稱行臺。自魏晉至唐初，天子、大臣在外征討，或置行臺隨軍。

　　[7]監察：即監察御史。唐代屬御史臺之察院，掌監察中央機構、州縣長官及祭祀、庫藏、軍旅等事。唐中期以後，亦作爲外官所帶之銜。正八品下。　賜緋：輿服制度。皇帝頒賜緋色官服。唐代五品、四品官服緋。後世或沿用此制，品級不盡相同。　魏博：方鎮名。治所在魏州（今河北大名縣）。　推官：官名。唐始置，唐代後期節度、觀察、團練、防禦等使的屬官，掌推按刑獄。此外，度支、鹽鐵等使也置推官。

　　[8]胡柳：地名。位於今河南濮陽市東南五十里。　周德威：人名。馬邑（今山西朔州市）人。唐末、五代河東將領。傳見本書卷五六、《新五代史》卷二五。

　　[9]人皆陷水而没：中華書局本有校勘記：“‘皆’，《册府》卷七五六作‘多’。”此據《宋本册府》卷七五六《總録部·孝門六》。

　　[10]朗：人名。即張朗。事見本書本卷。　朗號泣：中華書局本有校勘記：“‘號’字原闕，據《册府》卷七五六補。”

　　[11]季父：叔父。　忍覩季父如此：中華書局本有校勘記：“‘覩’字原闕，據《册府》卷七五六補。”

　　[12]掌書記：官名。唐、五代方鎮僚屬，位在判官下。掌表奏書檄、文辭之事。　水部郎中：官名。尚書省屬官。位在侍郎之下、員外郎之上。掌天下川瀆陂池之政令，以導達溝洫，堰決河渠。凡舟楫溉灌之利，咸總而舉之。從五品上。　賜金紫：賞賜官員穿紫服佩金魚袋，以示榮寵。　觀察判官：官名。觀察使屬官。唐中期始設，與諸幕職官分治案事、佐理府政。奏請有出身人及六品以下正員官充任。

　　[13]張文禮：人名。燕（今河北北部）人。後唐將領。傳見本書卷六二。　鎮州：州名。治所在今河北正定縣。　鎮冀：方鎮名。治所在鎮州（今河北正定縣）。　考功郎中：官名。唐、五代尚書省吏部考功司長官，掌考察内外百官及功臣家傳、碑、頌、誄、謚等事。從五品上。　御史中丞：官名。如不置御史大夫，則

爲御史臺長官。掌司法監察。正四品下。

　　莊宗即位，詔還魏都，授尚書工部侍郎，充租庸使。[1]八月，改刑部侍郎，判吏部銓，兼太清宮副使。[2]莊宗遷洛陽，以憲檢校吏部尚書、興唐尹、東京副留守，[3]知留守事。憲學識優深，尤精吏道，剖析聽斷，人不敢欺。三年春，車駕幸鄴，時易定王都來朝，[4]宴於行宮，將擊鞠。初，莊宗行即位之禮，卜鞠場吉，因築壇於其間，至是詔毀之。[5]憲奏曰："即位壇是陛下祭接天神受命之所，[6]自風燥雨濡之外，不可輒毀，亦不可修。魏繁陽之壇，漢氾水之壇，[7]到今猶有兆象。存而不毀，古之道也。"即命治之于宮西。數日，未成。會憲以公事獲譴，閤門待罪，上怒，戒有司速治行宮之庭，礙事者畢去，竟毀即位壇。[8]憲私謂郭崇韜曰：[9]"不祥之甚，忽其本也。"秋，崇韜將兵征蜀，以手書告憲曰："允中避事久矣，余受命西征，已奏還公黃閣。"[10]憲報曰："庖人之代尸祝，所謂非吾事也。"時樞密承旨段佪當權任事，[11]以憲從龍舊望，不欲憲在朝廷。會孟知祥鎮蜀川，選北京留守，[12]佪揚言曰："北門，國家根本，非重德不可輕授，今之取才，非憲不可。"趨時者因附佪勢，巧中傷之。又曰："憲有相業，然國祚中興，宰相在天子面前，得失可以改作；一方之事，制在一人，惟北面事重。"十一月，[13]授憲銀青光祿大夫、檢校吏部尚書、太原尹、北京副留守，[14]知府事。

　　[1]魏都：地名。即魏州。位於今河北大名縣東北。後唐同光
元年（923），莊宗在魏州稱帝，建立後唐。　工部侍郎：官名。尚
書省工部次官。協助尚書掌管百工、山澤、水土之政令，考其功以
昭賞罰，總所統各司之事。正四品下。　租庸使：官名。唐代爲主
持催徵租庸地稅的財政官員。五代後梁、後唐時，租庸使取代鹽
鐵、度支、户部，爲中央財政長官。

　　[2]刑部侍郎：官名。尚書省刑部次官。協助刑部尚書掌天下
刑法及徒隸、勾覆、關禁之政令。正四品下。　吏部銓：官署名。
吏部三銓（吏部尚書銓、吏部西銓、吏部東銓）的省稱。負責官員
銓選。　太清宫副使：祠禄官。在京宫觀官始置於唐，天寶間有太
清宫使、九成宫使等。唐首相帶太清宫使。

　　[3]洛陽：地名。即今河南洛陽市。　檢校吏部尚書：官名。
爲散官或加官，以示恩寵，無實際執掌。　興唐尹：官名。五代後
唐同光元年，改魏州爲興唐府。以興唐尹總其政務。從三品。

　　[4]鄴：地名。即鄴都。治所在今河北大名縣。五代後唐同光
元年改魏州爲興唐府，建號東京。三年，改東京爲鄴都。　易定：
即義武軍節度使。治所在定州（今河北定州市）。　王都：人名。
原名“劉雲郎”。中山陘邑（今河北定州市）人。妖人李應之養
子，後送與王處直，改姓名爲王都。後爲義武軍節度使。傳見本書
卷五四、《新五代史》卷三九。

　　[5]至是詔毁之：《輯本舊史》之影庫本粘籤：“《通鑑》作莊
宗議毁即位壇，張憲請拓其旁地，仍留壇基。與《薛史》微異，今
附識于此。”見《通鑑》卷二七三同光三年正月條。

　　[6]即位壇是陛下祭接天神受命之所：中華書局本有校勘記：
“‘祭接’，《册府》卷五四七作‘際接’。”見《宋本册府》卷五四
七《諫諍部·直諫門一四》。

　　[7]繁陽：三國魏文帝黃初元年（220）築，故址位於今河南
内黃縣西北。　氾水：故道自今山東曹縣西北，從古濟水分出，東
北流經定陶縣南，注入古菏澤。久湮。《漢書·高帝紀下》：“漢王

即皇帝位於氾水之陽。" 漢氾水之壏：中華書局本有校勘記："'壏'，原作'壇'，據殿本、孔本、《册府》卷五四七改。""氾水"，原作"汜水"，《宋本册府》卷五四七作"氾水"，劉本作"汜水"，《史記》卷八《高祖紀》漢五年（前202）正月甲午條載，漢高祖"即皇帝位氾水之陽"，據改。《新五代史》卷二八《張憲傳》作"鄗南"，《後漢書》卷一上《光武帝紀上》載光武帝"命有司設壇場於鄗南千秋亭五成陌"。可見，本書與《新五代史》言及漢即位壇時所指不同。

[8]"數日"至"竟毁即位壇"：《舊五代史考異》："案：《歐陽史》作場未成，莊宗怒，命兩虞候亟毁壇以爲場。與《薛史》異，《通鑑》從《歐陽史》。"見《新五代史》卷二八《張憲傳》、《通鑑》卷二七三同光三年正月條。

[9]郭崇韜：人名。代州雁門（今山西代縣）人。五代後唐大臣。傳見本書卷五七、《新五代史》卷二四。

[10]黄閣：即中書。

[11]樞密承旨：官名。五代設樞密院承旨和樞密院副承旨，以各衛將軍擔任。主管樞密院承旨司之事。《輯本舊史》之影庫本粘籤："樞密承旨，原本脱'密'字，今據文增入。" 段個：人名。籍貫不詳。五代後唐官員，時任樞密承旨。事見本書卷三二《唐莊宗紀六》、卷三三《唐莊宗紀七》。

[12]孟知祥：人名。邢州龍岡（今河北邢臺市）人。李克用女婿，五代十國後蜀開國皇帝。傳見本書卷一三六、《新五代史》卷六四。 北京：指五代後唐的北都太原。

[13]十一月：中華書局本有校勘記："本書卷三三《唐莊宗紀七》、《通鑑》卷二七四繫其事於十二月。"見《輯本舊史》卷三三《唐莊宗紀七》同光三年十二月丙子條、《通鑑》卷二七四同光三年十二月丙子條。

[14]銀青光禄大夫：官名。漢代置光禄大夫。魏晋以後，光禄大夫之位重者，加銀章青綬，因稱銀青光禄大夫。北周、隋爲散

官。唐貞觀後列入文散官。從三品。　太原尹：官名。唐開元十一年（723）改并州爲太原府，治所在今山西太原市。太原尹總其政務。從三品。　北京副留守：中華書局本有校勘記："'副'字原闕，據本書《唐莊宗紀七》、《册府》卷九五二補。"見明本《册府》卷九五二《總錄部·忌害門》。《通鑑》卷二七四同光三年十二月丙子條作"知北都留守事"。

　　四年二月，趙在禮入魏州。[1]時憲家屬在魏，關東俶擾，在禮善待其家，遣人齎書至太原誘憲。憲斬其使，書不發函而奏。既而明宗爲兵衆所劫，[2]諸軍離散，地遠不知事實，或謂憲曰："蜀軍未至，洛陽窘急，總管又失兵權，制在諸軍之手，又聞河朔推戴，事若實然，或可濟否？"憲曰："治亂之機，間不容髮，以愚所斷，事未可知。愚聞藥縱之言，總管德量仁厚，素得士心，餘勿多言，志此而已。"四月五日，李存沼自洛陽至，[3]口傳莊宗命，並無書詔，惟云天子授以隻箭，傳之爲信。衆心惑之，時事莫測。左右獻畫曰："存沼所乘馬，已戕其飾，復召人謀事，必行陰禍，因欲據城。寧我負人，宜早爲之所，但戮吕、鄭二宦，[4]且繫存沼，徐觀其變，事萬全矣。"憲良久曰："吾本書生，無軍功而致身及此，一旦自布衣而紆金紫，向來仕宦非出他門，此畫非吾心也。事苟不濟，以身徇義。"[5]翌日，符彦超誅吕、鄭，[6]軍城大亂，燔剽達曙。憲初聞有變，出奔忻州。[7]既而有司糾其委城之罪，四月二十四日，賜死于晉陽之千佛院。[8]幼子凝隨父走，[9]亦爲收者加害。明宗郊禮大赦，有司請昭雪，從之。憲沈靜寡欲，喜聚圖書，家書五千卷，視事之餘，手自刊校。善彈琴，不飲酒，賓僚宴語，但論文嘯詠而已，士友重之。

　　[1]趙在禮：人名。涿州（今河北涿州市）人。五代後唐、後晉將領。傳見本書卷九〇、《新五代史》卷四六。　魏州：州名。治所在今河北大名縣。

　　[2]明宗：即李嗣源。沙陀部人。原名邈佶烈，李克用養子。五代後唐明宗，926 年至 933 年在位。紀見本書卷三五至卷四四、《新五代史》卷六。

　　[3]李存沼：人名。沙陀部人。李克用之子，五代後唐將領。傳見本書卷五一、《新五代史》卷一四。“李存沼”，中華書局本有校勘記：“原作‘李存渥’，據邵本校、《通鑑》卷二七五《考異》引《薛史·張憲傳》改。本卷下文同。影庫本粘籤：‘存渥，原本作“存治”，今據《通鑑》改正。’《舊五代史考異》卷二：‘案《歐陽史》作永王存霸。考《唐家人傳》，存渥與劉皇后同奔至風谷，爲部下所殺，是存渥未至太原，其至太原者，存霸也。是傳作存渥，疑誤。’”見《通鑑》卷二七五天成元年（926）四月乙未條《考異》、《新五代史》卷一四《李存霸傳》。

　　[4]呂、鄭：具體姓名不詳。後唐莊宗宦官。事見本書卷五六。

　　但戮呂、鄭二宦：《輯本舊史》之影庫本粘籤：“呂、鄭二宦，原文似有脱誤。據《通鑑》注云：莊宗先遣宦者呂、鄭二人使於晉陽，及存渥逃至，呂、鄭欲與之謀變，後爲符彥超所殺。較《薛史》爲明晰，今附識于此。”見《通鑑》卷二七五天成元年四月壬辰條胡注。

　　[5]“憲良久曰”至“以身徇義”：《舊五代史考異》：“按《東都事略·張昭傳》：昭勸憲奉表明宗以勸進，憲曰：‘吾書生也，天子委以保釐之任，吾豈苟生者乎！’昭曰：‘此古之大節，公能行之，忠臣也。’憲既死，論者以昭能成憲之節。”見《東都事略》

卷三〇《張昭傳》。

　　[6]符彥超：人名。陳州宛丘（今河南淮陽縣）人。五代後唐將領，符存審之子。傳見本書卷五六、《新五代史》卷二五。

　　[7]忻州：州名。治所在今山西忻州市。　憲初聞有變，出奔忻州：中華書局本有校勘記：“‘忻州’，原作‘沂州’，據《通鑑》卷二七五、《歐陽文忠公文集》卷六九《與王深甫論五代張憲帖》改。《太平寰宇記》卷四二：‘（忻州）南至太原府一百八十里。’”此據《通鑑》卷二七五天成元年四月壬辰條。

　　[8]千佛院：寺院名。位於今山西太原市。　賜死于晋陽之千佛院：《輯本舊史》之影庫本粘籤：“《東都事略·張昭傳》云：張憲聞莊宗之變，昭勸其盡節，憲遂自經。《薛史》作賜死于晋陽。與《東都事略》互異，今附識于此。”見《東都事略》卷三〇《張昭傳》。

　　[9]凝：人名。即張凝。事迹不詳。

　　憲長子守素，仕晋，位至尚書。[1]《永樂大典》卷六千三百五十。[2]

　　[1]守素：人名。即張守素。晋陽（今山西太原市）人。五代後晋官員。事見本書本卷。　“憲長子守素”至“位至尚書”：《輯本舊史》卷七九《晋高祖紀五》天福六年正月戊寅條：“差給事中張璨、户部郎中張守素就行册禮。”

　　[2]《大典》卷六三五〇“張”字韻“姓氏（二〇）”事目。

　　王正言

　　王正言，鄆州人。[1]父志，濟陰令。[2]正言早孤貧，爲沙門，[3]學工詩，密州刺史賀德倫令歸俗，[4]署郡職。

德倫鎮青州，[5]表爲推官；移鎮魏州，改觀察判官。莊
宗平定魏博，正言仍舊職任，小心端慎，與物無競。嘗
爲同職司空頲所凌，[6]正言降心下之。頲誅，代爲節度
判官。[7]同光初，守戶部尚書、興唐尹。[8]時孔謙爲租庸
副使，[9]常畏張憲挺特，[10]不欲其領使，乃白郭崇韜留
憲于魏州，請宰相豆盧革判租庸。[11]未幾，復以盧質代
之。[12]孔謙白云：“錢穀重務，宰相事多，簿籍留滯。”
又云：“盧質判二日，便借官錢，皆不可任。”意謂崇韜
必令己代其任，時物議未允而止，謙沮喪久之。李紹宏
曰：[13]“邦計國本，時號怨府，非張憲不稱職。”即日
徵之。孔謙、段伺白崇韜曰：“邦計雖重，在侍中眼前，
但得一人爲使即可。[14]魏博六州戶口，天下之半，王正
言操守有餘，智力不足，若朝廷任使，庶幾與人共事；
若專制方隅，未見其可。張憲才器兼濟，宜以委之。”
崇韜即奏憲留守魏州，徵王正言爲租庸使。正言在職，
主諾而已，權柄出于孔謙。正言不耐繁浩，簿領縱橫，
觸事遺忘，物論以爲不可，即以孔謙代之，正言守禮部
尚書。[15]三年冬，代張憲爲興唐尹，留守鄴都。時武德
使史彥瓊監守鄴都，[16]廩帑出納，兵馬制置，皆出彥
瓊，將佐官吏，頤指氣使，正言不能以道御之，但趑趄
聽命。至是，貝州戍兵亂，[17]入魏州，彥瓊望風敗走，
亂兵剽劫坊市。正言促召書吏寫奏章，家人曰：“賊已
殺人縱火，都城已陷，何奏之有！”是日，正言引諸僚
佐謁趙在禮，[18]望塵再拜請罪。在禮曰：“尚書重德，勿
自卑屈，余受國恩，與尚書共事，但思歸之衆，倉卒見

迫耳。"因拜正言，厚加慰撫。明宗即位，正言求爲平盧軍行軍司馬，[19]因以授之，竟卒于任。《永樂大典》卷六千八百五十。[20]

[1]鄆州：州名。治所在今山東東平縣。

[2]志：人名。即王志。事迹不詳。 濟陰：縣名。治所在今山東曹縣西北。

[3]沙門：即僧人。 爲沙門：中華書局本有校勘記："'爲'，原作'從'，據《册府》卷七二九改。《永樂大典》卷六八五〇引五代《薛史》無'從'字。按本卷下文：'密州刺史賀德倫令歸俗。'"見《宋本册府》卷七二九《幕府部·辟署門四》。

[4]密州：州名。治所在今山東諸城市。 賀德倫：人名。其先係河西部落人，後居滑州（今河南滑縣）。五代後梁將領。傳見本書卷二一、《新五代史》卷四四。

[5]青州：州名。治所在今山東青州市。

[6]司空頲：人名。貝州清陽（今河北清河縣）人。唐末、五代將領。傳見本書卷七一、《新五代史》卷五四。

[7]節度判官：官名。唐、五代方鎮僚屬，位在行軍司馬下。分掌使衙内各曹事，並協助使職官員通判衙事。

[8]同光：五代後唐莊宗李存勗年號（923—926）。 户部尚書：官名。尚書省户部長官。掌管全國土地、户籍、賦税、財政收支諸事。正三品。

[9]孔謙：人名。魏州（今河北大名縣）人。後唐大臣，善聚斂錢財，爲李存勗籌劃軍需。傳見本書卷七三、《新五代史》卷二六。 租庸副使：官名。佐理催徵租庸地税的財政官員。後唐時，租庸使取代鹽鐵、度支、户部，爲中央財政長官。

[10]張憲：人名。晋陽（今山西太原市）人。後唐官員。傳見本書本卷、《新五代史》卷二八。

[11]豆盧革：人名。先世爲鮮卑慕容氏，後改豆盧氏。唐同州刺史豆盧籍之孫，舒州刺史豆盧瓚之子。五代後唐宰相。傳見本書卷六七、《新五代史》卷二八。

[12]盧質：人名。河南（今河南洛陽市）人。五代大臣。傳見本書卷九三、《新五代史》卷五六。

[13]李紹宏：人名。又作馬紹宏。籍貫不詳。後唐莊宗近臣。傳見本書卷七二。

[14]侍中：官名。秦始置。隋、唐前期爲門下省長官。唐後期多爲大臣加銜，不參與政務，實際職務由門下侍郎執行。正二品。

[15]禮部尚書：官名。尚書省禮部長官，掌禮儀、祭享、貢舉之政。正三品。

[16]武德使：官名。五代後唐置，爲武德司長官，亦帶職外任，權位極重。《輯本舊史》之影庫本粘籤："'武德'，原本作'務德'，今從通鑑改正。"見《通鑑》卷二七四天成元年（926）二月條。《宋本册府》卷六九八《牧守部·懦劣門》《失政門》亦作"武德"。　史彥瓊：人名。後唐莊宗時伶人。爲武德使，居鄴都，掌魏博六州之政。傳見本書附錄、《新五代史》卷三七。

[17]貝州：州名。治所在今河北清河縣。

[18]正言引諸僚佐謁趙在禮：《舊五代史考異》："案《通鑑》：正言索馬，不能得，乃帥僚佐步出府門謁在禮。"見《通鑑》卷二七四天成元年二月癸巳條。

[19]平盧軍：方鎮名。治所在青州（今山東青州市）。

[20]《大典》卷六八五〇"王"字韻"姓氏（三五）"事目。

胡裝

胡裝，禮部尚書曾之孫。[1]汴將楊師厚之鎮魏州，[2]

裝與副使李嗣業有舊,[3]因往依之,薦授貴鄉令。[4]及張彥之亂,[5]嗣業遇害,裝罷秩,客于魏州。莊宗初至,裝謁見,求假官,司空頲以其居官貪濁,不得調者久之。十三年,莊宗還太原,裝候于離亭;謁者不內,乃排闥而入,曰:"臣本朝公卿子孫,從兵至此。殿下比興唐祚,[6]勤求英俊,以壯霸圖。臣雖不才,比于進九九,納豎刁、頭須,[7]亦所庶幾。而羈旅累年,執事者不垂顧錄臣,[8]臣不能赴海觸樹,走胡適越,[9]今日歸死于殿下也!"莊宗愕然曰:"孤未之知,何至如是!"賜酒食慰遣之,謂郭崇韜曰:"便與擬議。"是歲,署館驛巡官。[10]未幾,授監察御史裏行,遷節度巡官,賜緋魚袋;尋歷推官、檢校員外郎。[11]裝學書無師法,工詩非作者,僻于題壁,所至宮亭寺觀,必書爵里,人或譏之,不以爲愧。時四鎮幕賓皆金紫,裝獨恥銀艾。十七年,莊宗自魏州之德勝,[12]與賓僚城樓餞別,既而羣僚離席,裝獨留,獻詩三篇,意在章服。莊宗舉大鍾屬裝曰:"員外能釂此乎?"裝飲酒素少,略無難色,爲之一舉而釂,[13]莊宗即解紫袍賜之。同光初,以裝爲給事中,[14]從幸洛陽。時連年大水,百官多窘,裝求爲襄州副使。[15]四年,洛陽變擾,節度使劉訓以私忿族裝,[16]誣奏云裝欲謀亂,人士冤之。《永樂大典》卷二千二百四十二。[17]

[1]胡裝,禮部尚書曾之孫:中華書局本有校勘記:"《册府》卷七二九、卷九○○同,《通鑑》卷二七○:'裝,証之曾孫也。'按《舊唐書》卷一六三、《新唐書》卷一六四有《胡証傳》。"見

《宋本冊府》卷七二九《幕府部·辟署門四》、明本《冊府》卷九〇〇《總錄部·自薦門》。然，胡證未仕禮部尚書，此處疑誤。

[2]楊師厚：人名。潁州斤溝（今安徽太和縣阮橋鎮斤溝村）人。唐末、五代後梁將領。傳見本書卷二二、《新五代史》卷二三。

[3]李嗣業：人名。籍貫不詳。後梁將領。事見本書卷一三《王師範傳》。

[4]貴鄉：縣名。治所在今河北大名縣。

[5]張彥：人名。籍貫不詳。五代後梁軍校。事見本書卷八《梁末帝紀上》。

[6]"從兵至此"至"殿下比興唐祚"：明本《冊府》卷九〇〇《總錄部·自薦門》作"從知至此，殿下比雪唐祚"。

[7]豎刁：人名。籍貫不詳。或作"豎刀""豎貂"。春秋時齊桓公寵臣。齊相管仲死後，與易牙等專權。桓公死後，與易牙等殺害大臣，逐太子昭，立公子無詭，齊國大亂。事見《史記》卷三二《齊太公世家》。《輯本舊史》之影庫本粘籤："豎刁，原本作'堅刀'，今據文改正。"　頭須：人名。初爲小吏，沒有跟從晋文公出逃，後求見大公。事見《左傳·僖公二十四年》。

[8]執事者不垂顧錄臣："臣"字原闕，據明本《冊府》卷九〇〇《總錄部·自薦門》補。

[9]走胡適越："胡"，明本《冊府》卷九〇〇《總錄部·自薦門》作"湖"。

[10]館驛巡官：官名。巡官之一種。唐代節度使、觀察使、團練使、防禦使下皆置巡官，位判官、推官下，有營田巡官、轉運巡官、館驛巡官等名目。館驛巡官下設四人，掌館驛。

[11]監察御史裏行：官名。以資淺者充御史，未爲正官帶"裏行"。掌與監察御史同。　節度巡官：官名。唐代節度使、觀察使、團練使、防禦使屬官，位在判官、推官下。掌巡察及處理某些事務。　檢校員外郎：官名。爲散官或加官，以示恩寵，無實際執掌。

[12]德勝：地名。原爲黃河渡口，晋軍築德勝南、北二城於此，遂爲城名。位於今河南濮陽縣。

[13]爲之一舉而釂："爲之"，《宋本册府》卷九三六《總錄部·躁競門》作"日唯"。

[14]給事中：官名。秦始置。隋唐以來，爲門下省屬官。掌讀署奏抄、駁正違失。正五品上。

[15]襄州：州名。治所在今湖北襄陽市。

[16]節度使：官名。唐時在重要地區所設掌握一州或數州軍事、民事、財政的長官。　劉訓：人名。隰州永和（今山西永和縣）人。五代藩鎮將領。傳見本書卷六一。

[17]《大典》卷二二四二"胡"字韻"姓氏（二）"事目。劉承幹嘉業堂一九二五年刊本《舊史》作"卷二千二百四十三"。

孔循

孔循，幼孤，流落洛都，市人李讓畜之，[1]然性黠慧。讓以軍功爲朱溫所寵，溫以讓爲子，號朱友讓，循又姓朱。[2]循漸長成，尤穎悟，朱溫選爲綱紀。[3]溫之乳媪掌事者而循親之，乳媪爲之義母。媪之外夫趙氏，循又隨媪夫姓曰趙，名殷衡。昭宗自鳳翔還京，左右前後皆朱溫之腹心，時殷衡年十七八，爲宣徽副使，及東遷洛都，殷衡與蔣玄暉、張廷範等受朱溫密旨，[4]同弑昭宗。輝王即位，蔣玄暉爲樞密使，[5]因事與殷衡不相協。時朱溫欲受九錫即禪輝王位，朱溫在宿州行營，[6]玄暉自往，咨謀其事，稍遲留，朱溫怒，玄暉會殷衡至，溫問不行九錫之繇，殷衡曰："玄暉與張廷範同謀恢復唐家，向何皇后前同立盟誓，[7]以此故不欲王速行九錫。"

温怒，是日遣使與殷衡同來，遂殺何皇后及蔣玄暉、張廷範、柳璨等十餘族。[8]殷衡以功爲權樞密副使，[9]朱温之世掌要密權。[10]

[1]洛都：即洛陽。　李讓：人名。即朱友讓。汴州（今河南開封市）人。汴州富人，朱温養子。董璋、高季興、孔循皆爲其家僮。事見《新五代史》卷五一《董璋傳》、卷六九《南平世家·高季興》。

[2]朱温：人名。宋州碭山（今安徽碭山縣）人。五代後梁太祖。紀見本書卷一至卷七、《新五代史》卷一。

[3]綱紀：亦作紀綱。泛指僕從。

[4]昭宗：即唐昭宗李曄，888 年至 904 年在位。紀見《舊唐書》卷二〇上、《新唐書》卷一〇。　鳳翔：方鎮名。治所在鳳翔府（今陝西鳳翔縣）。　宣徽副使：官名。宣徽使副職。唐始置。宣徽南院使、北院使通稱宣徽使。初用宦官，五代以後改用士人。通掌内諸司及三班内侍之名籍，郊祀、朝會、宴享供帳之儀，檢視内外進奉名物。參見王永平《論唐代宣徽使》，《中國史研究》1995 年第 1 期；王孫盈政《再論唐代的宣徽使》，《中華文史論叢》2018 年第 3 期。　蔣玄暉：人名。籍貫不詳。唐末大臣。傳見《新唐書》卷二二三下。　張廷範：人名。清河（今河北清河縣）人。唐末大臣。傳見《新唐書》卷二二三下。

[5]輝王：即唐哀帝李柷。　樞密使：官名。樞密院長官。唐代宗時始以宦官掌機密，至昭宗時借朱温之力盡誅宦官，改以士人任樞密使。備顧問，參謀議，出納詔奏，權侔宰相。參見李全德《唐宋變革期樞密院研究》，國家圖書館出版社 2009 年版。

[6]九錫：中國古代皇帝賜給有功諸侯、大臣的九種禮器，是最高禮遇的表示。參見劉凱《九錫淵源考辨》，《中國史研究》2018 年第 1 期。　宿州：州名。治所在今安徽宿州市。

[7]何皇后：即唐昭宗皇后。梓州（今四川三臺縣）人。傳見《新唐書》卷七七。

[8]柳璨：人名。河東（今山西永濟市）人。唐末宰相、文學家、史學家。傳見《舊唐書》卷一七九、《新唐書》卷二二三下。

[9]樞密副使：官名。樞密院副長官。

[10]“孔循”至“朱温之世掌要密權”：明本《册府》卷九三八《總録部·姦佞門二》。《新五代史》卷四三《孔循傳》：“孔循，不知其家世何人也。少孤，流落於汴州，富人李讓闐得之，養以爲子。梁太祖鎮宣武，以李讓爲養子，循乃冒姓朱氏。稍長，給事太祖帳中，太祖諸兒乳母有愛之者，養循爲子，乳母之夫姓趙，循又冒姓爲趙氏，名殷衡。昭宗東遷洛陽，太祖盡去天子左右，悉以梁人代之，以王殷爲宣徽使，循爲副使。循與蔣玄暉、張廷範等共與弒昭宗之謀，其後循與玄暉有隙，哀帝即位，將有事於南郊，循因與王殷譖于太祖曰：‘玄暉私侍何太后，與廷範等奉天子郊天，冀延唐祚。’太祖大怒。是時，梁兵攻壽春，大敗而歸，哀帝遣裴迪勞軍，太祖見迪，怒甚，迪還，哀帝不敢郊，封太祖魏王，備九錫，太祖拒而不受。玄暉與宰相柳璨相次馳至梁自解，璨曰：‘自古王者之興，必有封國，而唐所以不即遜位者，當先建國備九錫，然後禪也。’太祖曰：‘我不由九錫作天子，可乎？’璨懼，馳去。太祖遣循與王殷弒何皇后，因殺璨及玄暉、廷範等，以循爲樞密副使。”亦見《通鑑》卷二六五天祐二年（905）十一月庚午、辛巳、癸巳，十二月乙未、丁酉、辛丑諸條。

　　唐亡，事梁爲汝州防禦使、左衛大將軍、租庸使，[1]同光初歸姓孔，名循。[2]莊宗末，知汴州軍州事，會明宗自鄴城南趨夷門，莊宗東出汜水，循西則奉表迎奉，亦遣人北輸密款，曰：“先至者得之。”[3]明宗先至，遂納之。[4]

[1]汝州：州名。治所在今河南汝州市。　防禦使：官名。地方軍事長官。常由刺史或觀察使兼任。　左衛大將軍：官名。掌宮禁宿衛。正三品。　唐亡，事梁爲汝州防禦使、左衛大將軍、租庸使：《新五代史》卷四三《孔循傳》。

[2]同光初歸姓孔，名循：明本《册府》卷八二五《總録部·名字門二》。《通鑑》卷二七三同光二年（924）八月癸酉條：“以副使、衛尉卿孔謙爲租庸使，右威衛大將軍孔循爲副使。循即趙殷衡也，梁亡，復其姓名。”

[3]汴州：州名。治所在今河南開封市。　夷門：此代指開封。因戰國魏都大梁城東門而得名。故址在今河南開封城内東北隅。夷門位於夷山，夷山因山勢平夷而得名，故門亦以山爲名。　汜水：縣名。治所在今河南滎陽市汜水鎮。　“莊宗末”至“先至者得之”：《通鑑》卷二七四天成元年（926）三月辛巳條。明本《册府》卷九三八《總録部·姦佞門二》：“莊宗末，知汴州軍州事，會明宗自鄴城南趨夷門，莊宗東出汜水，循西則奉表迎奉，亦遣人北輸密款。”

[4]明宗先至，遂納之：《新五代史》卷四三《孔循傳》。明本《册府》卷七六六《總録部·攀附門二》：“孔循同光末權知汴州事，會明宗自鄴都至，循致餼勞軍，供備充至，明宗悦。及定京師，爲樞密使兼秘書監。”

明宗即位，以爲樞密使。明宗幸汴州，循留守東都，民有犯麴者，循族殺其家，明宗知其冤，因詔天下除麴禁，許民得造麴。[1]

[1]東都：即洛陽。　“明宗即位”至“許民得麴曲”：《新五代史》卷四三《孔循傳》。《輯本舊史》卷三九《唐明宗紀五》天成三年（928）七月己未條：“詔弛麴禁，許民間自造，於秋苗上納

徵麴價，歙出五錢。時孔循以麴法殺一家於洛陽，或獻此議，以爲愛其人，便於國，故行之。"《通鑑》卷二七六天成三年七月己未條："東都民有犯私麴者，留守孔循族之，或請聽民造麴，而於秋稅歙收五錢；己未，敕從之。"明本《册府》卷五〇四《邦計部·権酤門》唐明宗條天成三年七月："時孔循以麴法殺一家於洛陽，或獻此議，以爲愛其人，便於國，故行之。"

　　天成二年，以荆南高季興謀叛不恭，安重誨、任圜同謀討伐。[1]季興幼與循同爲朱友讓之隸，義如兄弟，及議興師，循心不欲，以爲水潦將降，懼不成功。及劉訓進兵，果不克捷，兵不能退，帝即令循往軍前。循既至，遣門客李浞入荆州見季興，且述循意，即時師旋。[2]

　　[1]天成：五代後唐明宗李嗣源年號（926—930）。　荆南：又稱南平。五代十國之一。後梁開平元年（907）朱温命高季興爲荆南節度使，後梁末帝時封季興爲渤海王。同光二年（924）受後唐封爲南平王。　高季興：人名。原名高季昌。陝州硤石（今河南三門峽市陝州區硤石鄉）人。五代十國南平（即荆南）開國君主。傳見本書卷一三三、《新五代史》卷六九。　安重誨：人名。應州（今山西應縣）人。五代後唐大臣。傳見本書卷六六、《新五代史》卷二四。　任圜：人名。京兆三原（今陝西三原縣）人。五代後唐將領、大臣。傳見本書卷六七、《新五代史》卷二八。

　　[2]荆州：州名。治所在今湖北荆州市。　李浞：人名。籍貫、事迹不詳。事見本書本卷《孔循傳》。　"天成二年"至"即時師旋"：明本《册府》卷三三九《宰輔部·不忠門》。明本《册府》卷一二三《帝王部·征討門三》唐明宗條天成二年（927）四月癸卯："有内臣自荆南至，云暑雨方甚，兵士苦之，及劉訓有疾，乃命樞密

使孔循徑往荊南城下。”“乃命樞密使孔循徑往荊南城下”，卷一三六《帝王部‧慰勞門》唐明宗條天成二年四月作“是日差孔循徑往勞問”。

　　循性柔而狡，安重誨初不察其爲人，多從其言。重誨嘗受詔以秦王從榮兄弟欲娶重誨女爲妻，[1]循謂重誨曰：“不可！公爲樞密侍臣，不宜與皇子婚媾。”乃止。明宗幸汴州，循爲洛京留守，時重誨門人或言循之難測，愛間諜人事，不可令居樞密。循知之，即令人結託，方便聞奏，言：“願以息女妃皇子。”帝即以鄂王許之。[2]重誨繇是大怒，因奏落樞密，出鎮爲許州節度。[3]爲政嚴明，軍民畏而愛之。[4]

　　[1]從榮：人名。即李從榮。沙陀部人。五代後唐明宗李嗣源次子。傳見本書卷五一、《新五代史》卷一五。

　　[2]鄂王：即五代後唐愍帝（閔帝）李從厚。明宗李嗣源第三子。生於太原，小字菩薩奴。長興元年（930）封宋王，移鎮鄴都。明宗死後即位，改元應順（934）。潞王李從珂反於鳳翔，愍帝出逃至衛州，被廢爲鄂王，尋被縊殺。紀見本書卷四五、《新五代史》卷七。

　　[3]許州：州名。治所在今河南許昌市。　　“循性柔而狡”至“出鎮爲許州節度”：明本《冊府》卷三三九《宰輔部‧邪佞門》。《新五代史》卷四三《孔循傳》：“循爲人柔佞而險猾，安重誨尤親信之，凡循所言，無不聽用。明宗嘗欲以皇子娶重誨女，重誨以問循，循曰：‘公爲機密之臣，不宜與皇子婚。’重誨信之，乃止。而循陰使人白明宗，求女妻皇子，明宗即以宋王從厚娶循女。重誨始惡其爲人，出循爲忠武軍節度使。”

[4]爲政嚴明，軍民畏而愛之：明本《册府》卷六八九《牧守
部·威嚴門》，亦見卷三三九《宰輔部·邪佞門》。《通鑑》卷二七
六天成三年（928）二月乙未條："樞密使、同平章事孔循，性狡
佞，安重誨親信之。帝欲爲皇子娶重誨女，循謂重誨曰：'公職居
近密，不宜復與皇子爲婚。'重誨辭之。久之，或謂重誨曰：'循善
離間人，不可置之密地。'循知之，陰遣人結王德妃，求納其女；
德妃請娶循女爲從厚婦，帝許之。重誨大怒，乙未，以循同平章
事，充忠武節度使兼東都留守。"同年十一月庚寅條："皇子從厚納
孔循女爲妃，循因之得之大梁，厚結王德妃之黨，乞留。安重誨具
奏其事，力排之，禮畢，促令歸鎮。"

　　復移鎮滄州。[1]及重誨將失勢，内廷論樞密使，帝
曰："孔循舊嘗爲之，不亦可乎？"循在滄州，聞上言，
即治行裝。將入朝，會從榮以鄂王妻父尤忌疾之，初聞
帝有徵循之言，正人無不憂之，咸以爲將來無益於社
稷，俄而循卒。[2]

　　[1]滄州：州名。治所在今河北滄縣舊州鎮。
　　[2]"復移鎮滄州"至"俄而循卒"：明本《册府》卷三三九
《宰輔部·邪佞門》。《新五代史》卷四三《孔循傳》："徙鎮横海，
卒於鎮，年四十八，贈太尉。"

　　崔貽孫

　　崔貽孫，[1]祖玄亮，[2]左散騎常侍。[3]父芻言，潞州
判官。[4]貽孫以門族登進士第，以監察升朝，歷清資美
職。及爲省郎，使于江南迴，[5]以橐裝營别墅于漢上之

穀城，^[6]退居自奉。清江之上，綠竹遍野，^[7]狹徑深密，維舟曲岸，人莫造焉，時人甚高之。及李振貶均州，^[8]貽孫曲奉之。振入朝，貽孫累遷丞郎。^[9]同光初，除吏部侍郎，^[10]銓選疎謬，貶官塞地，^[11]馳驛至潞州，致書于府帥孔勍曰：^[12]"十五年穀城山裏，自謂逸人；二千里沙塞途中，今爲逐客。"勍以其年八十，^[13]奏留府下。明年，量移澤州司馬，^[14]遇赦還京。^[15]宰相鄭珏以姻戚之分，復擬吏部侍郎，^[16]天官任重，昏耄罔知，後遷禮部尚書，致仕而卒。^[17]有子三人，自貽孫左降之後，各于舊業爭分其利，甘旨醫藥，莫有奉者。貽孫以書責之云："生有明君宰相，死有天曹地府，吾雖考終，豈放汝耶！"《永樂大典》卷二千七百四十。^[18]

[1]崔貽孫：《舊五代史考異》："案：《新唐書·宰相世系表》：貽孫，字伯垂。"見《新唐書》卷七二下《宰相世系表二下》。

[2]玄亮：人名。即崔玄亮。磁州（今河北磁縣）人。唐代大臣。傳見《舊唐書》卷一六五、《新唐書》卷一六四。《舊五代史考異》："案世系表：玄亮，字晦叔，虢州刺史。"見《新唐書》卷七二下《宰相世系表二下》。

[3]左散騎常侍：官名。門下省屬官。掌侍奉規諷，備顧問應對。正三品下。

[4]芻言：人名。即崔芻言。唐代官員。歷潞州判官、昭義節度判官。事見《新唐書》卷七二下《宰相世系表二下》。　潞州：州名。治所在今山西長治市。

[5]省郎：尚書省六部二十四司郎中、員外郎的通稱。　使于江南迴：中華書局本有校勘記："'使'字原闕，據《冊府》卷八一三、卷九一七補。"見明本《冊府》卷八一三《總錄部·退迹門》、

卷九一七《總録部·改節門》。

[6]穀城：縣名。治所在今湖北穀城縣。　以囊裝營别墅于漢上之穀城：中華書局本有校勘記：“‘囊’，原作‘囊’，據殿本、彭校、《册府》卷八一三、卷九一七改。”

[7]緑竹遍野：“遍”，明本《册府》卷八一三《總録部·退迹門》、卷九一七《總録部·改節門》作“亘”。

[8]李振：人名。河西（今甘肅武威市）人。五代後梁大臣。祖居西域，祖、父在唐皆官郡守。傳見本書卷一八、《新五代史》卷四三。　均州：州名。治所在今湖北丹江口市。《輯本舊史》之影庫本粘籤：“‘均州’，原本作‘珣州’，今從《歐陽史》改正。”

[9]丞郎：尚書左右丞與六部尚書、侍郎的合稱。

[10]吏部侍郎：官名。尚書省吏部次官。協助吏部尚書掌文選、勳封、考課之政。正四品上。

[11]貶官塞地：《輯本舊史》卷三二《唐莊宗紀六》同光二年（924）十一月壬寅條：“吏部侍郎崔貽孫貶朔州司馬。”

[12]孔勍：人名。兗州（今山東濟寧市兗州區）人。唐末、五代藩鎮軍閥。傳見本書卷六四。

[13]年八十：《宋本册府》卷九〇九《總録部·窮愁門》作“年過八十”。

[14]澤州：州名。治所在今山西晉城市。　司馬：官名。州郡佐官。名義上紀綱衆務，通判列曹，品高俸厚，實際上無具體職事，多用以安置貶謫官員，或用作遷轉官階。上州從五品下，中州正六品下，下州從六品上。

[15]遇赦還京：明本《册府》卷九三九《總録部·譏誚門》：“崔貽孫爲吏部侍郎，黜於塞北，遇赦還京。時崔沂方爲左丞，沂之年小貽孫數歲。貽孫切於其闕，每言於僚友曰：‘崔丞已薄桑榆，何無止足！’”

[16]鄭珏：人名。籍貫不詳。後梁、後唐宰相。傳見本書卷五八、《新五代史》卷五四。　宰相鄭珏以姻戚之分，復擬吏部侍郎：

《輯本舊史》卷三八《唐明宗紀四》天成二年（927）二月戊申條，"以前吏部侍郎崔貽孫爲吏部侍郎"。"姻"，明本《册府》卷三三七《宰輔部·徇私門》作"嬰"。

　　[17]致仕而卒：《輯本舊史》卷三九《唐明宗紀五》天成三年二月條："以禮部尚書崔貽孫卒輟朝。"《舊五代史考異》："案：《北夢瑣言》：崔貽孫年過八十，求進不休，囊橐之資，素有貯積，性好干人，喜得小惠。"見《北夢瑣言》卷一九老益貪條。《宋本册府》卷六三八《銓選部·不稱門》："後唐崔貽孫爲吏部侍郎。性好干人，喜得小惠。天官任重，昏耄罔知，瞀目將瞑，猶以所欲，託於選人。銓管難虛，遂除禮部尚書致仕。"

　　[18]《大典》卷二七四〇"崔"字韻"姓氏（八）"事目。

孟鵠

　　孟鵠，魏州人。莊宗初定魏博，選幹吏以計兵賦，以鵠爲度支孔目官。明宗時爲邢洺節度使，每曲意承迎，明宗甚德之。[1]及孔謙專典軍賦，徵督苛急，明宗嘗切齒。及即位，鵠自租庸勾官擢爲客省副使、樞密承旨，遷三司副使。[2]出爲相州刺史。[3]會范延光再遷樞密，[4]乃徵鵠爲三司使。初，鵠有計畫之能，及專掌邦賦，操剸依違，[5]名譽頓減。期年發疾，求外任，仍授許州節度使。謝恩退，帝目送之，顧謂侍臣曰："孟鵠掌三司幾年，得至方鎮？"范延光奏曰："鵠于同光世已爲三司勾官，天成初爲三司副使，出刺相州，入判三司又二年。"[6]帝曰："鵠以幹事，遽至方鎮，爭不勉旃。"[7]鵠與延光俱魏人，[8]厚相結託，暨延光掌樞務，援引判三司，又致節鉞，明宗知之，故以此言譏之。到任未周歲，卒。贈太傅。[9]《永樂大典》卷一萬三千一百六十。[10]

[1]孔目官：官名。唐玄宗開元五年（717），始於集賢殿置孔目官一人，掌檔案及圖書目録。後諸鎮節度使府皆置孔目官，掌管檔案及文書收發，綜理衆務，其職掌略似於諸州、府之録事參軍，爲幕府要職之一。　邢洺：方鎮名。治所在今河北邢臺市。　"莊宗初定魏博"至"明宗甚德之"：《宋本册府》卷八四四《總録部·勤幹門》作："莊宗初定魏博，選幹吏以計兵職，鵠爲度支孔目官，掌邢洺錢穀司。明宗時爲邢洺節度使，軍賦三分之一屬霸府，鵠於調筭之間不至苛急，每事曲意承迎，帝心甚德之。"較《輯本舊史》詳。

[2]租庸勾官：官名。租庸使屬官。掌署名勾訖。　客省副使：官名。唐代宗朝始置。客省副長官。佐客省使掌款待外國與少數民族使者，及文武官朝見皇帝禮儀等。　三司副使：官名。三司副長官。五代後唐明宗天成元年（926）將晚唐以來的户部、度支、鹽鐵三部合爲一職，設三司使統之。《舊五代史考異》："案：《北夢瑣言》作三司勾押官。"見《北夢瑣言》卷一九明宗諷孟鵠條。按：所謂三司勾押官，疑非指某一特定官名，而指三司任上諸官，蓋《北夢瑣言》減省之語。又，《輯本舊史》卷四二《唐明宗紀八》長興二年（931）五月辛巳條："以前相州刺史孟鵠爲左驍衛大將軍，充三司使。"而同書卷四三《唐明宗紀九》長興三年十一月辛巳條則作"三司使、左武衛大將軍"。

[3]相州：州名。治所在今河南安陽市。

[4]范延光：人名。相州臨漳（今河北臨漳縣）人。五代後唐、後晉將領。傳見本書卷九七、《新五代史》卷五一。

[5]操劘依違：中華書局本有校勘記："'劘'，原作'刺'，據孔本、《册府》卷五一一改。殿本作'割'。"見《宋本册府》卷五

一一《邦計部·曠敗門》。

[6]二年：明本《册府》卷三三七《宰輔部·樹黨門》作"三
年"。

[7]帝曰：鵠以幹事，遽至方鎮，爭不勉旃：明本《册府》卷
三三七《宰輔部·樹黨門》作："帝曰：'鵠實幹事人，以至此方
鎮，爭不勉旃。'"

[8]鵠與延光俱魏人：此後，明本《册府》卷三三七《宰輔
部·樹黨門》有"鵠在相州延光自鎮州歸朝鵠"十二字。

[9]太傅：官名。與太師、太保合稱三師，唐後期、五代多爲
大臣、勳貴加官。正一品。

[10]《大典》卷一三一六〇"孟"字韻"姓氏（四）"
事目。

孫岳

孫岳，稷州人也。[1]强幹有才用，歷府衛右職。天
成中，爲潁耀二州刺史、[2]閬州團練使，[3]所至稱治，遷
鳳州節度使。[4]受代歸京，秦王從榮欲以岳爲元帥府都
押衙。[5]事未行，馮贇舉爲三司使，[6]時預密謀。朱、馮
患從榮之恣橫，岳曾極言其禍福之端，[7]康義誠聞之不
悦。[8]及從榮敗，義誠召岳同至河南府檢閲府藏。[9]時紛
擾未定，義誠密遣騎士射之，岳走至通利坊，[10]爲騎士
所害，識與不識皆痛之。[11]

[1]稷州：州名。治所在武功縣（今陝西武功縣西北武功鎮）。
中華書局本有校勘記："'稷州'，殿本作'冀州'。"

[2]潁：州名。治所在今安徽阜陽市。　耀：州名。治所在今

陝西銅川市耀州區。　爲潁耀二州刺史:《輯本舊史》卷三六《唐明宗紀二》天成元年（926）六月己巳條:“以鄴都副留守孫岳爲潁州團練使。”又，同書卷三七《唐明宗紀三》天成元年十二月壬寅條:“潁州刺史孫岳加檢校太保，獎能政也。”又，同書卷三八《唐明宗紀四》天成二年二月壬辰條:“以潁州刺史孫岳爲耀州團練使。”

　　[3]閬州:州名。治所在今四川閬中市。　團練使:官名。唐代中期以後，於不設節度使的地區設團練使，掌本區各州軍事。閬州團練使:《輯本舊史》卷四一《唐明宗紀七》長興元年（930）四月庚申條:“以閬州防禦使孫岳爲鳳州節度使。”

　　[4]鳳州:州名。治所在固道郡梁泉縣（今陝西鳳縣東北鳳州鎮）。　遷鳳州節度使:《輯本舊史》卷四二《唐明宗紀八》長興二年十一月壬寅條:“以鳳州節度使孫岳充西面閣道使。”

　　[5]都押衙:官名。“押衙”即“押牙”。唐、五代時期節度使辟署的屬官，有稱左、右都押衙或都押衙者。掌領方鎮儀仗侍衛、統率軍隊。參見劉安志《唐五代押牙（衙）考略》，武漢大學歷史系魏晉南北朝隋唐史研究室編《魏晉南北朝隋唐史資料》第16輯，武漢大學出版社1998年版。

　　[6]馮贇:人名。太原（今山西太原市）人。五代後唐明宗朝宰相、三司使。傳見本書附錄、《新五代史》卷二七。

　　[7]岳曾極言其禍福之端:中華書局本有校勘記:“‘福’字原闕，據《册府》卷九三一、《通鑑》卷二七八補。”見《宋本册府》卷九三一《總錄部·枉横門》、《通鑑》卷二七八長興四年十月癸巳條。

　　[8]康義誠:人名。沙陀部人。五代後唐將領。傳見本書卷六六、《新五代史》卷二七。

　　[9]河南府:府名。治所在今河南洛陽市。

　　[10]通利坊:坊名。位於今河南洛陽市。

　　[11]識與不識皆痛之:《輯本舊史》卷四五《唐閔帝紀》長興

四年十二月癸亥條："故檢校太尉、右衛上將軍、充三司使孫岳贈太尉、齊國公。"

子璉，歷諸衛將軍、藩閫節度副使。[1]《永樂大典》卷三千五百七十一。[2]

[1]璉：人名。即孫璉。事迹不詳。　節度副使：官名。唐五代方鎮屬官。位於行軍司馬之下、判官之上。

[2]原作"《永樂大典》卷三千五百九十一"，檢《永樂大典目録》，卷三五九一"臻""榛"等字韻，與本則内容不符，恐有誤記。陳垣《舊五代史輯本引書卷數多誤例》謂應作卷三五七一"孫"字韻。"據陳垣説改，《大典》卷三五七一"孫"字韻"姓氏（一八）"事目。

張延朗[1]

[1]中華書局本引影庫本粘籤："《張延朗傳》，《永樂大典》原本有删節，今就散見各韻者得二條，排比前後，以存梗概。"

張延朗，汴州開封人也。事梁，以租庸吏爲鄆州糧料使。[1]明宗克鄆州，得延朗，復以爲糧料使，後徙鎮宣武、成德，以爲元從孔目官。[2]長興元年，始置三司使，拜延朗特進、工部尚書，充諸道鹽鐵轉運等使，兼判户部度支事，[3]詔以延朗充三司使。[4]《永樂大典》卷六千三百五十一。[5]

[1]開封：府名。治所在今河南開封市。　糧料使：官名。唐

後期或爲節度使屬官，或由度支使差派。掌供應軍餉、糧草。

[2]宣武：方鎮名。治所在汴州（今河南開封市）。 成德：方鎮名。治所在鎮州（今河北正定縣）。 元從：自初始即追隨在側的部屬。

[3]長興：五代後唐明宗李嗣源年號（930—933）。 特進：官名。西漢末期始置，授給列侯中地位較特殊者。隋唐時期，特進爲散官，授給有聲望的文武官員。正二品。 工部尚書：官名。尚書省工部長官。掌百工、屯田、山澤之政令。正三品。 鹽鐵轉運：官名。即鹽鐵轉運使。唐代鹽鐵使多與轉運使聯爲一職，亦有專職和兼領他職者。 兼判户部度支事：安史之亂後，因軍事供應浩繁，以宰相爲度支使，由户部尚書、侍郎或他官兼領度支事務，稱度支使或判度支事、知度支事，權任極重，與鹽鐵使、判户部事或户部使合稱“三司”。

[4]“張延朗”至“詔以延朗充三司使”：中華書局本有校勘記：“按此節文字，‘張延朗’至‘以爲元從孔目官’四十九字，‘拜延朗特進，至‘詔以延朗充三司使’三十三字，與《新五代史》卷二六《張延朗傳》全同，唯‘長興元年始置三司使’九字係據傅文節寫。疑係誤輯《新五代史》。”見《新五代史》卷二六《張延朗傳》。《輯本舊史》卷三五《唐明宗紀一》同光四年（926）四月乙未條：“以鎮州別駕張延朗爲樞密副使。”同書卷三八《唐明宗紀四》天成二年五月癸亥條：“遣宣徽使張延朗調發郡縣糧運赴荆南城下，仍以軍法從事。”同年六月丁亥條：“以宣徽北院使張延朗爲右武衛大將軍、判三司，依前宣徽使檢校司徒。”同書卷三九《唐明宗紀五》天成三年（928）三月戊辰條：“以宣徽北院使、判三司張延朗爲宣徽南院使。”同年閏八月乙丑條：“陝州節度使李從敏移鎮滄州。以宣徽南院使張延朗爲陝州節度使。”同書卷四一《唐明宗紀七》長興元年三月壬午條：“許州節度使孔循移鎮滄州，陝州節度使張延朗移鎮許州，加檢校太傅。”同年八月乙未條：“以前許州節度使張延朗爲檢校太傅、行兵部尚書，充三司使。三司之

有使額，自延朗始也。初，中書覆奏，授延朗諸道鹽鐵轉運等使，兼判户部度支事。奏入，宣旨曰：'會計之司，國朝重事，將總成其事額，俾專委於近臣，貴便一時，何循往例，兼移内職，可示新規。張延朗可充三司使，班在宣徽使下。"同書卷四二《唐明宗紀八》長興二年（931）五月庚申條："以三司使、行工部尚書張延朗爲兗州節度使。"同書卷四四《唐明宗紀一〇》長興四年十月庚午條："以前兗州節度使張延朗爲秦州節度使。"明本《册府》卷四〇一《將帥部·行軍法門》："張延朗爲陝州節度使，上言右都押衙楊洪賓不伏指揮，已處斬訖。"同書卷四三五《將帥部·獻捷門二》天成三年六月己丑條："張延朗自定州迴，押領到所獲賊將五十餘人。帝御咸安門，觀其獻俘。"同書卷四九八《邦計部·漕運門》天成二年十一月壬子條："三司使張延朗奏：'於洛中預備一二年軍糧，除水運外，深冬百姓稍閑，請差運糧一轉。帝然之。（又云延朗奏敕諸道船糧百石，以實京師。）"《新五代史》卷六《唐明宗紀》長興元年八月乙未條："忠武軍節度使張延朗爲三司使。"《通鑑》卷二七五天成元年四月乙未條："以中門使安重誨爲樞密使，鎮州别駕張延朗爲副使。延朗，開封人也，仕梁爲租庸吏，性纖巧，善事權貴，以女妻重誨之子，故重誨引之。"同卷天成二年六月己丑條："以宣徽北院使張延朗判三司。"同書卷二七六天成三年四月癸巳條："初，義武節度使兼中書令王都鎮易定十餘年，自除刺史以下官，租賦皆贍本軍。及安重誨用事，稍以法制裁之；帝亦以都篡父位，惡之，時契丹數犯塞，朝廷多屯兵於幽、易間，大將往來，都陰爲之備，浸成猜阻。都恐朝廷移之他鎮，腹心和昭訓勸都爲自全之計，都乃求婚於盧龍節度使趙德鈞。又知成德節度使王建立與安重誨有隙，遣使結爲兄弟，陰與之謀復河北故事，建立陽許而密奏之。都又以蠟書遺青、徐、潞、益、梓五帥，離間之。又遣人説北面副招討使歸德節度使王晏球，晏球不從；乃以金遺晏球帳下，使圖之，不克；癸巳，晏球以都反狀聞，詔宣徽使張延朗與北面諸將議討之。"同年五月乙丑等條："王晏球聞契丹發兵救定州，將大軍趣望都，遣張延朗分兵退保新樂。延朗遂之真定，留趙州刺史朱建豐將兵脩新樂城。契丹已自他道入定州，與王都夜襲新樂，破之，殺建豐。乙丑，王晏球、張延朗會於行唐，丙寅，至曲陽。王都乘勝，悉其衆與契丹五千騎合萬餘人，邀晏球等於曲陽，丁卯，戰于城南。晏球集諸將校令之曰：'王都輕而驕，可一戰擒也。今日，諸君報國之時也。悉去弓矢，以短兵擊之，回顧者斬！'於是騎兵先進，奮楇揮劍，直衝其陣，大破之，僵尸蔽野；契丹死者過半，餘衆北走；都與禿餒得數騎，僅免。"同書卷二七七長興元年八月乙未條後："以前忠武節度使張延朗行工部尚書，充三司使。三司使之名自此始。"

[5]《大典》卷六三五一"張"字韻"姓氏（二一）"事目。

　　末帝即位，授禮部尚書兼中書侍郎、平章事、判三司。[1]延朗再上表辭曰：[2]"臣濫承雨露，擢處鈞衡，[3]兼叨選部之銜，仍掌計司之重。況中省文章之地，洪鑪陶鑄之門，臣自揣量，何以當處。是以繼陳章表，疊貢情誠，乞寢睿恩，[4]免貽朝論。豈謂御批累降，聖旨不移，決以此官，委臣非器，所以强收涕泗，勉遏怔忪，重思事上之門，細料盡忠之路。[5]竊以位高則危至，寵極則謗生，君臣莫保于初終，分義難防于毀譽。臣若保茲重任，忘彼至公，徇情而以免是非，偷安而以固富貴，[6]則内欺心腑，[7]外負聖朝，何以報君父之大恩，望子孫之延慶。臣若但行王道，唯守國章，任人必取當才，決事須依正理，確違形勢，[8]堅塞倖門，則可以振舉弘綱，彌縫大化，助陛下含容之澤，彰國家至理之風，然而讒邪者必起憾詞，憎嫉者寧無謗議。或慮至尊未悉，群謗難明，不更拔本尋源，便俟甘瑕受玷，縱臣心可忍，[9]臣耻可消，只恐山林草澤之人，稱量聖制；冠履軒裳之士，輕慢朝廷。

臣又以國計一司，掌其經費，利權二務，[10]職在捃收。將欲養四海之貧民，無過薄賦；贍六軍之勁士，[11]又藉豐儲。利害相隨，取與難酌，若使罄山採木，竭澤求魚，[12]則地官之教化不行，國本之傷殘益甚，取怨黔首，是黷皇風。[13]況諸道所徵賦租，雖多數額，[14]時逢水旱，或遇蟲霜，其間則有減無添，所在又申逃係欠。乃至軍儲官俸，[15]常汲汲于供須；[16]夏稅秋租，每懸懸于繼續。況今內外倉庫，多是罄空；遠近生民，或聞饑歉。伏見朝廷尚添軍額，更益師徒，非時之博糴難爲，異日之區分轉大。[17]竊慮年支有闕，國計可憂。望陛下節例外之破除，放諸項以儉省，[18]不添冗食，且止新兵，務急去繁，以寬經費，減奢從儉，[19]漸俟豐盈，則屈者知恩，叛者從化，弭兵有日，富俗可期。

臣又聞治民尚清，爲政務易，易則煩苛並去，清則偏黨無施，若擇其良牧，委在正人，則境內蒸黎，必獲蘇息，官中倉庫，亦絕侵欺。伏望誠見在之處官，無乖撫俗。擇將來之蒞事，更審求賢。儻一一得人，則農無所苦；人人致理，則國復何憂。但奉公善政者，不惜重酬，昧理無功者，勿頒厚俸，益彰有道，兼絕徇情。伏望陛下，念臣布露之前言，閔臣驚憂于後患，察臣愚直，杜彼讒邪，臣即但副天心，[20]不防人口，庶幾萬一，仰答聖明。"[21]

末帝優詔答之，召于便殿，謂之曰："卿所論奏，深中時病，形之切言，頗救朕失。國計事重，日得商量，無勞過慮也。”[22]延朗不得已而承命。《永樂大典》卷一萬七千九百一十。[23]

[1]末帝：即五代後唐廢帝李從珂，又稱末帝。鎮州平山（今河北平山縣）人。本姓王氏，爲後唐明宗養子，改名從珂。紀見本書卷四六至卷四八、《新五代史》卷七。　中書侍郎：官名。中書省副長官。唐後期三省長官漸爲榮銜，中書侍郎、門下侍郎却因參議朝政而職位漸重，常常用爲以“同三品”或“同平章事”任宰相者的本官。正三品。　平章事：官名。“同中書門下平章事”的簡稱。唐高宗以後，凡實際任宰相之職者，常在其本官後加同平章事的職銜。後成爲宰相專稱。　授禮部尚書兼中書侍郎、平章事、判三司：中華書局本有校勘記：“‘吏部’，原作‘禮部’，據《册府》卷三二九、《新五代史》卷二六《張延朗傳》改。按本卷下文云其‘兼叨選部之銜’。”見明本《册府》卷三二九《宰輔部·兼領門》：“張延朗，末帝清泰二年，自雄武軍節度使授吏部尚書兼中書侍郎、平章事、判三司。”《輯本舊史》卷四六《唐末帝紀上》清泰元年（934）十一月辛丑條：“秦州節度使張延朗奏，率師伐蜀。”同年十二月乙亥條：“以秦州節度使張延朗爲中書侍郎、同平章事、判三司。”明本《册府》卷一八一《帝王部·疑忌門》應順元年三月條：“遣供奉官王廷悦、劉贊各以玉帶、金錯刀賜秦州張延朗、興元張虔（虔）、劉竺帥，各進潞王書，疑其兩端，故有是賜。”同書卷七四《帝王部·命相門四》清泰元年十二月條：“以泰（秦）州節度使張延朗爲中書侍郎、平章事。”《新五代史》卷七《唐廢帝紀》清泰元年十二月乙亥條：“雄武軍節度使張延朗爲中書侍郎、同中書門下平章事。”《通鑑》卷二七九清泰元年十月戊子條後“雄武節度使張延朗將兵圍文州，階州刺史郭知瓊拔尖石寨。蜀李延厚將果州兵屯興州，遣先登指揮使范延暉將兵救文州，延朗

解圍而歸"。同年十二月乙亥條："徵雄武節度使張延朗爲中書侍郎、同平章事、判三司。"

[2]延朗再上表辭曰：明本《册府》卷三一四《宰輔部·謀猷門四》作"清泰二年，上表曰"。

[3]擢處鈞衡：明本《册府》卷三一四作"擢在均衡"。

[4]乞寢睿恩：中華書局本有校勘記："'寢'，原作'請'，據《册府》卷三一四改。"

[5]細料盡忠之路："盡"，明本《册府》卷三一四作"進"。

[6]偷安而以固富貴：明本《册府》卷三一四作"固位而偷安富貴"。

[7]則內欺心腑："腑"，明本《册府》卷三一四作"府"。

[8]確違形勢："違"，明本《册府》卷三一四作"爲"。

[9]縱臣心可忍：中華書局本有校勘記："'縱'字原闕，據《册府》卷三一四補。"

[10]利權二務："二"，明本《册府》卷三一四作"幹"。

[11]瞻六軍之勁士："士"，明本《册府》卷三一四作"卒"。

[12]竭澤求魚：《輯本舊史》之影庫本粘籤："'竭澤'，原本作'渴懌'，今據《册府元龜》改正。"見明本《册府》卷三一四。

[13]是黷皇風："黷"，明本《册府》卷三一四作"瀆"。

[14]雖多數額："多"，明本《册府》卷三一四作"廣"。

[15]乃至軍儲官俸："至"，明本《册府》卷三一四作"置"。

[16]汲汲：明本《册府》卷三一四作"急急"。

[17]異日之區分轉大："異"，明本《册府》卷三一四作"繫"。

[18]放諸項以儉省：明本《册府》卷三一四作"於諸頭之儉省"。

[19]減奢從儉："奢"，明本《册府》卷三一四作"省"。

[20]臣即但副天心："但"，明本《册府》卷三一四作"俾"。

[21]仰答聖明："仰"，明本《册府》卷三一四作"少"。

[22]"末帝優詔答之"至"無勞過慮也"：明本《册府》卷三一四作："帝優詔答之，召於便殿，謂之曰：'爾所諭奏，深中時病。朕於恩澤之中，不無假借，添置軍旅，比緣戎事。近細思之，於事無益，形之切言，深敕救朕失。國計事重，日得商量，無勞過慮也。'"

[23]《大典》卷一七九一〇"相"字韻"後唐相"事目。

清泰二年四月，[1]延朗奏："州縣官徵科賞罰，例縣令、録事參軍正官，一年依限徵科了絶加階，二年依限與試銜，三年揔及限與服色。如攝令一年内了絶仍攝，二年三年内揔及限，與真命。主簿一年、二年，[2]如縣令條，三年揔了，別任使。本判官一年加階，二年改試銜，三年轉官。本曹官省限内了絶，與試銜轉官。諸節級三年内揔了絶，與賞錢三十千。其賞罰，依天成四年五月五日敕。"從之。[3]

[1]清泰：五代後唐廢帝李從珂年號（934—936）。

[2]主簿：官名。漢代以後歷朝均置。唐代京城百司和地方官署，均設主簿。管理文書簿籍，參議本署政事，爲官署中重要佐官。其官階品秩，因官署而不同。

[3]"清泰二年四月"至"從之"：《宋本册府》卷六三六《銓選部·考課門二》。《輯本舊史》卷四七《唐末帝紀中》清泰二年（935）四月辛巳條："宰臣判三司張延朗奏：'州縣官徵科條格，其令録在任徵科，依限了絶，一年加階，兩年與試銜，三年皆及限了絶，與服色。攝任者一年内了絶，仍攝，二年三年内皆及限，與真命。其主簿同縣令條。本判官一年加階，二年改試銜，三年轉官。本曹官省限内了絶，與試銜。諸節級三年内並了絶者，與賞錢三十貫。其責罰，依天成四年五月五日敕施行。'從之。"同月癸未

條：“張延朗兼集賢殿大學士。”同年十月甲戌條：“幸趙延壽、張
延朗第。”明本《册府》卷一一四《帝王部·巡幸門三》清泰二年
十月甲戌條：“移幸三司張延朗第，昏暝還宫。”

延朗有心計，善理繁劇。[1]晋高祖在太原，朝廷猜
忌，不欲令有積聚，係官財貨留使之外，延朗悉遣取
之，晋高祖深衘其事。及晋陽起兵，末帝議親征，然亦
採浮論，不能果決，延朗獨排衆議，請末帝北行，識者
韙之。晋高祖入洛，送臺獄以誅之。其後以選求計使，
難得其人，甚追悔焉。[2]《永樂大典》卷一萬七千九百
一十。[3]

[1]延朗有心計，善理繁劇：《新五代史》卷二六《張延朗
傳》：“延朗號爲有心計，以三司爲己任，而天下錢穀亦無所建明。
明宗常出遊幸，召延朗共食，延朗不至，附使者報曰：‘三司事忙，
無暇。’聞者笑之。”

[2]晋高祖：即五代後晋高祖石敬瑭。沙陀部人。五代後唐將
領、後晋開國皇帝。紀見本書卷七五至卷八〇、《新五代史》卷八。

“晋高祖在太原”至“甚追悔焉”：《輯本舊史》卷七六《晋高
祖紀二》天福元年（936）十一月甲申條：“制：‘大赦天下，應中
外諸色職掌官吏内曾有受僞命者，一切不問。僞庭賊臣張延朗、劉
延皓、劉延朗等，並姦邪害物，貪狠弄權，罪既滿盈，理難容貸。
除此三人已行敕命指揮外，其有宰臣馬裔孫、樞密使房暠、宣徽使
李專美、河府節度使韓昭裔等四人，並令釋放。’”《新五代史》
卷二六《張延朗傳》：“晋高祖有異志，三司財貨在太原者，延朗悉
調取之，高祖深以爲恨。晋兵起，廢帝欲親征，而心畏高祖，遲疑
不決，延朗與劉延朗等勸帝必行。延朗籍諸道民爲丁及括其馬，

丁、馬未至，晋兵入京師，高祖得延朗，殺之。”《宋本册府》卷九五五《總録部·知舊門》：“張義爲監察御史。廣順二年十月，賜緋魚笏，王峻之奏也。義，唐三司使延朗之子也。峻嘗事延朗，故有是請。”《新五代史》卷八《晋高祖紀》天福元年閏十一月甲申條：“大赦，殺張延朗、劉延朗，赦房暠。”《通鑑》卷二八〇天福元年九月丁未等條：“丁未，唐主下詔親征。雍王重美曰：‘陛下目疾未平，未可遠涉風沙；臣雖童稚，願代陛下北行。’帝意本不欲行，聞之，頗悦。張延朗、劉延皓及宣徽南院使劉延朗皆勸帝行，帝不得已，戊申，發洛陽，謂盧文紀曰：‘朕雅聞卿有相業，故排衆議首用卿，今禍難如此，卿嘉謀皆安在乎？’文紀但拜謝，不能對。已酉，遣劉延朗監侍衛步軍都指揮使符彦饒軍赴潞州，爲大軍後援。諸軍自鳳翔推戴以來，驕悍不爲用，彦饒恐其爲亂，不敢束之以法。帝至河陽，心憚北行，召宰相、樞密使議進取方略，盧文紀希帝旨，言：‘國家根本，太半在河南。胡兵倏來忽往，不能久留；晋安人寨甚固，況已發三道兵救之。河陽天下津要，車駕宜留此鎮撫南北，且遣近臣往督戰，苟不能解圍，進亦未晚。’張延朗欲因事令趙延壽得解樞務，因曰：‘文紀言是也。’帝訪於餘人，無敢異言者。澤州刺史劉遂凝，鄩之子也，潛自通於石敬瑭，表稱車駕不可逾太行。帝議近臣可使北行者，張延朗與翰林學士須昌和凝等皆曰：‘趙延壽父德鈞以盧龍兵來赴難，宜遣延壽會之。’庚戌，遣樞密使、忠武節度使、隨駕諸軍都部署、兼侍中趙延壽將兵二萬如潞州。辛亥，帝如懷州。以右神武統軍康思立爲北面行營馬軍都指揮使，帥扈從騎兵赴團柏谷。”同年十月壬戌條：“冬，十月，壬戌，詔大括天下將吏及民間馬；又發民爲兵，每七户出征夫一人，自備鎧仗，謂之‘義軍’，期以十一月俱集，命陳州刺史郎萬金教以戰陳，用張延朗之謀也。凡得馬二千餘匹，征夫五千人，實無益於用，而民間大擾。”同年閏十一月壬申條：“唐主還至河陽，命諸將分守南、北城。張延朗請幸滑州，庶與魏博聲勢相接，唐主不能決。”同月壬午等條：“初，帝在河東，爲唐朝所忌，中書侍郎、同平章事、判三司張延朗不欲河東多蓄積，凡財賦應留使之外盡收取之，帝以是恨之。壬午，百官入見，獨收延朗付御史臺，餘皆謝恩。甲申，車駕入宮，大赦：‘應中外官吏一切不問，惟賊臣張延朗、劉延皓、劉延朗姦邪貪猥，罪難容貸；中書侍郎平章事馬胤孫、樞密使房暠、宣徽使李專美、河中節度使韓昭胤等，雖居重位，不務詭隨，並釋罪除名；中外臣僚先歸順者，委中書門下別加任使。’劉延皓匿於龍門，數日，自經死。劉延朗將奔南山，捕得，殺之。斬張延朗；既而選三司使，難其人，帝甚悔之。”

[3]《大典》卷一七九一〇“相”字韻“後唐相”事目。

劉延皓

劉延皓，應州渾元人。[1]祖建立，父茂成，[2]皆以軍功推爲邊將。延皓即劉后之弟也。[3]末帝鎮鳳翔，署延皓元隨都校，奏加檢校户部尚書。[4]清泰元年，除宮苑使，[5]加檢校司空。[6]俄改宣徽南院使、檢校司徒。[7]二年，遷樞密使、太保，[8]出爲鄴都留守、檢校太傅。[9]延皓御軍失政，爲屯將張令昭所逐，[10]出奔相州，尋詔停所任。及晋高祖入洛，延皓逃匿龍門廣化寺，[11]數日，自經而死。

[1]應州：州名。治所在今山西應縣。　渾元：縣名。治所在今山西渾源縣。

[2]建立：人名。即劉建立。事迹不詳。　茂成：人名。即劉茂成。事迹不詳。《輯本舊史》之案語：“《歐陽史》作茂威。”見《新五代史》卷一六《廢帝皇后劉氏傳》。

[3]劉后：即五代後唐廢帝皇后劉氏。　延皓即劉后之弟也：

《舊五代史考異》："案：《通鑑考異》引《廢帝實錄》，延皓，皇后之姪，與《薛史》異。《歐陽史》與《薛史》同。"見《通鑑》卷二八〇天福元年（936）六月庚申條《考異》、《新五代史》卷一六《廢帝皇后劉氏傳》。

[4]都校：官名。禁軍統兵官。　檢校户部尚書：官名。爲散官或加官，以示恩寵，無實際執掌。

[5]宫苑使：官名。唐始置，以宦官充，五代改用士人。掌管京師地區宫苑和宫苑所屬的莊田。《輯本舊史》之影庫本粘籤："宫苑使，原本作'宫阮使'，今據《五代會要》改正。"按：《會要》未見相關原文。

[6]檢校司空：官名。爲散官或加官，以示恩寵，無實際執掌。司空，與太尉、司徒並爲三公。

[7]檢校司徒：官名。爲散官或加官，以示恩寵，無實際執掌。司徒，與太尉、司空並爲三公。

[8]太保：官名。與太師、太傅並爲三師。唐後期、五代多爲大臣、勳貴加官。正一品。　二年，遷樞密使、太保：《輯本舊史》卷四七《唐末帝紀中》、《通鑑》卷二七九清泰二年（935）四月辛卯條："以宣徽南院使劉延皓爲刑部尚書，充樞密使。"《新五代史》卷七《唐廢帝紀》繫其事於五月辛卯條。

[9]檢校太傅：官名。爲散官或加官，以示恩寵，無實際執掌。出爲鄴都留守、檢校太傅：《舊五代史考異》："案：《歐陽史》作天雄軍節度使。"見《新五代史》卷一六《廢帝皇后劉氏傳》。又據《輯本舊史》卷四七《唐末帝紀中》清泰二年七月丁酉條："以樞密使劉延皓爲天雄軍節度使。"

[10]張令昭：人名。籍貫不詳。五代後唐將領。事見本書卷四八。　爲屯將張令昭所逐：明本《册府》卷一二三《帝王部·征討門三》："末帝清泰三年五月，鄴都屯駐捧聖都虞候張令昭逐節度使劉延皓，據城叛。"

[11]龍門：地名。位於今河南洛陽市。因兩山相對如闕，伊河

從中流過，又名伊闕。唐以後習稱龍門。　廣化寺：寺廟名。位於今河南洛陽市。

延皓始以后戚自藩邸出入左右，甚以溫厚見稱，故末帝嗣位之後，委居近密。及出鎮大名，[1]而所執一變，掠人財賄，納人園宅，聚歌僮爲長夜之飲，而三軍所給不時，內外怨之，因爲令昭所逐。時執政以延皓失守，請舉舊章，末帝以劉后內政之故，止從罷免而已，由是清泰之政弊矣。《永樂大典》卷九千九十九。[2]

[1]大名：地名。治所在今河北大名縣。
[2]《大典》卷九〇九九“劉”字韻“姓氏（二七）”事目。

劉延朗

劉延朗，宋州虞城人也。[1]末帝鎮河中時，爲軍城馬步都虞候，[2]後納爲腹心。及鎮鳳翔，[3]署爲孔目吏。末帝將圖起義，爲捍禦之備，延朗計公私粟帛，以贍其急。及西師納降，末帝赴洛，皆無所闕焉，末帝甚賞之。清泰初，除宣徽北院使，[4]俄以劉延皓守鄴，改副樞密使，累官至檢校太傅。[5]時房暠爲樞密使，[6]但高枕閑眠，啓奏除授，一歸延朗，由是得志。凡藩侯郡牧，自外入者，必先賂延朗，後議進貢，賂厚者先居內地，賂薄者晚出邊藩，故諸將屢有怨讟，末帝不能察之。及晋高祖入洛，延朗將竄于南山，[7]與從者數輩，過其私第，指而歎曰：“我有錢三十萬貫聚于此，不知爲何人所得。”其愚暗如此。尋捕而殺之。《永樂大典》卷九千九十九。[8]

[1]宋州：州名。治所在今河南商丘市睢陽區。　虞城：縣名。治所在今河南虞城縣。

[2]河中：方鎮名。治所在河中府（今山西永濟市）。　軍城馬步都虞候：官名。唐、五代方鎮高級軍官。

[3]鳳翔：《輯本舊史》之影庫本粘籤：“原本作‘鳳翔’，今從《通鑑》改正。”見《通鑑》卷二七九清泰元年（934）三月庚申條。

[4]宣徽北院使：官名。唐始置。宣徽北院的長官。初用宦官，五代以後改用士人。與宣徽南院使通掌内諸司及三班内侍之名籍，郊祀、朝會、宴享供帳之儀，檢視内外進奉名物。參見王永平《論唐代宣徽使》，《中國史研究》1995年第1期；王孫盈政《再論唐代的宣徽使》，《中華文史論叢》2018年第3期。　除宣徽北院使：《舊五代史考異》：“案《歐陽史》：廢帝既立，以延朗爲莊宅使。”見《新五代史》卷二七《劉延朗傳》。據《輯本舊史》卷四六《唐末帝紀上》清泰元年四月丁亥條：“劉延朗爲莊宅使。”又五月丙午條：“以莊宅使劉延朗爲樞密副使。”

[5]累官至檢校太傅：《輯本舊史》卷四六《唐末帝紀上》清泰元年五月己未條：“以樞密副使劉延朗爲左領軍大將軍，職如故。”同書卷四七《唐末帝紀中》清泰二年四月辛卯條：“以樞密副使劉延朗爲左領軍上將軍，充宣徽北院使兼樞密副使。”同書卷四八《唐末帝紀下》清泰三年十一月戊子條：“以趙延壽爲河東道南面行營招討使，以劉延朗副之。”

[6]房暠：人名。京兆長安（今陝西西安市）人。五代後唐、後晉大臣。傳見本書卷九六。

[7]南山：山名。位於今河南洛陽市。

[8]《大典》卷九〇九九“劉”字韻“姓氏（二七）”事目。

舊五代史　卷七〇

唐書四十六

列傳第二十二^[1]

[1]按，本卷末無史論。

元行欽

元行欽，本幽州劉守光之愛將。^[1]守光之奪父位也，令行欽攻大安山，^[2]又令殺諸兄弟。天祐九年，周德威攻圍幽州，守光困蹙，令行欽於山北募兵，以應契丹。^[3]時明宗爲將，^[4]攻行欽於山北，與之接戰，矢及明宗馬鞍，^[5]既而以勢迫來降。^[6]明宗憐其有勇，奏隸爲假子，後因從征討，恩禮特隆。常臨敵擒生，必有所獲，名聞軍中。莊宗東定趙、魏，^[7]選驍健置之麾下，因索行欽，明宗不得已而遣之。時有散指揮都頭，名爲散員，命行欽爲都部署，^[8]賜姓，名紹榮。莊宗好戰，勇于大敵，或臨陣有急兵，行欽必橫身解鬬翼衛之。莊宗營於德勝也，與汴軍戰于潘張，^[9]王師不利，諸軍奔亂。

莊宗得三四騎而旋，中野爲汴軍數百騎攢稍攻之，事將不測，行欽識其幟，急馳一騎至，[10]奮劍斷二矛，斬一級，汴軍乃解圍，翼莊宗還宮。莊宗因流涕言曰：“富貴與卿共之。”自是寵冠諸將，官至檢校太傅、忻州刺史。[11]及莊宗平梁，授武寧軍節度使。[12]嘗因內宴羣臣，使相預會，行欽官爲保傅，當地褥下坐。[13]酒酣樂作，莊宗敘生平戰陣之事，因左右顧視，曰：“紹榮安在？”所司奏云：“有敕，使相預會，紹榮散官，殿上無位。”[14]莊宗徹會不懌。翌日，以行欽爲同平章事，[15]由是不宴百官於內殿，但宴武臣而已。[16]

[1]幽州：州名。治所在今北京市。　劉守光：人名。深州樂壽（今河北獻縣）人。唐末幽州節度使劉仁恭之子。劉守光囚父自立，後號大燕皇帝，爲晉王李存勖俘殺。傳見本書卷一三五、《新五代史》卷三九。

[2]大安山：山名。位於今北京房山區西北。原作“大恩山”，《舊五代史考異》：“《歐陽史》作大安山，考《通鑑》注引《薛史》亦作大恩。”見《新五代史》卷二五《元行欽傳》、《通鑑》卷二六六開平元年（907）四月己酉條胡注。按：《通鑑》正文作“大安山”，胡注曰：“《薛史》：幽州西有名山曰大安山。”見《輯本舊史》卷一三五《劉守光傳》，該傳言劉仁恭盡斂銅錢於大安山巔，并禁江表茶商，自擷山中草葉爲茶，以邀厚利，“改山名爲大恩山”。又，《新唐書》卷二一二《劉仁恭傳》載，劉仁恭築館大安山，掠子女充之，“禁南方茶，自擷山爲茶，號山曰大恩，以邀利”。《輯本舊史》卷六五《王思同傳》、卷一三五《劉守光傳》，《新唐書》卷二一二《劉仁恭傳》，《新五代史》卷二五《元行欽傳》、卷三九《劉守光傳》，言及元行欽攻劉仁恭，均記於大安山，

可知"大恩山"僅爲仁恭自稱，當時並未被公認，故改之。

　　[3]天祐：唐昭宗李曄開始使用的年號（904）。唐哀帝李柷即位後沿用（904—907）。唐亡後，河東李克用、李存勗仍稱天祐，沿用至天祐二十年（923）。五代其他政權亦有行此年號者，如南吴、吴越等，使用時間長短不等。　　周德威：人名。馬邑（今山西朔縣）人。唐末、五代河東將領。傳見本書卷五六、《新五代史》卷二五。　　山北：地區名。亦稱山後。五代時稱今北京、河北軍都山、燕山以北地區爲山後。　　契丹：古部族、政權名。公元4世紀中葉宇文部爲前燕攻破，始分離而成單獨的部落，自號契丹。唐貞觀中，置松漠都督府，以其首領爲都督。唐末强盛，916年迭剌部耶律阿保機建立契丹國（遼）。先後與五代、北宋並立，保大五年（1125）爲金所滅。參見張正明《契丹史略》，中華書局1979年版。

　　[4]明宗：即李嗣源。沙陀部人。原名邈佶烈，李克用養子。五代後唐明宗，926年至933年在位。紀見本書卷三五至卷四四、《新五代史》卷六。

　　[5]矢及明宗馬鞍：《宋本册府》卷一六六《帝王部·招懷門四》同。《新五代史》卷二五《元行欽傳》曰："明宗七射中行欽，行欽拔矢而戰，亦射明宗中股。"與此稍異。

　　[6]既而以勢迫來降：《舊五代史考異》："案《通鑑考異》引《周太祖實録》云：燕城危蹙，甲士亡散，劉守光召元行欽。行欽部下諸將以守光必敗，赴召無益，乃請行欽爲燕帥，稱留後，行欽無如之何。據《薛史》，行欽未嘗自稱留後，《實録》誤也。"見《通鑑》卷二六八乾化三年（913）三月條《考異》。明本《册府》卷二○《帝王部·功業門二》："（天祐）十年，莊宗遣周德威伐幽州，帝分兵略定山後八軍，與劉守光愛將元行欽戰於廣邊軍，凡八陣，帝控弦發矢，七中行欽，遂降之。"

　　[7]莊宗：即李存勗，小字亞子，沙陀部人，太原（今山西太原市）人。晋王李克用之子，五代後唐開國皇帝。紀見本書卷二七至卷三四及《新五代史》卷四至卷五。　　趙：此處代指唐末河北方

鎮成德軍。時王鎔爲成德軍節度使、趙王。　魏：即魏博軍。治所在魏州（今河北大名縣）。莊宗救趙破燕取魏博。事見《新五代史》卷五《唐莊宗紀下》。

[8]都頭：官名。唐末、五代時，"都"爲指揮以下的軍事編制。《武經總要》卷二："凡五百人爲一指揮，其別有五都，都一百人，統以一營居之。"都的長官稱爲都頭。　散員、都部署：官名。統領諸雜指揮軍。具體執掌不詳。

[9]德勝：地名。即德勝城，又名德勝渡，爲黄河重要渡口之一。有南、北二城，皆位於今河南濮陽市。　汴：州名。治所在今河南開封市。此處代指後梁。　潘張：地名。位於今山東鄄城縣。

[10]急馳一騎至：中華書局本有校勘記："'至'字原闕，據《册府》卷三九六補。"此據《宋本册府》卷三九六《將帥部·勇敢門三》。

[11]檢校太傅：官名。爲散官或加官，以示恩寵，無實際執掌。　忻州：州名。治所在今山西忻州市。　刺史：官名。漢武帝時始置。州一級行政長官，總掌考核官吏、勸課農桑、地方教化等事。唐中期以後，節度使、觀察使轄州而設，刺史爲其屬官，職任漸輕。從三品至正四品下。

[12]武寧軍：方鎮名。治所在徐州（今江蘇徐州市）。　節度使：官名。唐時在重要地區所設掌握一州或數州軍事、民事、財政的長官。　及莊宗平梁，授武寧軍節度使："武寧軍節度使"，即徐州節度使。據《舊唐書》卷一四《順宗紀》貞元二十一年（805）三月條"徐州節度賜名武寧軍"。《舊唐書》卷三八《地理志一》："武寧軍，治徐州，管徐、泗、濠、宿四州。"《輯本舊史》卷三〇《唐莊宗紀四》同光元年（923）十一月辛丑朔條："以雜指揮散員都部署、特進、檢校太傅、忻州刺史李紹榮爲徐州節度使"；同書卷三二《唐莊宗紀六》同光二年六月丙戌條："以徐州節度使李紹榮爲宋州節度使"。

[13]當地褥下坐：《宋本册府》卷三八七《將帥部·褒異門一

三》作"合地褥而坐"。

[14]使相：官名。唐朝後期，宰相常兼節度使，節度使亦常加宰相銜，皆稱使相。五代時，節度使多帶宰相銜，但不預朝廷政事。　散官：亦稱階官或寄祿官，爲無實際職務官員的總稱。

[15]同平章事：官名。"同中書門下平章事"之簡稱。唐高宗以後，凡實際任宰相之職者，常在其本官後加同平章事的職銜。後成爲宰相專稱。

[16]但宴武臣而已：明本《册府》卷一一一《帝王部·宴享門三》、卷一一四《帝王部·巡幸門三》：同光二年十一月戊午，"又至宋州節度使元行欽之第，縱酒作樂，一鼓三籌歸宫"。

　　三年，行欽喪婦。莊宗有所愛宫人生皇子者，劉皇后心忌之，[1]會行欽入侍，莊宗勞之曰："紹榮喪婦復娶耶？吾給爾婚財。"皇后指所忌宫人謂莊宗曰："皇帝憐紹榮，可使爲婦。"莊宗難違所請，微許之。皇后即命紹榮謝之，未退，肩輿已出。莊宗心不懌，佯不豫者累日，業已遣去，無如之何。及貝州軍亂，趙在禮入魏州，[2]莊宗方擇將，皇后曰："小事不勞大將，促紹榮指揮可也。"乃以行欽爲鄴都行營招撫使，[3]領騎二千進討。洎至鄴城，攻之不能下，退保於澶州。[4]未幾，諸道之師稍集，復進軍於鄴城之南。及明宗爲帥，領軍至鄴，行欽來謁於軍中，拜起之際，誤呼萬歲者再，明宗驚駭，遏之方止。既而明宗營於城西，行欽營於城南。三月八日夜，明宗爲亂軍所迫，唯行欽之軍不動，按甲以自固。明宗密令張虔釗至行欽營，[5]戒之曰："且堅壁勿動，計會同殺亂軍，莫錯疑誤。"行欽不聽，將步騎萬人棄甲而退。自知失策，且保衞州，[6]因誣奏明宗曰：
"鎮帥已入賊軍，終不爲國使。"[7]明宗既劫出鄴城，令
人走馬上章，申理其事，言："臣且於近郡聽進止。"莊
宗覽奏釋然曰："吾知紹榮妄矣。"因令白從訓與明宗子
繼璟至軍前，[8]欲令見明宗，行欽縶繼璟於路。明宗凡
奏軍機，拘留不達，故旬日之間，音驛斷絕。及莊宗出
成皋，知明宗在黎陽，[9]復令繼璟渡河召明宗，行欽即
殺之，仍勸班師。四月一日，莊宗既崩，行欽引皇后、
存渥，[10]得七百騎出師子門，[11]將之河中就存霸，[12]沿
路部下解散，從者數騎而已。四日，至平陸縣界，爲百
姓所擒，縣令裴進折其足，[13]檻車以獻。明宗即位，詔
削奪行欽在身官爵，斬於洛陽。[14]《永樂大典》卷一萬八
千一百二十九。[15]

[1]劉皇后：指五代後唐莊宗劉皇后。魏州成安（今河北成安
縣）人。傳見本書卷四九、《新五代史》卷一四。

[2]貝州：州名。治所在今河北清河縣。　趙在禮：人名。涿
州（今河北涿州市）人。五代後唐、後晉將領。傳見本書卷九〇、
《新五代史》卷四六。　魏州：州名。治所在今河北大名縣。

[3]鄴都：地名。治所在今河北大名縣。五代後唐同光元年
（923），改魏州爲興唐府，建號東京，三年改東京爲鄴都。　行營
招撫使：官名。掌招撫征伐之事。係臨時設置之統兵官。　乃以行
欽爲鄴都行營招撫使："招撫"，《輯本舊史》之影庫本粘籤："招
撫，原本作'詔拊'，今從《通鑑》改正。"見《通鑑》卷二七四
天成元年二月丙申條。明本《冊府》卷一二三《帝王部·征討門
三》："（同光）四年二月，貝州屯駐兵士擅離本州入鄴，推趙在禮
爲兵馬留後。帝怒，令宋州節度使元行欽率騎三千赴鄴都招撫之。"

[4]澶州：州名。唐、五代初，治所在河南清豐縣。後晉天福四年（939），移治於今河南濮陽市。　"洎至鄴城"至"退保於澶州"：明本《册府》卷一一《帝王部・繼統門三》："同光四年二月，趙在禮盜據魏州，莊宗遣元行欽將兵攻之，不利。"

[5]張虔釗：人名。遼州（今山西左權縣）人。後唐、後蜀將領。傳見本書卷七四。

[6]衛州：州名。治所在今河南衛輝市。

[7]鎮：州名。治所在今河北正定縣。

[8]白從訓：人名。籍貫不詳。後唐宦官。事見本書本卷、卷三五。　繼璟：人名。後唐明宗李嗣源之子。傳見本書卷五一、《新五代史》卷一五。《新五代史》卷二五《元行欽傳》作"從璟"。《宋本册府》卷二八六《宗室部・忠門二》："後唐贈太保從璟，明宗長子。明宗在魏府，爲軍士所逼。莊宗詔從璟，謂曰：'爾父於國有大功，忠孝之心，朕自明信。今爲亂兵所劫，爾宜自去宣朕旨，無令有疑。'從璟行至中途，爲元行欽所制，復與歸洛下。莊宗改其名爲繼璟，以爲己子，命再往。從璟固執不行，願死於御前，以明丹赤。從莊宗赴汴州，明宗之親舊多策馬而去。左右或勸從璟，令自脱，終無行意，尋爲元行欽所殺。天成初，贈太保。"

[9]成皋：地名。位於今河南滎陽市西北。　黎陽：縣名。治所在今河南浚縣。

[10]存渥：人名。李克用之子、後唐莊宗李存勗之弟。傳見本書卷五一、《新五代史》卷一四。

[11]師子門：城門名。位於今河南洛陽市。

[12]河中：方鎮名。治所在河中府（今山西永濟市）。　存霸：人名。即李存霸。沙陀部人。李克用之子，五代軍閥。傳見本書卷五一、《新五代史》卷一四。《輯本舊史》之影庫本粘籤："存霸，原本脱'存'字，今據《通鑑》增入。"見《通鑑》卷二七五天成元年四月丁亥條。

[13]平陸：縣名。治所在今山西平陸縣。　縣令：官名。縣的行政長官，掌治本縣。唐代之縣，分赤（京）、次赤、畿、次畿、望、緊、上、中、中下、下十等。縣令分六等，正五品上至從七品下。　裴進：人名。籍貫、事迹不詳。本書僅此一見。　縣令裴進折其足：《舊五代史考異》：“案：《歐陽史》作虢州刺史石潭折其足。”見《新五代史》卷二五《元行欽傳》。

[14]洛陽：地名。即今河南洛陽市。

[15]原作“《永樂大典》卷一萬八千一百八十九”，中華書局本有校勘記：“檢《永樂大典目録》，卷一八一八九‘將’字韻‘元將’，與本則內容不符，恐有誤記。陳垣《舊五代史輯本引書卷數多誤例》謂應作一八一二九‘將’字韻‘後唐將’。本卷下文《姚洪傳》同。”按陳垣《舊五代史輯本引書卷數多誤例》：“卷七〇元行欽、姚洪傳，均引《大典》一八一八九，係‘將’字韻，元將，誤。應作一八一二九，後唐將。”今據改，《大典》卷一八一二九“將”字韻“後唐將（二）”事目。

夏魯奇

夏魯奇，字邦傑，青州人也。[1]初事宣武軍爲軍校，與主將不協，遂歸于莊宗，以爲護衛指揮使。[2]從周德威攻幽州，燕將有單廷珪、元行欽，[3]時稱驍勇，魯奇與之鬭，兩不能解，將士皆釋兵縱觀。[4]幽州平，魯奇功居多。梁將劉鄩在洹水，[5]莊宗深入致師，鄩設伏於魏縣西南葭蘆中，[6]莊宗不滿千騎，[7]汴人伏兵萬餘，[8]大譟而起，圍莊宗數重。魯奇與王門關、烏德兒等奮命決戰，[9]自午至申，俄而李存審兵至方解。[10]魯奇持槍携劍，獨衛莊宗，手殺百餘人。烏德兒等被擒，魯奇傷病徧體，自是莊宗尤憐之，歷磁州刺史。[11]中都之戰，汴人大敗，魯奇見王彥章，識之，單馬追及，槍擬其頸；彥章顧曰："爾非余故人乎？"即擒之以獻。莊宗壯之，賞絹千疋。[12]梁平，授鄭州防禦使。[13]四年，授河陽節度使。[14]天成初，移鎮許州，加同平章事。[15]

[1]青州：州名。治所在今山東青州市。

[2]宣武軍：方鎮名。唐舊鎮，治所在汴州（今河南開封市）。後梁開平元年（907）升汴州爲東京開封府。開平三年置宣武軍於宋州（今河南商丘市睢陽區）。後唐同光元年（923）改宋州宣武軍爲歸德軍，廢東京開封府，重建宣武軍於汴州。後晉天福三年（938），改爲東京開封府。除天福十二年、十三年短暫改爲宣武軍外，汴京均爲東京開封府。　軍校：輔佐將帥的軍官。　護衛指揮使：官名。所部統兵將領。　"初事宣武軍爲軍校"至"以爲護衛指揮使"：明本《册府》卷三九三《將帥部·威名門二》："夏魯奇，初在梁事王彥章爲軍吏，與主將不協，遂歸于莊宗，以爲護衛指揮使。""護衛指揮使"，明本《册府》卷三四七《將帥部·佐命門八》作"護衛指揮"。

[3]單廷珪：人名。籍貫不詳。劉守光麾下將領。事見本書本卷、卷五六。　元行欽：人名。幽州（今北京市）人。五代後唐將領。傳見本書本卷、《新五代史》卷二五。

[4]縱觀：明本《册府》卷三四七作"從觀"。

[5]劉鄩：人名。密州安丘（今山東安丘市）人。唐末、五代將領。傳見本書卷二三、《新五代史》卷二二。　洹（huán）水：縣名。治所在今河北魏縣。　梁將劉鄩在洹水：《輯本舊史》之影庫本粘籤："洹水，原本作'桓水'，今從《歐陽史》改正。"見《新五代史》卷三三《夏魯奇傳》。

[6]魏縣：縣名。治所在今河北大名縣。

[7]不滿千騎：《舊五代史考異》：“案：《歐陽史》作‘莊宗以百騎覘敵’，《通鑑》作‘百餘騎’。”見《新五代史》卷三三《夏魯奇傳》、《通鑑》卷二六九貞明元年（915）七月條。明本《册府》卷三四七亦作“不滿千騎”。

[8]伏兵萬餘：《舊五代史考異》：“案：《通鑑》作伏兵五千。”此據《通鑑》卷二六九貞明元年七月條。明本《册府》卷三四七亦作“伏兵萬餘”。

[9]王門關、烏德兒：人名。籍貫不詳。後唐將領。事見本書本卷。

[10]李存審：人名。陳州宛丘（今河南淮陽縣）人。原姓符名存。後唐將領。傳見本書卷五六、《新五代史》卷二五。

[11]磁州：州名。治所在今河北磁縣。

[12]中都：縣名。治所在今山東汶上縣。　王彥章：人名。鄆州壽張（今山東梁山縣壽張集）人。後梁將領。傳見本書卷二一、《新五代史》卷三二。　“中都之戰”至“賞絹千疋”：《舊五代史考異》：“案《九國志·趙庭隱傳》：王彥章守中都，庭隱在其軍中。及彥章敗，庭隱爲莊宗所獲，將以就戮，大將夏魯奇奏曰：‘此倅也，其材可用。’遂釋之。”見《九國志》卷七《趙庭隱傳》。明本《册府》卷四三五《將帥部·獻捷門二》：同光二年（924），“龍武大將軍夏魯奇擒梁將王彥章以獻。帝壯之，賞絹一千匹”。

[13]鄭州：州名。治所在今河南鄭州市。　防禦使：官名。唐代始置，設有都防禦使、州防禦使兩種。常由刺史或觀察使兼任，實際上爲唐代後期州或方鎮的軍政長官。

[14]河陽：方鎮名。治所在孟州（今河南孟州市）。

[15]天成：後唐明宗李嗣源年號（926—930）。　許州：方鎮名。治所在許州（今河南許昌市）。　“天成初”至“加同平章事”：《輯本舊史》卷三六《唐明宗紀二》天成元年（926）五月戊午條：“河陽節度使夏魯奇加檢校太傅。”

　　魯奇性忠義，尤通吏道，撫民有術。及移鎮許田，孟州之民萬衆遮道，[1]斷轂卧轍，五日不發。父老詣闕請留，明宗令中使諭之，[2]方得離州。明宗討荆南，魯奇爲副招討使，[3]頃之，[4]移鎮遂州。[5]董璋之叛，[6]與孟知祥攻遂州，[7]援路斷絶，[8]兵盡食窮，魯奇自刎而卒，時年四十九。帝聞其死也，慟哭之，厚給其家，[9]贈太師、齊國公。[10]《永樂大典》卷一萬八千一百二十九。[11]

　　[1]許田：地名。位於今河南許昌市東北。　孟州：州名。治所在今河南孟州市。

　　[2]中使：官名。泛指朝廷派出的使臣。多由宦官擔任。

　　[3]荆南：方鎮名。治所在荆州（今湖北荆州市）。　副招討使：官名。行營統兵官。位次行營都統、招討使。掌招撫討伐事務。

　　[4]頃之：中華書局本有校勘記：“原作‘領之’，據殿本、劉本、孔本、邵本校改。”

　　[5]遂州：方鎮名。即武信軍。治所在今四川遂寧市。　移鎮遂州：《輯本舊史》之案語：“《九國志·李仁罕傳》云：夏魯奇稟朝廷之命，繕治甲兵，將圖蜀，孟知祥與董璋謀先取魯奇，令仁罕攻遂州。”見《九國志》卷七《李仁罕傳》。明本《册府》卷二五《帝王部·符瑞門四》：“（天成）四年七月，遂州夏魯奇進嘉禾，一莖九穗。敕旨：‘三秀靈芝，標仙籍而罔資世務；九莖嘉穀，按地諜而實表豐年。既呈殊異之祥，雅叶治平之運。宜付史館編記。’”又同書卷四五三《將帥部·怯懦門》：“後唐夏魯奇奏：‘臣考限已滿，乞差替人。’懼董璋侵噬故也。”

　　[6]董璋：人名。籍貫不詳。五代後梁、後唐將領。傳見本書卷六二、《新五代史》卷五一。

　　[7]孟知祥：人名。邢州龍岡（今河北邢臺市）人。李克用女

婿，五代十國後蜀開國皇帝。傳見本書卷一三六、《新五代史》卷六四。　與孟知祥攻遂州：明本《册府》卷一二三《帝王部·征討門三》：長興元年（930）九月，"又詔西川節度使孟知祥兼東川西面供饋使，天雄軍節度使石敬瑭充東川行營都招討使，武信軍節度使夏魯奇爲之副"。

[8]援路斷絶：《輯本舊史》之案語："《九國志·李肇傳》：蜀師圍夏魯奇于遂州，唐師來援，劍門不守，肇領兵赴普安以拒之，唐師不得進。"見《九國志》卷七《李肇傳》。

[9]厚給其家：《宋本册府》卷一三一《帝王部·延賞門二》："（清泰）三年二月，以太子正字夏光隱爲國子太學博士。故遂州節度使魯奇之子，以父歿於本州，以死扞董璋而毀族，故有是命。"

[10]太師：官名。與太傅、太保合稱三師，唐後期、五代多爲大臣、勳貴加官。正一品。

[11]《大典》卷一八一二九"將"字韻"後唐將（二）"事目。

姚洪

姚洪，本梁之小校也。[1]在梁時，經事董璋。長興初，[2]率兵千人戍閬州。[3]璋叛，領衆攻閬州，璋密令人誘洪，洪以大義拒之。及璋攻城，洪悉力拒守者三日，禦備既竭，城陷被擒。璋謂洪曰：[4]"爾頃爲健兒，由吾獎拔至此；吾書誘諭，投之於厠，[5]何相負耶？"洪大罵曰："老賊，爾爲天子鎮帥，何苦反耶！爾既辜恩背主，[6]吾與爾何恩，而云相負？爾爲李七郎奴，[7]掃馬糞，得一臠殘炙，感恩無盡。今明天子付與茅土，貴爲諸侯，而驅徒結黨，圖爲反噬。爾本奴才，則無耻；吾忠義之士，不忍爲也。吾可爲天子死，不能與人奴苟生！"璋怒，令軍士十人，持刀刲割其膚，燃鑊於前，自取啖食，洪至死大罵不已。明宗聞之泣下，置洪二子於近衛，給賜甚厚。《永樂大典》卷一萬八千一百二十九。[8]

[1]小校：即低級軍官。

[2]長興：五代後唐明宗李嗣源年號（930—933）。

[3]閬州：州名。治所在今四川閬中市。　率兵千人戍閬州：《宋本冊府》卷三七四《將帥部·忠門五》作"率兵十人戍閬州"；同書卷七六三《總錄部·忠烈門》："率兵千人鎮閬州。"

[4]璋謂洪曰：《宋本冊府》卷三七四無"洪"字。

[5]投之於廁：中華書局本有校勘記："'廁'，原作'側'，據劉本、彭校、《冊府》卷三七四、卷七六三、《通鑑》卷二七七、《新五代史》卷三三《姚洪傳》改。"見《通鑑》卷二七七長興元年（930）九月甲戌條後。

[6]爾既辜恩背主："辜"，《宋本冊府》卷三七四作"孤"。

[7]李七郎：即朱友讓。原名李七郎，爲汴州豪商，與朱溫結交，被收爲義子，改名朱友讓。後收高季興爲義子。

[8]原作"《永樂大典》卷一萬八千一百八十九"，屬"將"字韻"元將（一八）"事目。陳垣《舊五代史輯本引書卷數多誤例》："卷七〇元行欽、姚洪傳，均引《大典》一八一八九，係'將'字韻，元將，誤。應作一八一二九，後唐將。"今據改，《大典》卷一八一二九"將"字韻"後唐將（二）"事目。

李嚴

李嚴，幽州人，本名讓坤。初仕燕，[1]爲刺史，涉獵書傳，便弓馬，有口辯，多遊藝，[2]以功名自許。同光中，爲客省使，[3]奉使於蜀，及與王衍相見，[4]陳使者之禮，因於笏記中具述莊宗興復之功，其警句云："纔過汶水，[5]縛王彦章於馬前；旋及夷門，斬朱友貞於樓上。"[6]嚴復聲韻清亮，蜀人聽之愕然。時蜀僞樞密使宋光嗣召嚴曲宴，[7]因以近事訊於嚴。嚴對曰："吾皇前年四月即位於鄴宫，當月下鄆州。[8]十月四日，親統萬騎破賊中都，乘勝鼓行，遂誅汴孽，僞梁尚有兵三十萬，謀臣猛將，解甲倒戈。西盡甘涼，[9]東漸海外，[10]南踰閩、浙，北極幽陵。[11]牧伯侯王，稱藩不暇，家財入貢，府實上供。吳國本朝舊臣，岐下先皇元老，[12]遣子入侍，述職稱藩。淮海之君，卑辭厚貢，湖湘、荆楚、杭越、甌閩，異貨奇珍，府無虛月。吾皇以德懷來，以威款附，順則涵之以恩澤，逆則問之以干戈，四海車書，大同非晚。"光嗣曰："荆、吳即余所未知，[13]唯岐下宋公，[14]我之姻好，洞見其心，反覆多端，專謀跋扈，大國不足信也。[15]似聞契丹部族，近日稍强，大國可無慮乎？"[16]嚴曰："子言契丹之强盛，孰若僞梁？"曰："比梁差劣也。"嚴曰："吾國視契丹如蚤蝨耳，以其無害，不足爬搔。吾良將勁兵布天下，彼不勞一郡之兵，一校之衆，則懸首槀街，盡爲奴擄。但以天生四夷，當置度外，[17]不在九州之本，未欲窮兵黷武故也。"[18]光嗣聞嚴辯對，[19]畏而奇之。時王衍失政，嚴知其可取，使還具奏，故平蜀之謀，始於嚴。[20]

［1］燕：此處指劉仁恭、劉守光父子政權。

［2］多遊藝：中華書局本有校勘記："《册府》卷七八六作'多曲藝'。"見《宋本册府》卷七八六《總錄部·多能門》。

［3］同光：五代後唐莊宗李存勖年號（923—926）。 客省使：官名。唐代宗時始置，五代沿置。客省長官，掌接待四方奏計及外族使者。

［4］王衍：人名。許州舞陽（今河南舞陽縣）人。王建幼子，五代十國前蜀皇帝。傳見本書卷一三六、《新五代史》卷六三。

［5］汶水：水名。即今山東大汶河。源出山東萊蕪市北，西流經東平縣南，至梁山東南入濟水。《輯本舊史》之影庫本粘籤："汶水，原本作'濟水'，今從《册府元龜》改正。"見《宋本册府》卷五七《帝王部·英斷門》。

［6］夷門：地名。原指戰國魏都大梁城東門，故址在今河南開封城内東北隅。夷門位於夷山，夷山因山勢平夷而得名，故門亦以山爲名。 朱友貞：人名。即五代後梁末帝。後梁太祖朱温之子。913年至923年在位。紀見本書卷八至卷一〇、《新五代史》卷三。

［7］樞密使：官名。樞密院長官。唐代宗時始以宦官掌機密，至昭宗時借朱温之力盡誅宦官，始改以士人任樞密使。備顧問，參謀議，出納詔奏，權侔宰相。參見李全德《唐宋變革期樞密院研究》，國家圖書館出版社2009年版。 宋光嗣：人名。籍貫不詳。五代十國前蜀大臣、宦官。事見本書本卷《李嚴傳》、《新五代史》卷六三。

［8］鄆州：州名。治所在今山東東平縣。

［9］甘涼：甘州（治所在今甘肅張掖市）、涼州（治所在今甘肅武威市）的合稱，代指唐朝在河西地區設置的河西軍。

［10］海外：《宋本册府》卷六六〇《奉使部·敏辯門二》同，同書卷六五二《奉使部·宣國威門》作"渤海"。

［11］幽陵：指唐代所置幽陵都督府。唐貞觀二十一年（647）以鐵勒拔野古部置，屬燕然都護府。約在今俄羅斯、蒙古國鄂嫩河

以東及蒙古國克魯倫河南北地區。永淳、垂拱時突厥、鐵勒相繼叛唐後，内遷於夏州以北河套内地。屬安北都護府。

[12]岐下：岐山以下。此指鳳翔。

[13]荆、吴即余所未知：中華書局本有校勘記："'荆吴即'三字原闕，據《册府》卷六六〇補。《册府》（宋本）卷六五二作'荆吴則僕所未知'。"

[14]宋公：即岐王李茂貞。李茂貞原名宋文通。宋光嗣侍奉前蜀高祖王建的女兒普慈公主，公主爲岐王李茂貞的侄兒李繼崇之妻，故稱姻好。

[15]大國不足信也：中華書局本有校勘記："'國'字原闕，據《册府》卷六五二、卷六六〇補。"

[16]似聞契丹部族，近日稍强，大國可無慮乎：《宋本册府》卷六六〇同，同書卷六五二《奉使部·宣國威門》："似聞契丹之族近日强盛，大國得無備乎？"

[17]當置度外：中華書局本有校勘記："孔本、《册府》卷六六〇作'終難絶類'。"

[18]未欲窮兵黷武故也：中華書局本有校勘記："'故'字原闕，據《册府》卷六五二、卷六六〇補。"

[19]光嗣聞嚴辯對：中華書局本有校勘記："'嚴'字原闕，據《册府》卷六五二、卷六六〇補。"

[20]故平蜀之謀，始於嚴：明本《册府》卷二三三《僭僞部·矜大門》："（同光）三年八月戊辰，客省使李嚴使蜀迴。初，帝令嚴市蜀中珍玩，蜀法嚴峻，不許奇貨東出，其許市者謂之入草物。嚴不獲珍貨，歸而奏之，帝大怒曰：'物歸中夏者，命之曰入草，王衍寧免爲入草之人耶？'由是伐蜀之意鋭矣。"《宋本册府》卷六五二《奉使部·宣國威門》："後唐李嚴爲客省使。同光初，僞蜀王衍使人致書，其詞甚抗。莊宗遣嚴報聘，且市中宫中珍玩，蜀人皆禁而不東。"

　　郭崇韜起軍之日，[1]以嚴爲三川招撫使，[2]嚴與先鋒使康延孝將兵五千，[3]先驅閣道，[4]或馳以詞説，或威以兵鋒，大軍未及，所在降下。延孝在漢州，[5]王衍與書曰：“可請李司空先來，[6]余即舉城納款。”衆咸以討蜀之謀始於嚴，衍以甘言，將誘而殺之，欲不令往。嚴聞之喜，即馳騎入益州，[7]衍見嚴於母前，以母、妻爲託。即日，引蜀使歐陽彬迎謁魏王繼岌。[8]蜀平班師，會明宗即位，遷泗州防禦使兼客省使。[9]長興初，安重誨謀欲控制兩川，嚴乃求爲西川兵馬都監，[10]庶効方略。孟知祥覺之，既至，執而害之。[11]贈太保。[12]

　　[1]郭崇韜：人名。代州雁門（今山西代縣）人。五代後唐大臣。傳見本書卷五七、《新五代史》卷二四。

　　[2]三川：唐中葉後，以劍南西川、劍南東川及山南西道三鎮合稱“三川”。　招撫使：官名。掌招撫征伐之事。係臨時設置之統兵官。　以嚴爲三川招撫使：“招撫使”，《舊五代史考異》：“案：《歐陽史》作招討使。”見《新五代史》卷二六《李嚴傳》。《輯本舊史》卷三三《唐莊宗紀七》同光三年（925）九月庚子條、《通鑑》卷二七三同光三年九月條曰“西川管内招撫使”。

　　[3]先鋒使：官名。負責打探敵情、勘測地形、衝鋒陷陣等。康延孝：人名。代（今山西代縣）人。後唐將領。傳見本書卷七四、《新五代史》卷四四。

　　[4]先驅閣道：《輯本舊史》之影庫本粘籤：“閣道，原本作‘闢道’，今從《通鑑》改正。”按，《通鑑》未見此説。

　　[5]漢州：州名。治所在今四川廣漢市。

　　[6]李司空：即李嚴。司空爲官名。與太尉、司徒並爲三公。唐後期、五代多爲大臣、勳貴加官。正一品。

[7]益州：州名。治所在今四川成都市。 即馳騎入益州："益州"，《舊五代史考異》："案：《歐陽史》仍作益州。吳縝《纂誤》云：成都，唐初雖嘗有益州之名，尋即改爲蜀郡，後遂升爲府。自唐末歷五代，不復謂之益州，況此正古蜀郡成都之地，而古益州實不在此。"見《新五代史》卷二六《李嚴傳》。《宋本冊府》卷六五六《奉使部·立功門一三》："嚴聞之喜，曰：'俟魏王至，吾兩人大功立矣。'即馳騎入益州。"

[8]歐陽彬：人名。衡山（今湖南衡山縣）人。五代官員。事見本書本卷、卷三二。 繼岌：人名。即李繼岌。後唐莊宗長子，時封魏王。傳見本書卷五一、《新五代史》卷一四。

[9]泗州：州名。治所在今江蘇泗洪縣東南，今已没入洪澤湖中。 客省使：官名。唐代宗時始置，掌接待四方奏計及外族使者。五代沿置。

[10]安重誨：人名。應州（今山西應縣）人。五代後唐大臣。傳見本書卷六六、《新五代史》卷二四。 兩川：指唐、五代方鎮劍南東川、劍南西川，簡稱兩川或東、西川。唐至德二載（757）分劍南節度使東部地區置劍南東川節度使，治所在梓州（今四川三臺縣）。劍南西川，治所在成都府（今四川成都市）。 兵馬都監：官名。唐代中葉命將出征，常以宦官爲監軍、都監。後爲臨時委任的統兵官，稱都監、兵馬都監。掌屯戍、邊防、訓練之政令。

[11]執而害之：《舊五代史考異》："案《九國志·王彥銖傳》：李嚴之爲監軍也，密懷異謀，知祥數其過，命彥銖擒斬之，嚴之左右無敢動者。"見《九國志》卷七《王彥銖傳》。明本《冊府》卷二二七《僭僞部·謀略門》："是時客省使李嚴以嘗使於蜀，洞知其利病，因獻謀於重誨，請以己爲西川監軍，庶效方略，以制知祥。朝廷可之。及嚴至蜀，知祥延揖甚至，徐謂嚴曰：'都監前因奉使請兵伐蜀，遂使東西兩朝俱至破滅，三川之人，其怨已深。今既復來，人情大駭，固奉爲不暇也。'即遣人緝下階，斬於階前。"

[12]太保：官名。與太師、太傅並爲三師。唐後期、五代多爲

大臣、勳貴加官。正一品。

嚴之母，賢明婦人。初，嚴將赴蜀，母曰：“汝前啓破蜀之謀，今又入蜀，將死報蜀人矣！與汝永訣。”既而果如其言。《永樂大典》卷一萬三百八十九。[1]

[1]《大典》卷一〇三八九“李”字韻“姓氏（三四）”事目。

李仁矩

李仁矩，本明宗在藩鎮時客將也。[1]明宗即位，録其趨走之勞，擢居内職，[2]復爲安重誨所庇，故數年之間，遷爲客省使、左衛大將軍。天成中，因奉使東川，董璋張筵以召之，仁矩貪於館舍，與倡妓酣飲，日既中而不至，大爲璋所詬辱，自是深銜之。長興初，璋既跋扈於東川，重誨奏以仁矩爲閬州節度使，[3]俾伺璋之反狀，時物議以爲不可。[4]及仁矩至鎮，偵璋所爲，曲形奏報，地里遐僻，朝廷莫知事實，激成璋之逆節，由仁矩也。長興元年冬十月，璋自率凶黨，以攻其城。[5]仁矩召軍校謀守戰利害，皆曰：“璋久圖反計，以賂誘士心，凶氣方盛，未可與戰，宜堅壁以守之。[6]儻旬浹之間，大軍東至，即賊必退。”仁矩曰：“蜀兵懦，安能當我精甲！”即驅之出戰，兵未交，爲賊所敗。既而城陷，仁矩被擒，舉族爲璋所害。《永樂大典》卷一萬三百八十九。[7]

[1]客將：官名。亦稱典客。唐末、五代藩鎮負責接待使節、賓客、出使等外交職責的武官。詳見吳麗娛《試論晚唐五代的客將、客司與客省》，《中國史研究》2002年第4期。

[2]内職：晚唐、五代時期皇帝試圖越過現有機構和機制，依靠自己身邊的謀士和辦事人員，直接處理政務軍機。這批謀士和辦事人員即“内職”，其中較有代表性的群體是諸使和“使臣”。詳見趙冬梅《文武之間：北宋武選官研究》，北京大學出版社2010年版，第9頁。

[3]左衛大將軍：官名。唐置，掌宫禁宿衛。唐代置十六衛，即左右衛、左右驍衛、左右武衛、左右威衛、左右領軍衛、左右金吾衛、左右監門衛、左右千牛衛。各置上將軍，從二品；大將軍，正三品；將軍，從三品。　“遷爲客省使”至“重誨奏以仁矩爲閬州節度使”：《輯本舊史》卷四〇《唐明宗紀六》天成四年（929）十月壬子條：“以内客省使、左衛大將軍李仁矩爲閬州節度使。”

[4]時物議以爲不可：中華書局本有校勘記：“‘可’字原闕，據劉本、《册府》卷四四七補。”見明本《册府》卷四四七《將帥部·輕敵門》。明本《册府》卷四四六《將帥部·生事門》：“初，朝廷昇閬州爲節度，制以仁矩代孫岳，物議不可。”

[5]“及仁矩至鎮”至“以攻其城”：《輯本舊史》之案語：“《九國志·趙季良傳》云：朝廷以夏魯奇、李仁矩分鎮遂、閬，季良言於孟知祥曰：‘朝廷增兵二鎮，張掎角之勢，將有不測之變也。公處親賢之地，以忠信見疑，儻失先機，則禍不旋踵矣。’知祥曰：‘計將安出？’季良曰：‘我甲兵雖衆，而勢孤易動，請與東川董璋合從，先平遂、閬，則朝廷兵至，我無内顧之憂矣。’知祥從之。蓋董璋之攻閬州，其謀皆由于知祥也。”見《九國志》卷七《趙季良傳》。

[6]宜堅壁以守之：“守”，明本《册府》卷四四七《將帥部·輕敵門》作“老”。

[7]《大典》卷一〇三八九“李”字韻“姓氏（三四）”事目。

康思立

康思立，晋陽人也。[1]少善騎射，事武皇爲爪牙，署河東親騎軍使。[2]莊宗嗣位，從解圍於上黨，敗梁人於柏鄉，[3]及平薊丘，[4]後戰於河上，皆有功，累承制加檢校户部尚書、右突騎指揮使。[5]莊宗即位，繼改軍帥，賜忠勇拱衛功臣，加檢校尚書右僕射。[6]天成元年，授應州刺史，尋移嵐州，充北面諸蕃部族都監。[7]三年，遷宿州團練使。[8]四年，領昭武軍節度、利巴集等州觀察處置等使，改賜耀忠保節功臣。[9]長興初，朝廷舉兵討東川董璋，詔兼西面行營軍馬都指揮使。[10]二年，移鎮陝州。[11]清泰初，改授邢臺，[12]累官至檢校太傅，封會稽郡開國侯。[13]二年，入爲右神武統軍。[14]三年，充北面行營馬軍都指揮使。是歲閏十一月，卒於軍，年六十三。

[1]晋陽：縣名。治所在今山西太原市。

[2]武皇：即李克用。後唐莊宗即位，追謚其爲武皇帝，廟號太祖，陵在雁門。李克用，沙陀部人，生於神武川新城（一説今山西朔州市朔城區之梵王寺村，一説今山西應縣縣城，一説今山西懷仁縣之日中城）。五代後唐實際奠基者。紀見本書卷二五至卷二六，事見《新五代史》卷四。　河東：方鎮名。治所在今山西太原市。

　親騎軍使：官名。所部統兵將領。親騎爲部隊番號。

[3]上黨：即潞州。治所在今山西長治市。　柏鄉：縣名。治所在今河北柏鄉縣。

[4]薊丘：地名。位於薊城（今北京城西南）西北隅。中華書局本有校勘記：“‘薊丘’，原作‘薊兵’，據《册府》卷三六〇、

卷三八七改。"見《宋本册府》卷三六〇《將帥部·立功門一三》、卷三八七《將帥部·褒異門一三》。

[5]檢校户部尚書：檢校官名。地方使職帶檢校三公、三師及臺省官之類，表示遷轉經歷和尊崇的地位，檢校户部尚書爲其中之一階，爲虚銜。　右突騎指揮使：官名。所部統兵將領。突騎爲部隊番號。

[6]檢校尚書右僕射：官名。尚書右僕射。秦始置。隋、唐前期以左、右僕射佐尚書令總理六官，綱紀庶務；如不置尚書令，則總判省事，爲宰相之職。唐後期多爲大臣加銜。檢校官無實際執掌。從二品。

[7]應州：州名。治所在今山西應縣。　嵐州：州名。治所在今山西嵐縣。　都監：官名。唐代中葉命將出征，常以宦官爲監軍、都監。後爲臨時委任的統兵官，稱都監、兵馬都監。掌屯戍、邊防、訓練之政令。

[8]宿州：州名。治所在今安徽宿州市。　團練使：官名。唐代中期以後，於不設節度使的地區設團練使，掌本區各州軍事。

[9]昭武軍：方鎮名。治所在利州（今四川廣元市）。　利：州名。治所在今四川廣元市。　巴：州名。治所在今四川巴中市。　集：州名。治所在今四川南江縣。　觀察處置使：官名。即觀察使之全稱。唐代後期初設的地方軍政長官。唐玄宗開元二十一年（733）置十五道採訪使，唐肅宗乾元元年（758）改爲觀察使。無旌節，地位低於節度使。掌一道州縣官的考績及民政。

[10]西面行營軍馬都指揮使：官名。疑爲"西面行營馬軍都指揮使"，行營馬軍長官。五代軍隊編制，五百人爲一指揮，設指揮使、副指揮使；十指揮爲一軍，設都指揮使、副都指揮使。

[11]陜州：州名。治所在今河南三門峽市陜州區。　移鎮陜州：《舊五代史考異》："案《通鑑》：潞王至靈寶，思立謀固守陜城以俟康義誠。先是，捧聖五百騎戍陜，爲潞王前鋒，至城下，呼城上人曰：'禁軍十萬已奉新帝，爾輩數人奚爲！徒累一城人塗地

耳！'於是捧聖卒争出迎，思立不能禁，亦出迎。"見《通鑑》卷二七九清泰元年（934）三月條。明本《册府》卷一一《帝王部·繼統門三》：清泰元年三月"二十六日，是日，陕州節度使康思立奉迎"。同書卷三九《帝王部·睦親門》："閔帝應順元年正月，陕州康思立言河中節度使洋王從璋在任日，用内省絹未填。帝以昆仲，不之報。"

[12]清泰：五代後唐廢帝李從珂年號（934—936）。 邢臺：此處代指安國軍，治所在邢州（今河北邢臺市）。 改授邢臺：《新五代史》卷二七《康思立傳》作"徙安遠，又徙安國"，邢臺即安國，則爲兩任。

[13]會稽：縣名。治所在今浙江紹興市越城區。

[14]右神武統軍：官名。唐代右神武軍統兵官。唐置六軍，分左、右羽林，左、右龍武，左、右神武等，即"北衙六軍"。興元元年（784），六軍各置統軍，以寵勳臣。其品秩，《唐會要》卷七一、《舊唐書》卷一二記載爲"從二品"，《通鑑》卷二二九興元元年正月辛丑條記載爲"從三品"。

思立本出陰山諸部，性純厚，善撫將士，[1]明宗素重之，故即位之始，首以應州所生之地授焉。[2]其後歷二郡三鎮，[3]皆得百姓之譽。末帝以其年高，[4]徵居環衛。及出幸懷州，以北師不利，乃命思立統駕下騎軍赴團柏谷以益軍勢，俄而楊光遠以大軍降於太原，[5]思立因憤激，疾作而卒焉。晋高祖即位，追其宿舊，爲輟朝一日，贈太子少師。[6]《永樂大典》卷一萬八千一百二十九。[7]

[1]陰山：山名。即今内蒙古河套西北之陰山山脉。 善撫將

士：《宋本册府》卷一四八《帝王部・知臣門》、卷七八二《總録部・榮遇門》作“善撫御”。

　　[2]首以應州所生之地授焉：中華書局本有校勘記：“‘首’字原闕，據《永樂大典》卷一三四五一引五代《薛史》後唐《康思立傳》補。”見《大典》卷一三四五一“士”字韻“將士”事目。

　　[3]其後歷二郡三鎮：中華書局本有校勘記：“‘二郡’原作‘三郡’，據《册府》卷一四八改。按本傳上文云康思立自應州刺史後又歷嵐州、宿州二郡。”見《宋本册府》卷一四八《帝王部・知臣門》。

　　[4]末帝：即後唐廢帝李從珂，又稱末帝。鎮州平山（今河北平山縣）人。本姓王氏，爲後唐明宗養子，改名從珂。紀見本書卷四六至卷四八、《新五代史》卷七。

　　[5]懷州：州名。治所在今河南沁陽市。　團柏谷：地名。位於今山西祁縣，是太原與上黨地區間交通要道。　楊光遠：人名。沙陀部人。五代後唐、後晋將領。傳見本書卷九七、《新五代史》卷五一。

　　[6]太子少師：官名。與太子少傅、太子少保合稱“三少”，唐後期、五代多爲大臣、勳貴加官。從二品。“太子少師”，《舊五代史考異》：“《歐陽史》作太子少傅。”按：《新五代史》卷二七《康思立傳》實作“太子少師”。

　　[7]《大典》卷一八一二九“將”字韻“後唐將（二）”事目。

張敬達

　　張敬達，字志通，代州人，[1]小字生鐵。父審，素有勇，事武皇爲列校，歷廳直軍使，[2]同光初卒於軍。敬達少以騎射著名，莊宗知之，召令繼父職，平河南有功，繼加檢校工部尚書。[3]明宗即位，歷捧聖指揮使、檢校尚書左僕射。[4]長興中，改河東馬步軍都指揮使，超授檢校司徒，領欽州刺史。[5]三年，加檢校太保、應州節度使。[6]四年，遷雲州。[7]時以契丹率族帳自黑榆林捺剌泊移至沒越泊，[8]云借漢界水草，敬達每聚兵塞下，以遏其衝。契丹竟不敢南牧，邊人賴之。[9]

[1]代州：州名。治所在今山西代縣。

[2]審：人名。即張審。事迹不詳。　列校：指代諸校或校尉。廳直軍使：官名。所部統兵將領。廳直爲部隊番號。

[3]檢校工部尚書：檢校官名。爲散官或加官。地方使職帶檢校三公、三師及臺省官之類，表示遷轉經歷和尊崇的地位，檢校工部尚書爲其中之一階，爲虛銜。無實際執掌。

[4]捧聖指揮使：官名。所部統兵將領。捧聖爲部隊番號。檢校尚書左僕射：官名。尚書左僕射，隋唐宰相名號。檢校尚書左僕射爲散官或加官。

[5]馬步軍都指揮使：官名。五代時侍衛親軍長官。多由皇帝親信擔任。　檢校司徒：官名。司徒，與太尉、司空並爲三公。檢校司徒爲散官或加官。　欽州：州名。治所在今廣西欽州市。

[6]檢校太保：官名。爲散官或加官。　應州：州名。治所在今山西應縣。　加檢校太保、應州節度使：《輯本舊史》卷四〇《唐明宗紀六》天成四年（929）六月壬寅條：“以北京馬步軍都指揮使兼欽州刺史張敬達爲鳳州節度使。”郭武雄《五代史輯本證補》：“張敬達蓋由北京馬步指揮使、欽州刺史授應州節度使，非鳳州節度使也。”參見郭武雄《五代史輯本證補》，臺灣商務印書館1976年版。

[7]雲州：州名。治所在今山西大同市。

[8]黑榆林：地名。位於獨石口北百六十里元上都故址（今内蒙古錫林郭勒盟正藍旗召乃門蘇木）以西之榆木山。參見賈敬顏《五代宋金元人邊疆行記十三種疏證稿》，中華書局2004年版。

捺剌泊：水名。《新五代史》卷七二《四夷附録一》作"揆剌泊"。賈敬顏指出，捺剌泊或爲後日所稱之羊城濼，在今河北沽源縣東北。參見《五代宋金元人邊疆行記十三種疏證稿》。 没越泊：地名。位於今内蒙古呼和浩特市附近。《讀史方興紀要》卷四四《山西六·大同府》："没越泊，在府西北。《一統志》：'没越濼、大鹽濼俱在府西四百里，近古豐州。'" 時以契丹率族帳自黑榆林捺剌泊移至没越泊：中華書局本有校勘記："'捺剌泊'三字原闕，據《通鑑》卷二七八胡注引《薛史》補。'移'字原闕，據《册府》卷四二九補。'没越泊'三字原闕，據《通鑑》卷二七八胡注引《薛史》、《册府》卷四二九補。"見《通鑑》卷二七八長興三年（932）十一月己丑條胡注、明本《册府》卷四二九《將帥部·守邊門》。

[9]契丹竟不敢南牧，邊人賴之：契丹南下事詳見《宋本册府》卷九八〇《外臣部·通好門》："（長興三年）十一月乙巳，雲州節度使張敬達奏：探得契丹主在黑榆林南捺剌泊率蕃族三百帳，見製造攻城之具，云蕃界無草，欲借漢界水草。詔親直指揮使張萬全、供奉官周務謙賫書國信雜綵五百疋、銀器二百兩，往賜契丹王。"其中以此事在長興三年（932）十一月，而本傳謂四年遷雲州，待考。

清泰中，自彭門移鎮平陽，[1]加檢校太傅，從石敬瑭爲北面兵馬副總管，仍屯兵雁門。[2]未幾，晉高祖建義，[3]末帝詔以敬達爲北面行營都招討使，[4]仍使悉引部下兵圍太原，以定州節度使楊光遠副焉。[5]尋統兵三萬，營于晉安鄉。[6]末帝自六月繼有詔促令攻取，敬達設長城連栅、雲梯飛礮，使工者運其巧思，窮土木之力。時督事者每有所構，[7]則暴風大雨，平地水深數尺，而城栅崩墮，竟不能合其圍。九月，契丹至，敬達大敗，尋爲所圍。晋高祖及蕃衆自晋安寨南門外，[8]長百餘里，闊五十里，布以氊帳，用毛索掛鈴，[9]而部伍多犬，以備警急。營中嘗有夜遁者，出則犬吠鈴動，跬步不能行焉。自是敬達與麾下部曲五萬人，馬萬匹，無由四奔，但見穹廬如崗阜相屬，諸軍相顧失色。始則削木篩糞，以飼其馬，日望朝廷救軍，及馬漸羸死，[10]則與將士分食之，馬盡食彈。副將楊光遠、次將安審琦知不濟，[11]勸敬達宜早降以求自安。敬達曰："吾受恩於明宗，位歷方鎮，主上授我大柄，而失律如此，已有愧於心也。今救軍在近，旦暮雪耻有期，諸公何相迫耶！待勢窮，則請殺吾，携首以降，亦未爲晚。"光遠、審琦知敬達意未決，恐坐成魚肉，遂斬敬達以降。[12]

[1]彭門：地名。彭城縣或彭城郡的別稱。治所在今江蘇徐州市。本書卷四七《唐末帝紀中》云，清泰二年（935）十一月，"以徐州節度使張敬達爲晋州節度使"。　平陽：地名。位於今山西臨汾市。

[2]石敬瑭：人名。沙陀部人。五代後唐將領、後晋開國皇帝。紀見本書卷七五至卷八〇、《新五代史》卷八。　北面兵馬副總管：官名。北面行營副長官。　雁門：方鎮名。治所在代州（今山西代縣）。

[3]晋高祖：即石敬瑭。　建義：起兵。

[4]北面行營都招討使：官名。五代時掌一方招撫討伐等事務。戰時任命，兵罷則省。常以大臣、將帥或地方軍政長官兼任。　末帝詔以敬達爲北面行營都招討使："北面行營都招討使"，《舊五代史考異》："案：《歐陽史》作太原四面招討使。"見《新五代史》

卷三三《張敬達傳》。《輯本舊史》卷四八《唐末帝紀下》清泰三年五月乙卯條作"太原四面兵馬都部署，尋改爲招討使"。

[5]太原：府名。治所在今山西太原市。　定州：州名。治所在今河北定州市。

[6]晉安鄉：地名。位於今山西太原市。

[7]時督事者每有所構：中華書局本有校勘記："'事'，原作'布'，據殿本、劉本、孔本、《册府》卷八、卷三七四、卷四四四改。"見《宋本册府》卷八《帝王部·創業門四》、卷三七四《將帥部·忠門五》、卷四四四《將帥部·陷没門》。

[8]尋爲所圍。晉高祖及蕃衆自晉安寨南門外：中華書局本有校勘記："《册府》（宋本）卷四四四作'尋爲晉祖及蕃衆所迫，一夕圍合，蕃衆自晉安寨南門外'，《册府》（宋本）卷三七四略同。影庫本粘籤：'原本脱"所圍"二字，今據《册府元龜》增入。'今檢《册府》，無'所圍'二字。"《宋本册府》卷八：清泰三年九月，"時張敬達、楊光遠列陣西山之下，士未及伍，而（高）行周、（符）彦卿爲伏兵所斷，捨軍而退，敬達等步兵大敗，死者萬人"。明本《册府》卷四四三《將帥部·敗衄門三》："張敬達爲校尉太保、應州刺史。清泰三年九月，敬達奏：'此月十五日，與契丹戰于太原城下，王師敗績。'時契丹主自率部族來援太原，高行周、符彦卿率左右厢騎軍出鬭，蕃軍引退。巳時後，蕃軍復成列。張敬達、楊光遠、安審琦等陣於賊西北，倚山橫陣。諸將奮擊，蕃軍屢却。至晡，我騎軍將移陣，蕃軍如山而進，王師大敗，投兵仗相籍而死者山積。是夕，收拾餘衆，保於晉祠南晉安寨。蕃軍塹而圍之。自是，音問阻絶，朝廷大怒。"《宋本册府》卷九八七《外臣部·征討門六》："詔遣侍衛步軍都指揮使符彦饒率兵屯河陽，詔范延光率兵繇青山路趨榆次，詔幽州趙德鈞繇飛狐路出賊軍後，耀州防禦使潘環合防戎軍出慈、隰，以援張敬達。"

[9]用毛索掛鈴：中華書局本有校勘記："'掛'字原闕，據殿本、劉本、邵本、彭本補。《册府》卷三七四、卷四四四作'懸'。"

［10］及馬漸贏死：中華書局本有校勘記："'馬'字原闕，據《册府》卷三七四、卷四四四補。"

［11］安審琦：人名。沙陀部人。五代將領。歷仕後唐、後晉、後漢、後周。傳見本書卷一二三。

［12］遂斬敬達以降：《舊五代史考異》："案《契丹國志》：楊光遠謀害張敬達，諸將高行周陰爲之備，敬達疎于防禦，推遠行周等。清晨，光遠上謁，見敬達左右無人，遂殺之。"見《契丹國志》卷二《太宗紀上》天顯十年（後唐清泰二年，935）十一月條。

末帝聞其歿也，愴慟久之。時戎王告其部曲及漢之降者曰："爲臣當如此人！"[1]令部人收葬之。晋高祖即位後，所有田宅，咸賜其妻子焉。[2]時議者以敬達嘗事數帝，亟立軍功，及領藩郡，不聞其濫，繼屯守塞垣，復能撫下，而臨難固執，不求苟免，乃近代之忠臣也。晋有天下，不能追懋官封，賞其事蹟，非激忠之道也。《永樂大典》卷六千三百五十一。[3]

［1］戎王：即耶律德光。契丹族。遼太祖耶律阿保機次子。遼朝太宗皇帝。927年至947年在位。紀見《遼史》卷三至卷四。

［2］所有田宅，咸賜其妻子焉：明本《册府》卷一六九《帝王部·納貢獻門》："晋高祖天福二年二月丙戌，故晉州節度使張敬達母朱氏進銀器、駝馬，謝恩賜還舊業。"

［3］中華書局本有校勘記："檢《永樂大典目録》，卷六六五一'江'字韻'江名（一）'與本則内容不符，恐有誤記。陳垣《舊五代史輯本引書卷數多誤例》謂應作卷六三五一'張'字韻'姓氏（二一）'。"今據陳垣説改。

舊五代史　卷七一

唐書四十七

列傳第二十三[1]

[1]按，本卷末無史論。

馬郁

馬郁，其先范陽人。[1]郁少警悟，有俊才，多智數，[2]言辯縱橫，下筆成文。乾寧末，爲幽州府刀筆小吏。[3]時節帥李匡威爲王鎔所殺，[4]鎔書報其弟匡儔，[5]云匡威謀危軍府，衷甲竊發，與三軍接戰而殁。[6]匡儔遣使於鎔，問謀亂本末，幕客爲書，多不如旨。郁時直記室，[7]即起草，爲之條列事狀，云可疑者十，詞理俊贍，以此知名。《永樂大典》卷三千三百九十四。[8]因得署幕職。[9]嘗使於王鎔，[10]鎮州官妓有轉轉者，[11]美麗善歌舞，因宴席，郁累挑之。鎔幕客張澤亦以文章有名，[12]謂郁曰："子能座上成賦，可以此妓奉酬。"[13]郁抽筆操紙，即時成賦，擁妓而去。《永樂大典》卷一萬四千八百二十八。[14]

[1]范陽：地名。位於今北京市。　馬郁，其先范陽人：《舊五代史考異》：“案：尹洙《河南集・韓國華誌銘》作燕客馬彧，韓琦《安陽集・重修五代祖塋域記》亦作幕吏馬彧。考宋人説部載韓定辭唱和詩俱作馬彧，與《薛史》異。惟《雲谷雜記》從《通鑑》作郁，與《薛史》同。”中華書局本對此有校勘記：“‘韓國華’，原作‘韓重華’，據《河南先生文集》卷一六改。按《宋史》卷二七七有《韓國華傳》。‘馬彧’，原作‘馬郁’，據殿本、《安陽集》卷四六《重修五代祖塋域記》改。”《宋本册府》卷七一八《幕府部・才學門》、卷七二九《幕府部・辟署門四》作“馬郁，幽州人”。

[2]多智數：“多”字據《宋本册府》卷七一八補。

[3]乾寧：唐昭宗李曄年號（894—898）。　幽州：州名。治所在今北京市。中華書局本有校勘記：“‘幽州’二字原闕，據《册府》卷七一八補。”　爲幽州府刀筆小吏：《北夢瑣言》卷一三“李全忠蘆生三節”條：“有馬郁者，少負文藝。匡威曾問其年，郁曰：‘弱冠後，兩周星。’傲形於色。後匡威繼父爲侯，首召馬郁問曰：‘子今弱冠後幾周星歲？’郁但頓顙謝罪，匡威曰：‘好子之事，吾平生所愛也，何懼之有？’因署以府職。”《宋本册府》卷九四四《總録部・佻薄門》：“馬郁，唐末爲幽州刀筆小吏。少負文藝。節度使李全忠子威曾問其年，郁曰：‘弱冠後兩周星歲。’傲形于色。後威繼父爲帥，首召郁問曰：‘子今弱冠後幾周星歲？’郁但頓顙謝罪，威曰：‘如子之事，吾平生之所愛也，何懼之有？’因署以府職。”按，李威即李匡威，宋人爲避宋太祖諱而省“匡”字，下同。

[4]李匡威：人名。范陽（今河北涿州市）人。幽州節度使李全忠之子，襲父位爲節度使。唐末軍閥。傳見《舊唐書》卷一八〇、《新唐書》卷二一二。　王鎔：人名。回鶻人。唐末、五代軍閥，朱温後封趙王。傳見本書卷五四、《新五代史》卷三九。

時節帥李匡威爲王鎔所殺："時節帥"三字據《宋本册府》卷七一八補。

[5]匡儔：人名。即李匡儔。新、舊《唐書》作"李匡籌"。范陽（今河北涿州市）人。幽州節度使李全忠之子、李匡威之弟，唐末軍閥。傳見《舊唐書》卷一八〇、《新唐書》卷二一二。

[6]"云匡威謀危軍府"至"與三軍接戰而殁"：此十八字據《宋本册府》卷七一八補。

[7]郁時直記室：中華書局本有校勘記："'時'，原作'將'，據殿本、劉本、《册府》卷七一八改。"

[8]《大典》卷三三九四"文"字韻"事韻"，應爲"下筆成文"事目。《輯本舊史》之孔本案語："《太平廣記》：匡儔忿其兄之見殺，即舉全師伐趙之東鄙，將釋其憤氣，而致十疑之書。趙王遣記室張澤以事實答之，其略曰：'營中將士，或可追呼；天上雷霆，何人計會。'詞多不載。"中華書局本有校勘記："'伐'，原作'代'，據《太平廣記》卷一九二引《劉氏耳目記》改。"

[9]因得署幕職：此五字據《宋本册府》卷七一八補。

[10]嘗使於王鎔：中華書局本有校勘記："'使'，原作'侍'，據《册府》卷七三〇改。"《宋本册府》卷七三〇《幕府部·貪縱門》："嘗使於鎮州王鎔。"

[11]鎮州：州名。治所在今河北正定縣。　鎮州官妓有轉轉者：中華書局本有校勘記："'鎮州'下原有'中'字，據《册府》卷七三〇删。"

[12]張澤：人名。籍貫不詳。事見本書本卷。　鎔幕客張澤亦以文章有名："鎔""有"二字據《宋本册府》卷七三〇補。

[13]子能座上成賦，可以此妓奉酬：《輯本舊史》之影庫本粘籤："座上，原本作'産上'，今據文改正。"《宋本册府》卷七三〇亦作"座上"。《舊五代史考異》："案：《太平廣記》作韓定辭請馬郁爲賦，與《薛史》異。"見《太平廣記》卷二〇〇《文章三·韓定辭》引《北夢瑣言》。

[14]《大典》卷一四八二八"賦"字韻"賦題（三）"事目。

劉仁恭入燕，用爲掌書記。[1]唐天祐元年，汴人寇滄景，仁恭求援於武皇，武皇徵其兵，同攻潞州。仁恭遣郁與監軍張居翰率師數萬赴會。[2]澤潞既平，仁恭爲其子守光所囚，兄守文又失滄景，乃留郁不遣，署爲副留守。[3]

[1]劉仁恭：人名。深州（今河北深州市）人。唐末、五代軍閥，時爲幽州節度使。傳見《新唐書》卷二一二。　掌書記：官名。唐、五代方鎮僚屬，位在判官下。掌表奏書檄、文辭之事。

[2]天祐：唐昭宗李曄開始使用的年號（904），唐哀帝李柷沿用（904—907）。唐亡後，河東李克用、李存勗仍稱天祐，沿用至天祐二十年（923）。五代十國其他政權亦有行此年號者，如南吳、吳越等。　滄景：方鎮名。即橫海軍。治所在滄州（今河北滄縣舊州鎮）。　武皇：後唐太祖李克用謚號。莊宗即位，追謚武皇帝，廟號太祖，陵在雁門。李克用，沙陀部人，生於神武川新城（一說今山西朔州市朔城區之梵王寺村，一說今山西應縣縣城，一說今山西懷仁縣之日中城）。五代後唐實際奠基者。紀見本書卷二五至卷二六、《新五代史》卷四。　潞州：州名。治所在今山西長治市。　監軍：官名。爲臨時差遣，代表朝廷協理軍務、督察將帥。唐、五代時常以宦官爲監軍。　張居翰：人名。籍貫不詳。唐末、五代宦官。傳見本書卷七二、《新五代史》卷三八。

[3]澤潞：方鎮名。治所在潞州（今山西長治市）。　守光：人名。即劉守光。深州樂壽（今河北獻縣）人。唐末、五代幽州節度使劉仁恭之子。劉守光囚父自立，後號大燕皇帝，爲晉王李存勗俘殺。傳見本書卷一三五、《新五代史》卷三九。　守文：人名。

即劉守文。深州（今河北深州市）人。唐末盧龍節度使劉仁恭長
子。唐末軍閥。後梁開平三年（909），被其弟劉守光殺死。事見本
書卷二、卷四、卷九八及《新五代史》卷五六、卷七二。　副留
守：官名。古代在都城、陪都或軍事重鎮所設留守，由地方行政長
官兼任。副留守爲留守之貳。　"劉仁恭入燕"至"署爲副留
守"：《宋本册府》卷七二九《幕府部·辟署門四》。《輯本舊史》
卷二六《唐武皇紀下》天祐三年（906）九月條："汴帥親率兵攻滄
州，幽州劉仁恭遣使來乞師，武皇乃徵兵於仁恭，將攻潞州，以解
滄州之圍。仁恭遣掌書記馬郁、都指揮使李溥等將兵三萬，會於晋
陽，武皇遣周德威、李嗣昭合燕軍以攻澤潞。"同書卷七二《張居
翰傳》："天祐三年，汴人攻滄州，仁恭求援於武皇，乃遣居翰與書
記馬郁等率兵助武皇同攻潞州，武皇因留之不遣。"同書卷一三五
《劉守光傳》："自（天祐三年）七月至十月，仁恭遣使求援於晋，
前後百餘輩，武皇乃徵兵於燕，仁恭遣都將李溥夏侯景、監軍張居
翰、書記馬郁等，以兵三萬來會。十二月，合晋師以攻潞州，降丁
會，乃解滄州之圍。"《宋本册府》卷一七二《帝王部·求舊門二》
同光二年（923）十一月條："（王）緘，燕人，初爲劉仁恭幕吏。
天祐四年，仁恭遣緘使鳳翔，路由太原，及復命，燕晋不通。帝留
之，言不遜，命繫於獄，尋脫之，署巡官，帝待之甚厚。時有馬郁
者，亦仁恭之幕賓也。三年冬，仁恭令郁將兵三萬，會于晋陽，攻
潞州，因兹亦留於晋。帝以郁爲留守判官。郁、緘俱有文才，然郁
博通多識，才性朗俊，下筆成章。郁死，軍書墨制多出於緘。"明
本《册府》卷九三九《總録部·譏誚門》："王緘，幽州劉仁恭故吏
也。莊宗承制，授魏博節度副使。緘博學善屬文，燕薊多文士，緘
後生，未知名。及在太原，名位驟達。燕人馬郁，有盛名於鄉里，
而緘素以吏職事郁。及郁在太原，謂緘曰：'公在此作文士，所謂
避風之鳥，受賜於魯人也。'每於公宴，但呼王緘而已。"其事亦見
《輯本舊史》卷六〇《王緘傳》。《宋本册府》卷九四四《總録部·
佻薄門》："郁初與同幕王緘皆事燕王劉仁恭，郁本府名位先達，緘

學術雖優，然才性梗滯，居燕時職官未達，故郁在河東稠人廣衆之中頤指緘，有所請謁，呼王緘而已。常閲所爲文，因謂之曰：‘孰知王緘中道有言語，得無異乎？’”

　　郁在武皇幕，累官至檢校司空、祕書監。[1]武皇與莊宗禮遇俱厚，[2]歲時給賜優異。[3]監軍張承業，[4]本朝舊人，權貴任事，人士脅肩低首候之。唯郁以滑稽侮狎，[5]其往如歸，有時直造臥内。每賓僚宴集，承業出異方珍果陳列于前，客無敢先嘗者，當郁前者，食之必盡。[6]承業私戒主膳者曰：“他日馬監至，唯以乾藕子置前而已。”[7]郁至窺之，知其不可啖，[8]異日，韉中出一鐵樋，碎而食之，[9]承業大笑曰：“爲公易饌，勿敗余食案。”[10]其俊率如此。《册府元龜》卷八百五十五。[11]

　　[1]檢校司空：官名。爲散官或加官，以示恩寵加此官，無實際執掌。司空，與太尉、司徒並爲三公。　　祕書監：官名。東漢始置。掌圖書秘記等事宜。從三品。

　　[2]莊宗：人名。即李存勗。沙陀部人，後唐開國皇帝。923年至926年在位。紀見本書卷二七至卷三四、《新五代史》卷四至卷五。

　　[3]歲時給賜優異：中華書局本有校勘記：“‘歲時’二字原闕，據殿本、孔本、《册府》卷七二九、卷八五五補。”見《宋本册府》卷七二九《幕府部·辟署門四》、卷八五五《總録部·縱逸門》。

　　[4]張承業：人名。同州（今陝西大荔縣）人。唐末、五代宦官，河東監軍。傳見本書卷七二、《新五代史》卷三八。

　　[5]唯郁以滑稽侮狎：“唯”字據《御覽》卷九七五《果部一二·蓮》條引《後唐書》補。

［6］"承業出異方珍果陳列于前"至"食之必盡"：《舊五代史考異》："案：《太平御覽》引《後唐書》作陳列于前，客無敢先嘗者，當郁前者，食之必盡。"《御覽》卷九七五實作："承業出異方珍果陳列於前，客無敢先嘗者，當郁前者，食必盡。""異方""客無敢先嘗者""當郁前者"等十二字據《御覽》補。

［7］唯以乾藕子置前而已："藕"，《御覽》卷九七五作"蓮"。

［8］郁至窺之，知其不可啖：中華書局本有校勘記："'之知'二字原闕，據《册府》卷八五五、《御覽》卷九七五引《後唐書》改。"

［9］轞中出一鐵槌，碎而食之：《御覽》卷九七五作："轞中置鐵鎚，出以擊之。"

［10］爲公易饌，勿敗余食案：中華書局本有校勘記："'易'，原作'設異'，據《册府》（宋本）卷八五五、《御覽》卷九七五引《後唐書》改。""勿敗余食案"，《宋本册府》卷八五五作"勿敗余食按"，《御覽》卷九七五作"勿敗予桉"。

［11］《宋本册府》卷八百五十五《總録部・縱逸門》。

郁在莊宗幕府，自李襲吉卒後，每有四方會盟書檄，多命郁爲之，答吳蜀書、與王檀檄，皆郁文也。[1]

［1］李襲吉：人名。洛陽（今河南洛陽市）人。唐末進士、官員。傳見本書卷六〇、《新五代史》卷二八。　吳：五代十國之吳國。　蜀：五代十國之前蜀。　王檀：人名。京兆（今陝西西安市）人。後梁將領。傳見本書卷二二、《新五代史》卷二三。"郁在莊宗幕府"至"皆郁文也"：《宋本册府》卷七一八《幕府部・才學門》。《宋本册府》卷九四四《總録部・佻薄門》："後爲莊宗太原副留守。"

　　郁在莊宗幕，寄寓他土，年老思歸，[1]每對莊宗歔
欷，[2]言家在范陽，乞骸歸國，以葬舊山。莊宗謂之曰：
"自卿去國已來，同舍孰在？守光尚不能容父，能容卿
乎！孤不惜卿行，[3]惜卿不得死爾。[4]"郁既無歸路，衷
懷嗚悒，[5]竟卒于太原。[6]《册府元龜》卷九百五十三。[7]

　　[1]年老思歸："歸"，原作"鄉"，據《宋本册府》卷九五三
《總錄部·傷感門》改。

　　[2]歔欷：原作"欷歔"，據《宋本册府》卷九五三改。

　　[3]孤不惜卿行：中華書局本有校勘記："'行'字原闕，據殿
本、《册府》卷九五三補。"

　　[4]惜卿不得死爾：中華書局本有校勘記："'惜'，原作
'但'，據《册府》（宋本）卷九五三改。孔本作'以'。"

　　[5]衷懷嗚悒："悒"，原作"咽"，據《宋本册府》卷九五
三改。

　　[6]太原：府名。治所在今山西太原市。

　　[7]《宋本册府》卷九五三《總錄部·傷感門》。《輯本舊史》
之案語："《馬郁傳》，《永樂大典》僅存二條，今採《册府元龜》
以補其闕。"

司空頲

　　司空頲，貝州人。[1]唐僖宗時，舉進士不中，[2]退之
中條山，依司空圖，圖以宗姓，指授爲文刀尺，薦託於
朝。[3]屬天子播遷，三輔大亂，[4]乃還鄉里。羅紹威爲節
度副大使，頲以所業干之，[5]幕客公乘億爲延譽，[6]羅弘
信署爲府參軍，辟館驛巡官，[7]改節度巡官，歷掌書

記。[8]張彥之亂，命判官王正言草奏，正言素不能文，不能下筆，彥怒詬曰：“鈍漢乃辱我！”推之下榻。問孰可草奏者，有言頲，羅王時書記，乃馳騎召之。頲揮筆成文，詆斥梁君臣，彥甚喜，以爲判官。[9]及張彥復脅賀德倫降於唐，[10]德倫遣頲先奉狀太原。[11]莊宗仍以頲爲判官，後以頲權軍府事。[12]頲有姪在梁，遣家奴以書召之，都虞候張裕擒其家奴，以謂通于梁，遂見殺。[13]《永樂大典》卷三千三百九十四。[14]

[1]貝州：州名。治所在今河北清河縣。　貝州人：《輯本舊史》之影庫本粘籤：“貝州人，《歐陽史》作博陽，今附識于此。”《新五代史》卷五四《司空頲傳》作：“司空頲，貝州清陽人也。”《宋本册府》卷七二九《幕府部·辟署門四》：“司空頲，貝州清陽人。”同書卷九五三《總録部·不遇門》：“司空頲，貝州青陽人。”

[2]僖宗：即唐僖宗李儇。873年至888年在位。紀見《舊唐書》卷一九下、《新唐書》卷九。　唐僖宗時，舉進士不中：《宋本册府》卷七二九：“景福中，舉進士不第。”同書卷九五三：“舉進士不第。”

[3]中條山：山名。位於今山西西南部，黄河與涑水、沁河之間。　司空圖：人名。臨淄（今山東淄博市臨淄區）人。一説河中虞鄉（今山西永濟市）人。唐末進士、官員。後隱居中條山。傳見本書附録、《舊唐書》卷一九〇下、《新唐書》卷一九四。　“退之中條山”至“薦託於朝”：此二十三字據《宋本册府》卷九五三補。

[4]三輔：地區名。漢代時以京兆尹、左馮翊、右扶風爲三輔，轄境相當於陝西省中部地區。至唐代仍沿襲此稱呼。

[5]羅紹威：人名。魏州貴鄉（今河北大名縣）人。唐末軍

閡。傳見本書卷一四、《新五代史》卷三九。　節度副大使：官名。方鎮中僅次於節度使之使職，如持節，則位同於節度使。　羅紹威爲節度副大使，頲以所業干之：亦見明本《册府》卷九〇〇《總録部·干謁門》。同書卷七一六《幕府部·倚任門》：“後唐司空頲爲魏州節度使羅紹威掌書記。紹威聚書萬卷，尤工篇什，每公私宴集，無不屬和。幕中皆知名士，而頲益蒙眷遇，軍機政術必先圖議。誅牙軍之謀，頲亦預焉。”

　　[6]公乘億：人名。籍貫不詳。事見本書卷二四。　延譽：極力讚揚，使名譽遠播。　幕客公乘億爲延譽：中華書局本有校勘記：“‘幕客’，原作‘慕容’，據殿本、劉本、邵本、《册府》卷七二九、卷九〇〇改。影庫本粘籤：‘“慕容”二字，疑“幕客”之訛。今考《册府元龜》亦作“慕容”，今姑仍其舊，附識于此。’”《宋本册府》卷七二九、明本《册府》卷九〇〇本作“幕客”。《輯本舊史》卷二四《孫騭傳》載：“唐光啓中，魏博從事公乘億以女妻之，因教以牋奏程式。億既死，魏帥以章表牋疏淹積，兼月不能發一字，或以騭爲言，即署本職，主奏記事。”

　　[7]羅弘信：人名。魏州貴鄉（今河北大名縣）人。唐末、五代軍閥。傳見《舊唐書》卷一八一、《新唐書》卷二一〇。　參軍：官名。州府屬官。總掌諸曹事務。官品爲從六品至從八品不等。　館驛巡官：官名。巡官之一種。唐代節度使、觀察使、團練使、防禦使下皆置巡官，位判官、推官下，有營田巡官、轉運巡官、館驛巡官等名目。館驛巡官下設四人，掌館驛。

　　[8]節度巡官：官名。唐代節度使屬官，位在判官、推官下。掌巡察及處理某些事務。　改節度巡官，歷掌書記：此九字據《宋本册府》卷七二九補。《新五代史》卷五四《司空頲傳》：“紹威卒，入梁爲太府少卿。”

　　[9]張彥：人名。籍貫不詳。五代後梁軍校。事見本書卷八、卷二八。　判官：官名。唐、五代方鎮僚屬，位在行軍司馬下。分判倉曹、兵曹、騎曹、胄曹事。　王正言：人名。鄆州（今山東東

平縣）人。五代後唐官員。傳見《舊五代史》卷六九。 "張彦
之亂"至"以爲判官"：《輯本舊史》卷八《梁末帝紀上》貞明元
年（915）四月條："時有文吏司空頲者，甚有筆才，彦召見，謂
曰：'爲我更草一狀，詞宜抵突，如更敢違，則渡河擄之。'乃奏
曰：'臣累拜封章，上聞天聽，在軍衆無非共切，何朝廷皆以爲閑。
半月三軍切切，而戈矛未息；一城生聚皇皇，而控告無門。惟希俯
鑒丹衷，苟從衆欲，須垂聖允，斷在不疑。如或四向取謀，但慮六
州俱失，言非意外，事在目前。'"《宋本册府》卷七一八《幕府
部·才學門》："司空頲，初爲羅紹威魏州掌書記，後爲楊師厚招討
判官。師厚卒，賀德倫初至，三軍亂，張彦召德倫判官王正言，令
草奏。正言本非文士，又爲亂兵所迫，汗流浹背，秉筆不能措一
詞。張彦怒，排之榻下，曰：'鈍漢笑我！'叱書吏曰：'誰能爲我
草奏者？'吏曰：'司空郎中，羅令公幕客，有俊才。'即馳騎召之。
頲已被剽奪，弊衣而至，長揖彦，即操筆於白刃間，神氣自若，筆
不停輟，連草數奏。張彦讀至'軍府無非甚切，朝廷却以爲閑；必
若四向取謀，但恐六州俱失'，彦甚怪其意，即日與之僕馬，乃令
德倫請爲判官。"

［10］賀德倫：人名。先世爲河西部落人，後居滑州（今河南
滑縣）。五代後梁、後唐將領。傳見本書卷二一、《新五代史》卷
四四。

［11］德倫遣頲先奉狀太原：《輯本舊史》之案語："《北夢瑣
言》載其狀詞云：屈原哀郢，本非怨望之人；樂毅辭燕，且異傾邪
之行。"見《北夢瑣言》卷一七魏博衙軍條；"樂毅辭燕"，原作
"樂毅歸燕"，據《北夢瑣言》卷一七改。《輯本舊史》卷二一《賀
德倫傳》："晉王自黃澤嶺東下，至臨清，德倫遣從事司空頲密啓晉
王，訴以張彦凌辱之事。"同書卷二八《唐莊宗紀二》天祐十二年
（915）三月條："賀德倫遣從事司空頲至軍，密啓張彦狂勃之狀，
且曰：'若不翦此亂階，恐貽後悔。'帝默然，遂進軍永濟。"《通
鑑》卷二六九貞明元年（915）五月條："德倫遣判官司空頲犒軍，

密言於晉王曰：‘除亂當除根。’因言張彥凶狡之狀，勸晉王先除之，則無虞矣。王默然。”

[12] 莊宗仍以頲爲判官，後以頲權軍府事：《宋本册府》卷七三〇《幕府部・貪縱門》：“司空頲爲莊宗魏博節度判官。是時，帝方áll河南，連年征役，魏博軍政，決之於頲。累遷檢校右僕射，權軍府事，長吏補署多通賂遺，家畜妓妾，不修廉隅，同職惡之。”《新五代史》卷五四《司空頲傳》：“德倫以魏博降晉，晉王兼領天雄，仍以頲爲判官。梁、晉相距河上，常以頲權軍府事。頲爲郭崇韜所惡，崇韜數言其受賂。”

[13] 都虞候：官名。五代時期出征軍隊高級統兵官。 張裕：人名。籍貫不詳。五代後唐將領。事見本書本卷。 “頲有姪在梁”至“遂見殺”：《舊五代史考異》：“案《通鑑》：晉王責頲曰：‘自吾得魏博，庶事悉以委公，公何得見欺如是，獨不可先相示耶！’揖令歸第，是日族誅于軍門。”見《通鑑》卷二六九貞明元年六月庚寅條。《宋本册府》卷一七五《帝王部・悔過門》：“後唐莊宗初爲晉王，既誅從事司空頲，尋亦悔之。明年，駐軍於河上，軍校郭夜义者有罪伏誅，元行欽已下惜其驍勇，列拜以救之。帝屬聲曰：‘殺司空頲時，爾等何不救邪！’其追惜之意如此。”《新五代史》卷五四《司空頲傳》：“都虞候張裕多過失，頲屢以法繩之。頲有姪在梁，遣家奴召之，裕擒其家奴，以謂通書于梁。莊宗族殺之。”

[14]《大典》卷三三九四“文”字韻“事韻”，應爲“揮筆成文”事目。

曹廷隱

曹廷隱，魏州人也，爲本州典謁、虞候。[1] 賀德倫使西迎莊宗於晉陽，[2] 莊宗既得鄴城，[3] 擢爲馬步都虞候，[4]以其稱職，自是遷拜日隆。天成初，除齊州防禦使。[5]下車嚴整，頗有清白之譽。時有孔目吏范弼者，[6]爲人剛愎，視廷隱蔑如也。弼監軍廩，鬻空乏以取貲；[7]又私貨官鹽，廷隱按之，遂奏其事。弼家人訴於執政，並下御史府劾之。弼雖伏法，廷隱以所奏不實，亦流永州，[8]續敕賜自盡，[9]時人冤之。《永樂大典》卷四千二百十三。[10]

[1]魏州：州名。治所在今河北大名縣。 典謁：官名。東宮屬官。掌引見賓客。從九品下。 虞候：官名。唐、五代方鎮高級軍官。

[2]晋陽：縣名。治所在今山西太原市。

[3]鄴城：地名。即鄴都。治所在今河北大名縣。五代後唐同光元年（923），改魏州爲興唐府，建號東京。三年，改東京爲鄴都。

[4]馬步都虞候：官名。五代侍衞親軍馬步軍統兵官，僅次於馬步軍都指揮使、副都指揮使。

[5]天成：後唐明宗李嗣源年號（926—930）。 齊州：州名。治所在今山東濟南市。 防禦使：官名。唐代始置，設有都防禦使、州防禦使兩種。常由刺史或觀察使兼任，實際上爲唐代後期州或方鎮的軍政長官。

[6]孔目吏：吏職名。即孔目官。唐置，爲各府州及方鎮孔目院屬員，掌文書簿籍或財計出納事務，隸都孔目。因軍府細事皆經其手，一孔一目無不綜理，故名。 范弼：人名。籍貫、事迹不詳。本書僅此一見。

[7]鬻空乏以取貲：《輯本舊史》之影庫本粘籤："鬻空乏以取貲，原本疑有舛誤。《册府元龜》所引《薛史》與《永樂大典》同，今無可復考，姑仍其舊。"

[8]永州：州名。治所在今湖南永州市。　亦流永州：《宋本册府》卷一五〇《帝王部·寬刑門》：長興三年（932）“十一月甲辰，敕龍驤、毛璋、陶玘、曹廷隱、成景弘等，或子或弟，本無相及至刑，尋示寬恩，各免連坐，止令州府别係職官。而聞收管已來，縻係之後，頗極窮困，宜放營生，仰逐處開落姓名，乃給公憑，放逐穩便。”同書卷六九九《牧守部·譴讓門》：“曹廷隱爲齊州防禦使，天成三年，以舉奏失實，配流永州。”

[9]續敕賜自盡：《宋本册府》卷一五八《帝王部·誡勵門三》：“天成三年八月，下制誡勵長吏曰：‘廷隱以全虧公道，不獲已而就極刑。’”注曰：“曹廷隱爲齊州防禦使，奏孔目吏伏法不實，敕自盡。”

[10]《大典》卷四二一三“顔”字韻“姓氏（七）”事目，但與“曹廷隱”之姓不合，誤，但不知爲何誤。

蕭希甫

蕭希甫，[1]宋州人也。[2]少舉進士，爲梁開封尹袁象先書記。[3]象先爲青州節度使，[4]以希甫爲巡官，希甫不樂，乃棄其母妻，變姓名，亡之鎮州，自稱青州掌書記，進謁王鎔。鎔以希甫爲參軍，尤不樂，居歲餘，又亡之易州，削髮爲僧，居百丈山。[5]莊宗將建國，置百官，李紹宏薦爲魏州推官。[6]

[1]蕭希甫：中華書局本有校勘記：“傳首節、次節與《新五代史》卷二八《蕭希甫傳》略同，疑係清人雜採改寫成篇。”

[2]宋州：州名。治所在今河南商丘市睢陽區。

[3]開封尹：即開封府尹。五代除後唐外均都汴州，升汴州爲

開封府，置開封尹或知開封府事。執掌京師政務。從三品。　袁象先：人名。宋州下邑（今河南夏邑縣）人。五代後梁將領，後投後唐。傳見本書卷五九、《新五代史》卷四五。

[4]青州：州名。治所在今山東青州市。　節度使：官名。唐時在重要地區所設掌握一州或數州軍事、民事、財政的長官。

[5]易州：州名。治所在今河北易縣。　百丈山：山名。位於今河北易縣。　"少舉進士"至"居百丈山"：《宋本冊府》卷九三六《總錄部·躁競門》："蕭希甫初在梁，登進士第。初依開封尹袁象先，典書奏。象先移鎮青州，希甫從行，求爲管記，象先未之許，署爲巡官。憤憤不樂。俄而，象先出軍於河上，希甫棄其母妻，夜渡河入於貝郡，易姓名爲皇甫校書，遂之鎮州。王鎔署參軍，希甫時稱青州書記、前進士，既至，欲居賓席，一旦失望，屢有流言，鎮州惡之。居期年，從鎔游王母觀，希甫復遁於易州百丈山，落髮爲僧。"

[6]李紹宏：人名。又作馬紹宏。籍貫不詳。後唐莊宗近臣。傳見本書卷七二。　推官：官名。唐肅宗以後置，五代沿置。爲節度、觀察、團練、防禦等使的屬官。度支、鹽鐵等使也置推官掌理刑案之事。

同光初，有詔定內宴儀，問希甫樞密使得坐否，希甫以爲不可。樞密使張居翰聞之怒，謂希甫曰："老夫歷事三朝天子，見內宴數百，子本田舍兒，安知宮禁事！"希甫不能對。初，莊宗欲以希甫知制誥，宰相豆盧革等附居翰，共排斥之，以爲駕部郎中。[1]希甫失志，尤怏怏。莊宗滅梁室，遣希甫宣慰青、齊，[2]希甫始知其母已死，妻袁氏亦改嫁。希甫乃發哀服喪，居于魏州。人有引漢李陵書以譏之曰：[3]"老母終堂，生妻去室。"

[1]同光：五代後唐莊宗李存勗年號（923—926）。　樞密使：官名。樞密院長官，五代時以士人爲之，備顧問，參謀議，出納詔奏，權侔宰相。參見李全德《唐宋變革期樞密院研究》，國家圖書館出版社 2009 年版。　張居翰：人名。唐末、五代宦官。傳見本書卷七二、《新五代史》卷三八。　知制誥：官名。掌起草皇帝的詔、誥之事，原爲中書舍人之職。唐開元末置學士院，翰林學士入院一年，則加知制誥銜，專掌任免宰相、册立太子、宣布征伐等特殊詔令，稱爲内制。而中書舍人所撰擬的詔敕稱爲外制。兩種官員總稱兩制官。　豆盧革：人名。先世爲鮮卑慕容氏，後改豆盧氏。唐同州刺史豆盧籍之孫，舒州刺史豆盧瓚之子。五代後唐宰相。傳見本書卷六七、《新五代史》卷二八。　駕部郎中：官名。尚書兵部駕部司長官。掌輿輦、車乘、傳驛、厩牧等事。從五品上。郎中爲尚書省屬官，位在侍郎之下、員外郎之上。　"同光初"至"以爲駕部郎中"：《宋本册府》卷六六九《内臣部·恣橫門》："張居翰爲樞密使，時蕭希甫知制誥，有詔定内宴樞密使坐宴否，希甫以爲不可坐。居翰聞之怒，召希甫責曰：'據子所言，有何按據？老夫事過三朝天子，逮内宴數百，子本田舍兒，憑何所見，有此橫議？如有按據，即具奏聞。'希甫無以對。由是居翰及李紹宏等切齒怒之，宰相豆盧革等亦希旨排斥，乃以希甫爲駕部郎中。"

[2]齊：州名。治所在今山東濟南市。

[3]李陵：人名。隴西成紀（今甘肅秦安縣）人。西漢將領李廣之孫。漢武帝時將領，後投降匈奴。傳見《漢書》卷五四。

天成初，欲召爲諫議，豆盧革、韋説沮之。[1]明宗卒以希甫爲諫議大夫，復爲匭函使。[2]其後革、説爲安重誨所惡，[3]希甫希旨，誣奏革縱田客殺人，而説與鄰人爭井，井有寶貨。有司推勘井中，惟破釜而已，[4]革、說卒皆貶死。希甫拜左散騎常侍，[5]躁進尤甚。引告變人李筠夜扣內門，[6]通變書云："修堤兵士，欲取郊天日舉火爲叛。"安重誨不信之。斬告變者，軍人訴屈，請希甫唊之。既而詔曰："左散騎常侍、集賢殿學士判院事蕭希甫，[7]身處班行，職非警察，輒引凶狂之輩，上陳誣欱之詞，逼近郊禋，扇搖軍衆。李筠既當誅戮，希甫寧免謫遷，可貶嵐州司戶參軍，[8]仍馳驛發遣。"長興中，[9]卒于貶所。

[1]諫議：官名。即諫議大夫。秦始置，掌朝政議論。隋唐仍置，有左、右諫議大夫各四人，分屬門下、中書二省。掌諫諭得失，侍從贊相。唐後期、五代多以本官領他職。正四品下。　韋說：人名。京兆萬年（今陝西西安市長安區）人。唐福建觀察使韋岫之子。唐末進士，後梁大臣、後唐宰相。傳見本書卷六七。

[2]明宗：即李嗣源。沙陀部人。原名邈佶烈，李克用養子。五代後唐明宗，926 年至 933 年在位。紀見本書卷三五至卷四四、《新五代史》卷六。　匭函使：官名。武則天時期，熔銅爲匭，每日置之於朝堂，以收天下表疏。　明宗卒以希甫爲諫議大夫，復爲匭函使：《輯本舊史》卷三六《唐明宗紀二》天成元年六月乙巳條："以兵部郎中蕭希甫爲左諫議大夫。"《宋本冊府》卷四七五《臺省部·奏議門六》："蕭希甫，爲左諫議大夫，知匭院。"

[3]安重誨：人名。應州（今山西應縣）人。五代後唐大臣。傳見本書卷六六、《新五代史》卷二四。

[4]惟破釜而已：《輯本舊史》之影庫本粘籤："破釜，原本作'破斧'，今從《歐陽史》改正。"此見《新五代史》卷二八《蕭希甫傳》。

[5]左散騎常侍：官名。門下省屬官。掌侍奉規諷，備顧問應對。正三品下。　希甫拜左散騎常侍：中華書局本有校勘記："'左'，《册府》卷四八一作'右'。"見明本《册府》卷四八一《臺省部·輕躁門》。《輯本舊史》卷四一《唐明宗紀七》長興元年（930）正月丙子條亦作"右"。

[6]李筠：人名。籍貫不詳。五代後唐將領。事見本書本卷。

[7]集賢殿學士：官名。唐中葉置，位在集賢殿大學士之下。掌修書之事。

[8]嵐州：州名。治所在今山西嵐縣。　司户參軍：官名。簡稱"司户"。州級政府僚佐。掌本州屬縣之户籍、賦税、倉庫受納等事。上州從七品下，中州正八品下，下州從八品下。

[9]長興：後唐明宗李嗣源年號（930—933）。

　　子士明，仕周，終于邑宰。[1]《永樂大典》卷五千二百二十五。[2]

[1]士明：人名。即蕭士明。事迹不詳。　周：五代十國之後周。　邑宰：縣令。

[2]《大典》卷五二二五"蕭"字韻"姓氏（八）"事目。

　　藥縱之

　　藥縱之，太原人，少爲儒。[1]明宗刺代州，署爲軍事衙推。[2]從明宗鎮邢州，[3]爲掌書記，歷天平、宣武兩鎮節度副使。[4]明宗鎮常山，[5]被病不從。及即位，縱之見于洛邑，[6]安重誨怒其觀望，久無所授。明宗曰："德勝用兵時，[7]縱之饑寒相伴，[8]不離我左右。今有天下，

何人不富貴，何爲獨棄縱之！"浹旬，授磁州刺史。[9]歲
餘，自户部侍郎遷吏部侍郎，[10]銓綜之法，[11]惘然莫知。
長興初，爲曹州刺史。[12]清泰元年九月，[13]以疾受代而
卒。《永樂大典》卷二萬一千六百十七。[14]

[1]少爲儒：中華書局本有校勘記："《册府》卷七六八作'少
學爲儒'。"按《宋本册府》卷七六八《總録部·儒學門二》："後
唐藥縱之，太原人，少學爲儒，依河東馬步軍都虞候楊守業，守業
有書數千卷。太原俗尚武，儒者少，故縱之以儒爲業。"

[2]代州：州名。治所在今山西代縣。　軍事衙推：幕職名。
唐代軍府或州郡節度使、觀察使、團練使的僚屬，助理軍政。

[3]邢州：州名。治所在今河北邢臺市。

[4]天平：方鎮名。治所在鄆州（今山東東平縣）。　宣武：
方鎮名。治所在汴州（今河南開封市）。　節度副使：官名。唐、
五代方鎮屬官。位於行軍司馬之下、判官之上。

[5]常山：古郡名。常用於指稱鎮州。治所在今河北正定縣。

[6]洛邑：即洛陽。

[7]德勝：地名。即德勝城，又名德勝渡，爲黄河重要渡口之
一。有南、北二城，皆位於今河南濮陽市。《輯本舊史》之影庫本
粘籤："德勝，原本作'得勝'，考《薛史》梁、唐帝紀皆作德勝，
今改正。"此據《輯本舊史》卷九《梁末帝紀中》貞明五年（919）
正月條、卷二九《唐莊宗紀三》天祐十六年（919）正月條等。

[8]縱之饑寒相伴：中華書局本有校勘記："'伴'原作'半'，
據殿本、劉本改。"

[9]磁州：州名。治所在今河北磁縣。　刺史：官名。漢武帝
時始置。州一級行政長官，總掌考核官吏、勸課農桑、地方教化等
事。唐中期以後，節度使、觀察使轄州而設，刺史爲其屬官，職任
漸輕。從三品至正四品下。

[10] 户部侍郎：官名。尚書省户部次官。協助户部尚書掌天下田户、均輸、錢穀之政令。正四品下。　吏部侍郎：官名。尚書省吏部次官。協助吏部尚書掌文選、勳封、考課之政。正四品上。自户部侍郎遷吏部侍郎：《輯本舊史》卷四二《唐明宗紀八》長興二年（931）四月癸卯條："以汴州節度副使藥縱之爲户部侍郎。"又，同書卷四三《唐明宗紀九》長興三年十月己未條："以户部侍郎藥縱之爲兵部侍郎。"同年十二月壬戌條："以兵部侍郎藥縱之爲吏部侍郎。"

[11] 銓綜之法：選拔羅致人才。

[12] 曹州：州名。治所在今山東曹縣西北。

[13] 清泰：五代後唐廢帝李從珂年號（934—936）。

[14] 《永樂大典》卷二一六一七"藥"字韻"姓氏"事目。劉承幹嘉業堂一九二五年刊本《舊史》作"卷二萬一千六百七十"。《大典》卷二一六七〇爲"樂"字韻"晉樂"事目，與本篇内容不符，嘉業堂刊本誤。

賈馥

賈馥，故鎮州節度使王鎔判官也。家聚書三千卷，手自刊校。張文禮殺王鎔，[1] 時莊宗未即尊位，文禮遣馥至鄴都勸進，因留鄴下，[2] 棲遲郵舍。莊宗即位，授鴻臚少卿。[3] 後以鴻臚卿致仕，[4] 復歸鎮州，結茅齋於别墅，[5] 自課兒孫，耕牧爲事。馥初累爲鎮冀屬邑令，[6] 所蒞有能政。性恬澹，與物無競，乃鎮州士人之秀者也。《永樂大典》卷一萬一千七百十四。[7]

[1] 張文禮：人名。燕（今河北北部）人。五代後唐將領。傳

見本書卷六二。

[2]因留鄰下："因留"，《宋本册府》卷七六六《總録部·攀附門二》作"自留"。

[3]鴻臚少卿：鴻臚寺少卿簡稱。鴻臚寺副長官，協助鴻臚寺卿掌賓客及凶儀之事，領典客、司儀二署。從四品上。

[4]鴻臚卿：官名。秦稱典客，漢初改大行令，漢武帝時改大鴻臚，北齊置鴻臚寺，以鴻臚寺卿爲主官，後代沿置。掌四夷朝貢、宴飲賞賜、送迎外使等禮儀活動。從三品。 後以鴻臚卿致仕：《宋本册府》卷八九九《總録部·致政門》："賈馥爲鴻臚少卿，年纔七十，上表請致仕。許之，乃以鴻臚卿致仕，賜紫金魚袋。"

[5]結茅齋於別墅：中華書局本有校勘記："'齋'字原闕，據《册府》卷八九九補。"

[6]鎮冀：方鎮名。治所在鎮州（今河北正定縣）。 邑令：即縣令。

[7]《大典》卷一一七一四"賈"字韻"姓氏（四）"事目。

馬縞

馬縞，少嗜學，[1]以明經及第，登拔萃之科。[2]仕梁爲太常修撰，累歷尚書郎，參知禮院事，遷太常少卿。[3]梁代諸王納嬪，公主下嫁，皆於宫殿門庭行揖讓之禮，縞以爲非禮，上疏止之，物議以爲然。[4]《永樂大典》卷二萬二千六百五。[5]

[1]少嗜學：中華書局本有校勘記："'學'，原作'學儒'，據殿本、《册府》卷六五〇改。"見《宋本册府》卷六五〇《貢舉部·應舉門》。《宋本册府》卷七六八《總録部·儒學門二》："馬

縞，少嗜儒書，頗通經義，五禮、五樂，常所經心，而著述文章，亦粗偕流輩。位終國子博士。”

[2]明經：科舉考試科目之一。主要考察士人對經文的熟悉程度，也考時務策。 拔萃：唐時選人未滿期限，而能試判三條，謂之拔萃，中試者即授官。

[3]尚書郎：官名。即郎中。尚書省屬官。分曹處理政事。吏部郎中正五品下，餘司郎中皆從五品上。 太常少卿：官名。太常寺次官。佐太常卿掌宗廟祭祀禮樂及教育等。正四品上。

[4]“梁代諸王納嬪”至“物議以爲然”：《輯本舊史》卷一〇《梁末帝紀下》龍德元年（921）三月壬寅條：“改襄州鄢縣爲沿夏縣，亳州焦夷縣爲夷父縣，密州漢諸縣爲膠源縣，從中書舍人馬縞請也。”《宋本冊府》卷五九三《掌禮部·奏議門二一》：“梁末帝貞明中，諸王納妃，公主下降，皆宮殿門庭行揖讓之禮，物議非之。太常少卿馬縞上疏曰：‘臣聞《詩》美何穢，《傳》稱築館。將就肅雍之德，必分內外之規。故曰主王姬者自公門出。舊禮以几筵告于宗廟，以候迎者，故於朝之外朝門築館，得禮之正也。昔漢賈誼上書云：“古者見君之乘車必下，見君之几杖必起，入正門必趨。”又孟子云：“朝廷不越位而與人言，不踰階而相揖。”孔丘過位色勃，蘧瑗望闕風趨。近亦有僕射與員外郎共列謝官班次，蓋以公器不私，尊無二上，亦得禮之正也。臣竊以入正門必趨，不踰階相揖，著於前史，實有舊文。則豈可臣下而於宮殿門庭行賓主揖讓之儀，使華夏觀禮之人惑於非據。言動必書之史，疑爽彝倫。臣雖處典司，寧分禮道，以其所見，恐未合宜。伏乞宣付中書門下，參酌可否施行。’”

[5]《大典》卷二二六〇五“揖”字韻“事韻”，應爲“揖讓之禮”事目。《輯本舊史》之殿本案語：“以下有闕文。”《輯本舊史》卷三八《唐明宗紀四》天成二年（927）三月壬子條：“三月壬子朔，以中書舍人馬縞爲刑部侍郎。”同書卷三九《唐明宗紀五》天成三年七月己未條：“刑部侍郎馬縞貶綏州司馬。”《宋本冊

府》卷五九三天成元年條："中書舍人馬縞上言曰：'伏以宗廟立制，今古通規，損益所宜，徵求可見。伏惟陛下俯徇群願，入纘丕基，率土推誠，遐方向化。臣是以竊窺舊典，敢有上聞。伏見漢晉已來，以諸侯王宗室承襲帝統，除七廟之外，皆別追尊親廟。漢光武皇帝立先四代於南陽，其後自安帝已下，亦皆遐考前修，追崇先代。四時禋祀，陳豐潔於豆登；多士駿奔，認等差於藻梲。伏以陛下奄有四海，爲天下君，雖繼統承祧，無忘日慎，而敦本崇往，尚鬱時思。伏乞以兩漢舊事，別立親廟於便地。履霜露以陳誠，薦馨香而盡敬。禮於是在，誰曰不然！'詔下南宮集百寮定議。禮部尚書蕭頃等議曰：'伏見方册所載，聖槩斯存，將達蘋藻之誠，宜新藻梲之制。伏惟陛下以孝敬日躋之德，上合穹旻；秉恭儉罔怠之規，再康寰宇。爰臻至化，難抑時思。馬縞儒學優深，禮法明練，所奏果符於睿旨，載詳固叶於典經。臣等集議，其追尊位號，及建廟都邑，則乞發自宸衷，特降制命。'"同卷天成二年春："太常博士王丕等引漢桓帝入嗣尊其祖河間孝王曰孝穆皇帝、蠡吾侯曰孝崇皇帝爲例，請付太常定諡議。刑部侍郎、權判太常卿馬縞復議曰：'伏准兩漢舊事，以諸侯王宗室入承帝統，亦必追尊父祖，修樹園陵。西漢宣帝、東漢光武孝享之道，故事具存。自安帝入嗣，遂有皇太后令別崇諡法，追曰某皇，所謂孝德、孝穆之類是也。前代惟孫皓自烏程侯繼嗣，追父和爲文皇帝，事出非常，不堪垂訓。據禮院狀，漢安帝已下，若據本紀，又不見有"帝"字。伏以諡法："德象天地曰帝。"伏緣禮院已曾奏聞，難將兩漢故事便述尊名。'詔右僕射李琪集百寮議，曰：'伏以別置四廟，徵漢室以定儀；崇上尊名，詳諡法以取證。伏觀歷代已來宗廟成制，繼襲無異，沿革或殊。伏惟陛下應運開祥，體乾覆物。纘紹之德，咸頌聖於鴻圖；孝思之心，廼垂光于帝範。馬縞所奏，禮有按據。乞下制命，令馬縞虔依典册，以述尊名。'帝手詔報曰：'朕聞開國承家，得以制禮作樂，故三皇不相襲，五帝不相沿，隨代創規，於理無爽。矧或情關祖禰，事繫蒸嘗，將崇追遠之文，以示化民之道。馬縞秉持古學，歷覽群書。援兩漢之舊儀，雖明按據；考百王之立制，未盡變通。且議謚追尊，稱皇與帝，既有減增之字，合陳褒貶之詞。大約二名俱爲尊稱。若三皇之代，則不可加"帝"；五帝之代，亦不可言"皇"。爰自秦朝，便兼其號。爾後纂業承基之主，握乾應運之君，洎至我唐，不易斯義。至若玄元皇帝，事隔千祀，宗追一源，猶顯册於鴻名，豈須遵於漢典。況朕居九五之位，爲億兆之尊，不可總二名於眇躬，惜一字於先代。苟隨執議，何表孝誠？又如堯咸舜韶，夏松殷柏，隨時變禮，厥理斯存。縞則以徵事上言，深觀動靜；朕則以奉先爲切，慮致因循。須定一塗，以安四廟。可特委宰臣與百官詳定，集兩班於中書，逐班各陳所見。'"此詔亦略見《輯本舊史》卷一四二《禮志上》。《新五代史》卷五五《馬縞傳》："唐莊宗時，累遷中書舍人、刑部侍郎、權判太常卿。明宗入立，繼唐太祖、莊宗而不立親廟。縞言：'漢諸侯王入繼統者，必別立親廟，光武皇帝立四廟于南陽，請如漢故事，立廟以申孝享。'明宗下其議，禮部尚書蕭頃等請如縞議。宰相鄭珏等議引漢桓靈爲比，以謂靈帝尊其祖解瀆亭侯淑爲孝元皇，父萇爲孝仁皇，請下有司定謚四代祖考爲皇，置園陵如漢故事。事下太常，博士王丕議漢桓帝尊祖爲孝穆皇帝，父爲孝崇皇帝。縞以謂孝穆、孝崇有'皇'而無'帝'，惟吳孫皓尊其父和爲文皇帝，不可以爲法。右僕射李琪等議與縞同。明宗詔曰：'五帝不相襲禮，三王不相沿樂，惟皇與帝，異世殊稱。爰自嬴秦，已兼厥號，朕居九五之位，爲億兆之尊，奈何總二名於眇躬，惜一字於先世。'乃命宰臣集百官於中書，各陳所見。李琪等請尊祖禰爲皇帝，曾高爲皇。宰相鄭珏合羣議奏曰：'禮非天降而本人情，可止可行，有損有益。今議者引古，以漢爲據，漢之所制，夫復何依？開元時，尊皋陶爲德明皇帝，涼武昭王爲興聖皇帝，皆立廟京師，此唐家故事也。臣請四代祖考皆加帝如詔旨，而立廟京師。'詔可其加'帝'，而立廟應州。"《通鑑》卷二七六天成二年十二月戊寅條後："中書舍人馬縞請用漢光武故事，七廟之外別立親廟。"

長興四年，爲户部侍郎。[1]縞時年已八十，及爲國子祭酒，八十餘矣，[2]形氣不衰。[3]《册府元龜》卷七百八十四。[4]于事多遺忘，嘗言元積不應進士，[5]以父元魯山名進故也，[6]多如此類。又上疏："古者無嫂叔服，文皇創意，以兄弟之親，不宜無服，乃議服小功。今令文省服制條爲兄弟之妻大功，不知何人議改，而置於令文。"諸博士駁云："律令，國之大經。馬縞知禮院時，不曾論定，今遽上疏駁令式，罪人也。"[7]《册府元龜》卷九百五十四。[8]

[1]長興四年，爲户部侍郎：《輯本舊史》卷四二《唐明宗紀八》長興二年（931）八月癸亥條："以祕書監馬縞爲太子賓客。"同書卷四四《唐明宗紀一〇》長興四年八月辛未條："以太子賓客馬縞爲户部侍郎。"《宋本册府》卷六〇八《學校部·刊校門》："馬縞爲太子賓客。長興三年四月，勅：'近以遍注石經，雕刻印板，委國學每經差專知業博士儒徒五六人勘讀并注。今更於朝官内別差五人充詳勘官。太子賓客馬縞、太常丞陳觀、祠部員外郎兼太常博士段顒、太常博士路航、屯田員外郎田敏等，朕以正經事大，不同諸書，雖已委國學差官勘注，蓋緣文字極多，尚恐偶有差誤。馬縞已下，皆是碩儒，各專經業，更令詳勘，貴必精研。兼宜委國子監於諸色選人中召能書人，謹楷寫出族，付匠人雕刻。每五百紙與減一選，所減等第，優與選轉官資。'時宰相馮道以諸經舛謬，與同列李愚委學官等，取西京鄭覃所刊石經，雕爲印板，流布天下，後進賴之。"

[2]國子祭酒：官名。國子祭酒爲國子監的主管官。掌教授生徒。從三品。 縞時年已八十，及爲國子祭酒，八十餘矣：《舊五代史考異》："案：《馬縞傳》，原本殘闕。《歐陽史》云：卒年八

十，贈兵部尚書。據《薛史》，縞爲國子祭酒已八十餘矣，與《歐陽史》異。又《直齋書録解題》云：《中華古今注》，後唐太學博士馬縞撰。考《歐陽史》雜傳亦不載馬縞爲太學博士。”見《直齋書録解題》卷一〇《雜家類》、《新五代史》卷五五《馬縞傳》。《新五代史》卷五五《馬縞傳》：“縞，明宗時嘗坐覆獄不當，貶綏州司馬。復爲太子賓客，遷户部、兵部侍郎。盧文紀作相，以其迂儒鄙之，改國子祭酒。卒，年八十，贈兵部尚書。”《宋史》卷二〇五《藝文志四》：“馬縞《中華古今注》三卷。”

[3]形氣不衰：《宋本册府》卷九五四《總録部·寡學門》作“形氣不甚衰”。

[4]《宋本册府》卷七八四《總録部·壽考門》。

[5]元稹：人名。河南（今河南洛陽市）人。唐憲宗朝宰相，著名詩人。傳見《舊唐書》卷一六六、《新唐書》卷一七四。 嘗言元稹不應進士：中華書局本有校勘記：“‘嘗’字原闕，據《册府》卷九五四補。”

[6]元魯山：人名。即元德秀。河南（今河南洛陽市）人。唐代詩人。傳見《舊唐書》卷一九〇下、《新唐書》卷一九四。

[7]文皇：即唐太宗李世民。隴西成紀（今甘肅秦安縣）人。626年至649年在位。通過“玄武門之變”掌權，開創史稱“貞觀之治”的歷史時期。紀見《舊唐書》卷二、卷三及《新唐書》卷二。 “又上疏”至“罪人也”：《輯本舊史》卷四七《唐末帝紀中》清泰二年（935）十二月己丑條：“以兵部侍郎馬縞兼國子祭酒。”《宋本册府》卷五九四《掌禮部·奏議門二二》：“（清泰）三年二月，太常禮院奏：‘據兵部侍郎馬縞上疏言：“古禮，嫂叔無服。蓋推而遠之。按《五禮精義》，貞觀十四年魏徵等議，親兄弟之妻，請服小功五月。令所司給假，差錯爲大功九月。”太常博士段顒稱：“自來給假，元依令式。若云違古，不獨嫂叔一條。舊爲親姨服小功，今令式服大功。爲親舅服小功，今服大功。爲妻父母緦，今服小功。爲女婿爲外甥緦，今並服小功。此五條在令式，與《精義》

不同。”未審依馬縞所奏，爲復且依令式？’右贊善大夫趙咸又議
曰：‘臣聞三代之制禮，無降減之名；五服之容喪，有寧戚之義。
此蓋聖人隨時設教，稱情立文，沿革不同，吉凶相變。或服由恩
制，喪以禮加。太宗文皇帝引彼至仁，推其大義，因覽同爨有緦之
義，遂制嫂叔小功之服。列聖遵行，已爲故事。傳於令式，加至大
功。今馬縞奏論，以爲錯謬。況縞昔事本朝，曁至梁室，曾爲博
士，累歷歲年，今始奏陳，未爲允當。謹按《儀禮》，凡制五服，
或以名加，或以尊制，或推恩而有服，或引義而當喪。故嫂叔大
功，良有以也。其如叔以嫂之子爲猶子，爲猶子之妻，叔服大功。
今嫂是猶子之母，安可却服小功？若以名加，嫂豈疏於猶子之婦；
若以尊制，嫂豈卑於猶子之妻？論恩則有生同骨肉之情，引義則死
同宅兆之理。若以推而遠之爲是，即令式兼無小功。既有稱情制宜
之文，何止大功九月。請依令式，永作彝倫。’敕下尚書省集百官
議。尚書左僕射劉昫等議曰：‘伏以嫂叔服小功五月，《開元禮》
《會要》皆同，其令式正文内，元無喪服制度，只一本内編在假寧
令後，不言奉敕編附年月。除此一條，又檢七條令式與《開元禮》
相違者。所司行已多年，固難輕改。既當議事，須按舊章。今若鄙
宣父之前經，紊周公之往制，隳太宗之故事，廢開元之禮文，而欲
取差誤之近規，行編附之新意，稱制度且違大典，言令式又非正
文。若便改更，恐難經久。臣等集議，嫂叔服並諸服紀，並請依
《開元禮》爲定。如要給假，却請下太常依《開元禮》内五服制
度，録出一本，編附令文。’從之。”《新五代史》卷五五《馬縞
傳》：“劉岳脩書儀，其所增損，皆決於縞。縞又言：‘縗麻喪紀，
所以别親疏，辨嫌疑。禮，叔嫂無服，推而遠之也。唐太宗時，有
司議爲兄之妻服小功五月，今有司給假爲大功九月，非是。’廢帝
下其議，太常博士段顒議‘嫂服給假以大功者，令文也，令與禮異
者非一，而喪服之不同者五。禮，姨、舅皆服小功，令皆大功。妻
父母、壻、外甥皆服緦，令皆小功。禮、令之不可同如此’。右贊
善大夫趙咸又議曰：‘喪，與其易也，寧戚。儀禮五服，或以名加，

或因尊制，推恩引義，各有所當。據禮爲兄之子妻服大功，今爲兄之子母服小功，是輕重失其倫也。以名則兄子之妻疏，因尊則嫂非卑，嫂服大功，其來已久。令，國之典，不可滅也。'司封郎中曹琛請下其議，并以禮、令之違者定議。詔尚書省集百官議。左僕射劉昫等議曰：'令於喪服無正文，而嫂服給大功假，乃假寧附令，而敕無年月，請凡喪服皆以《開元禮》爲定，下太常具五服制度，附于令。'令有五服，自縞始也。"

[8]《宋本册府》卷九五四《總録部・寡學門》。《輯本舊史》之影庫本粘籤："案：《馬縞傳》，《永樂大典》僅存一條，其全篇已佚。今據《册府元龜》所引二條補綴於後，雖未具顛末，猶略存其大概焉。"

清泰三年五月丁酉，以國子祭酒馬縞卒廢朝。[1]

[1]廢朝：又稱輟朝。古代帝王遇親喪或文武大臣病故，停止視朝數日，以示哀悼。　清泰三年五月丁酉，以國子祭酒馬縞卒廢朝：《輯本舊史》卷四八《唐末帝紀下》清泰三年（936）五月丁酉條。

羅貫

羅貫，不知何許人。進士及第，累歷臺省官，自禮部員外郎爲河南令。[1]貫爲人强直，正身奉法，不避權豪。時宦官、伶人用事，凡請託於貫者，其書盈閣，一無所報，皆以示郭崇韜，崇韜因奏其事，[2]由是左右每言貫之失。先是，梁時張全義專制京畿，河南、洛陽僚佐，[3]皆由其門下，事全義如厮僕。及貫授命，持本朝事體，奉全義稍慢，部民爲府司庇護者，必奏正之。全義怒，因令女使告劉皇后從容白於莊宗，[4]宦官又言其短，莊宗深怒之。會莊宗幸壽安山陵，[5]道路泥濘，莊宗訪其主者，宦官曰：“屬河南縣。”促令召貫至，奏曰：“臣初不奉命，請詰稟命者。”帝曰：“卿之所部，反問他人，何也？”命下府獄，府吏榜笞，促令伏款。翌日，傳詔殺之。郭崇韜奏曰：“貫別無贓狀，橋道不修，法未當死。”莊宗怒曰：“母后靈駕將發，天子車輿往來，橋道不修，是誰之過也？”崇韜奏曰：“貫縱有死罪，俟款狀上奏，所司議讞，以朝典行之，死當未晚。今以萬乘之尊，怒一縣令，俾天下人言陛下使法不公矣！”莊宗曰：“既卿所愛，任卿裁決。”因投袂入宮。崇韜從而論列，莊宗自闔殿門，不得入。即令伏法，曝屍於府門，冤痛之聲，聞於遠邇。《永樂大典》卷五千六百七十八。[6]

[1]臺省官：泛指御史臺、尚書省、中書省、門下省的官員。禮部員外郎：官名。掌貳尚書、侍郎。舉其儀制，而辨其名數。從六品上。　河南：縣名。治所在今河南洛陽市。

[2]郭崇韜：人名。代州雁門（今山西代縣）人。五代後唐大臣。傳見本書卷五七、《新五代史》卷二四。中華書局本有校勘記：“‘崇韜’二字原闕，據《册府》卷七〇一補。”見《宋本册府》卷七〇一《令長部·公正門》。

[3]張全義：人名。亦作“張言”。濮州臨濮（今山東鄄城縣）人。唐末、五代後梁、後唐將領。傳見本書卷六三、《新五代史》卷四五。　洛陽：地名。即今河南洛陽市。

[4]劉皇后：指後唐莊宗皇后劉氏。魏州成安（今河北成安

縣）人。傳見本書卷四九、《新五代史》卷一一四。

　　[5]壽安山陵：後唐莊宗之母曹太后陵墓。位於壽安縣（今河南宜陽縣）。《輯本舊史》之影庫本粘籤：“壽安，原本作‘壽奄’，考《五代會要》，貞簡太后陵名壽安，今改正。”《會要》卷四皇后陵條本作“貞簡皇太后葬於坤陵”。坤陵在壽安縣境。

　　[6]《大典》卷五六七八“羅”字韻“姓氏（一）”事目。

淳于晏

　　淳于晏，[1]登州人，[2]以明經登第。自霍彥威爲小校，晏寄食于門下。彥威嘗因兵敗，獨脫其身，左右莫有從者，惟晏杖劍從之，徒步草莽。自是，彥威高其義，相得甚歡。[3]及歷數鎮，皆爲從事，[4]軍府之事，至于私門，事無巨細，皆取決于晏，雖爲幕賓，有若家宰。[5]爾後公侯門客，往往效之，時謂之“效淳”。[6]故彥威所至稱治，由晏之力也。[7]

　　[1]淳于晏：中華書局本有校勘記：“《淳于晏傳》原闕，據殿本、劉本補。影庫本批校：‘《張格傳》前尚有《淳于晏傳》一篇，脫落未寫。’‘淳于晏’下《册府》卷七二五、卷八〇四有‘登州人’三字。”見明本《册府》卷七二五《幕府部·盡忠門》、《宋本册府》卷八〇四《總録部·義門四》）。

　　[2]登州：州名。治所在今山東蓬萊市。　登州人：此三字原闕，《輯本舊史》於“淳于晏”三字後有案語：“以下有闕文。”明本《册府》卷七二五、《宋本册府》卷八〇四均作“淳于晏，登州人”。《新五代史》卷四六《霍彥威傳》：“彥威客有淳于晏者，登州人也。”《通鑑》卷二七四天成元年（926）三月丁卯條後亦載：

"晏，登州人也。"據補。

[3]霍彦威：人名。洺州曲周（今河北曲周縣）人。五代後梁將領霍存之養子。後梁、後唐將領。傳見本書卷六四、《新五代史》卷四六。 小校：官名。五代時期軍隊中下級軍官的別稱，可越級提拔爲副指揮使或指揮使。 "自霍彦威爲小校"至"相得甚歡"：亦見《宋本冊府》卷八〇四。明本《冊府》卷七二五："自霍彦威爲裨將，日寄食於門下。彦威嘗敗，獨脱其身，左右莫繼，唯晏杖劍從之，徒步草莽。自是，彦威高其氣義，相得甚歡。"《新五代史》卷四六《霍彦威傳》："彦威客有淳于晏者，登州人也，少舉明經及第，遭世亂，依彦威，自彦威爲偏裨時已從之。彦威嘗戰敗脱身走，麾下兵無從者，獨晏徒步以一劍從之榛棘間以免。彦威高其義，所歷方鎮，常辟以自從，至其家事無大小，皆決於晏，彦威以故得少過失。"

[4]從事：泛指一般屬官。 及歷數鎮，皆爲從事：亦見明本《冊府》卷七一六《幕府部·倚任門》。明本《冊府》卷七二五："及歷數鎮，皆爲判官。"

[5]"軍府之事"至"有若家宰"：亦見明本《冊府》卷七一六，唯"皆取決于晏"《冊府》作"俱取決于晏"。明本《冊府》卷七二五："軍府之事，咸取決焉。至於私門簿籍，婢僕支分，事無巨細，但取決於晏，幕下兼家宰之任。"

[6]爾後公侯門客，往往效之，時謂之"效淳"：亦見明本《冊府》卷七一六。明本《冊府》卷七二五："爾後公卿之門客，往往效焉，時謂之'效淳'。"《新五代史》卷四六《霍彦威傳》："當時諸鎮辟召寮屬，皆以晏爲法。"

[7]故彦威所至稱治，由晏之力也：亦見明本《冊府》卷七一六。明本《冊府》卷七二五："俾彦威數鎮稱治，晏之盡心，他人又不可階也。"按，本段《輯本舊史》未注出處，或輯自明本《冊府》卷七一六、卷七二五。

同光末，彦威從明宗入魏州，監軍使謀害彦威家屬及所留部曲，欲據城拒命。晏率部將先殺之。天成初，彦威授平盧軍節度使，以晏爲副使。[1]

[1]監軍使：官名。五代時期後唐設置，派於諸道，掌監護軍隊。　部曲：其意有三說。一是古代軍隊的編制單位，後借指軍隊；二是古代豪門大族的私人軍隊，帶有人身依附性質；三是部屬、部下。　平盧軍：方鎮名。治所在青州（今山東青州市）。“同光末”至“以晏爲副使”：明本《册府》卷七二四《幕府部·武功門》。《輯本舊史》卷三八《唐明宗紀四》天成二年九月己巳條：“以青州節度副使淳于晏爲亳州團練使。”同書卷九四《方太傳》：方太“嘗成登州，劫海客，事洩，刺史淳于晏匿之，遇赦免”。《通鑑》卷二七四天成元年（926）三月丁卯條後：“時近侍爲諸道監軍者，皆恃恩與節度使爭權，及鄴都軍變，所在多殺之。安義監軍楊繼源謀殺節度使孔勍，勍先誘而殺之。武寧監軍以李紹真從李嗣源，謀殺其元從，據城拒之；權知留後淳于晏帥諸將先殺之。”但諸書均不載淳于晏之結局。

張格

張格，字承之，故宰相濬之子也。[1]濬爲梁祖所忌，潛遣人害於長水。[2]格易姓名，流轉入蜀。[3]王建借號，[4]以格爲宰相。格所生母，當濬之遇害，潛匿於民間，落髮爲尼，流浪於函、洛。[5]王建聞之，潛使人迎之入蜀，賜紫，[6]加號慈福大師。及建卒，蜀人以格爲山陵使，[7]格有難色。未幾得罪，出爲茂州刺史，[8]僞制責詞云：“送往辭命，不忠也；喪母匿喪，非孝也。”王衍嗣僞位後數年，[9] 復用爲宰相。同光末，蜀平，格至洛陽，[10] 授太子賓客。[11] 任圜愛其才，奏爲三司副使，[12] 尋卒於位。格有文章，明吏事，時頗稱之。《永樂大典》卷六千三百五十。[13]

[1]濬：人名。即張濬。河間（今河北河間市）人。唐僖宗時爲户部侍郎、同中書門下平章事，唐昭宗時爲尚書左僕射，後爲朱温所殺。傳見《舊唐書》卷一七九、《新唐書》卷一八五。

[2]梁祖：即五代後梁太祖朱温。　長水：縣名。位於今河南洛寧縣西長水鎮。

[3]流轉入蜀：《輯本舊史》之案語：“《舊唐書·張濬傳》云：永寧縣吏葉彦者，張氏待之素厚，告格曰：‘相公之禍不可免，郎君宜自爲計。’濬曰：‘留則併命，去或可免，冀存後嗣。’格拜辭而去，葉彦率義士三十人送渡漢江而旋。格由荆江上峽入蜀。”此據《舊唐書》卷一七九《張濬傳》。

[4]王建：人名。許州舞陽（今河南舞陽縣）人。唐末軍閥、五代十國前蜀開國皇帝。傳見本書卷一三六、《新五代史》卷六三。

[5]函：州名。治所在今河南洛寧縣東北。

[6]賜紫：皇帝頒賜紫色官服。唐代官員三品以上服紫。特殊情況下，京官散階未及三品者可以賜紫，以示尊寵。

[7]山陵使：官名。亦稱山陵儀仗使。唐貞觀中始置。掌議帝后陵寢制度、監造帝后陵寢。

[8]茂州：州名。治所在今四川茂縣。

[9]王衍：人名。許州舞陽（今河南舞陽縣）人。五代十國前蜀君主，後爲後唐莊宗李存勗所殺。傳見本書卷一三六、《新五代史》卷六三。

[10]格至洛陽：《輯本舊史》之案語：“《舊唐書》云：任圜攜格還洛，格感葉彦之惠，訪之，身已殁，厚卹其家。又考張濬第三

子仕吳，改名李儼，見《九國志》。"此據《舊唐書》卷一七九《張瀋傳》、《九國志》卷三《朱延壽傳》。

[11]太子賓客：官名。爲太子官屬。掌侍從規諫、贊相禮儀。正三品。

[12]任圜：京兆三原（今陝西三原縣）人。後唐明宗時拜同中書門下平章事，後與權臣安重誨失和，被誣與叛臣朱守殷通謀而死。傳見本書卷六七、《新五代史》卷二八。　三司副使：官名。五代後唐明宗天成元年（926）將晚唐以來的户部、度支、鹽鐵三部合爲一職，設三司使統之。　任圜愛其才，奏爲三司副使：《宋本册府》卷一六六《帝王部・招懷門四》："大（天）成元年八月，以偽蜀開府儀同三司、行尚書右僕射兼中書侍郎、同中書門下平章事、上柱國、趙國公、食邑五千户張格，可金紫光禄大夫、檢校兵部尚書、守太子賓客、上柱國，仍封南陽縣開國伯，食邑七百户，充三司副使。從判三司宰臣任圜所奏請也。"

[13]《大典》卷六三五〇"張"字韻"姓氏（二〇）"事目。

許寂　附誠惠

許寂，字閑閑。[1]祖秘，名聞會稽。[2]寂少有山水之好，汎覽經史，窮三式，[3]尤明易象。[4]久棲四明山，[5]不干時譽。昭宗聞其名，[6]徵赴闕，召對於内殿。會昭宗方與伶人調品箏築，[7]事訖，方命坐，賜湯果，[8]問易義。既退，寂謂人曰："君在淫聲，[9]不在政矣。寂聞君人者，將昭德塞違，以臨照百官，百官或象之。今不厭賤事，自求其工，君道替矣。"尋請還山，寓居於江陵，[10]以茹芝絶粒，自適其性。天祐末，節度使趙匡凝昆季深禮遇之，[11]師授保養之道。唐末，除諫官，不起，漢南謂之徵君。[12]梁攻襄陽，[13]匡凝兄弟棄鎮奔蜀，寂偕行。歲餘，蜀主王建待以師禮，位至蜀相。同光末，平蜀，與王衍俱徙于東，[14]授工部尚書致仕，[15]卜居于洛。時寂已年高，精彩猶健，沖漠寡言，時獨語云"可怪可怪"，[16]人莫知其際。[17]清泰三年六月卒，時年八十餘。子孫位至省郎。

[1]許寂，字閑閑：《續世說》卷八《棲逸類》許寂條："許寂，字閑之。"

[2]秘：人名。即許秘。事迹不詳。　會稽：縣名。治所在今浙江紹興市越城區。

[3]窮三式：《輯本舊史》之影庫本粘籤："三式，疑有舛誤。考《册府元龜》亦作'三式'，今姑仍其舊，附識於此。"見明本《册府》卷八一〇《總錄部·隱逸門二》。

[4]尤明易象：《舊五代史考異》："案《太平廣記》云：寂學易于晋徵君。"見《太平廣記》卷一九六許寂條。

[5]四明山：山名。位於今浙江寧波市西南。

[6]昭宗：即唐昭宗李曄，888年至904年在位。紀見《舊唐書》卷二〇上、《新唐書》卷一〇。

[7]篳篥：樂器名。源於西域龜兹，爲竪管中插哨嘴樂器。

[8]賜湯果：中華書局本有校勘記："'湯'字原闕，據《册府》卷七九〇、卷七九六、卷八一〇、《續世說》卷八補。"見《宋本册府》卷七九〇《總錄部·知幾門二》、卷七九六《總錄部·先見門二》，明本《册府》卷八一〇《總錄部·隱逸門》。

[9]君在淫聲：中華書局本有校勘記："'在淫'，原作'淫在'，據彭校、《册府》卷七九〇、卷七九六、卷八一〇乙正。《續世說》卷八作'君好淫聲'。"見《續世說》卷八《棲逸類》許

寂條。

[10]江陵：縣名。治所在今湖北荆州市。

[11]趙匡凝：人名。蔡州（今河南汝南縣）人。趙德諲之子，唐末將領。傳見本書卷一七、《新五代史》卷四一。

[12]諫官：掌諫諍的官員的統稱。　漢南：地區名。指今湖北漢水下游南側地區。　徵君：指代曾經朝廷徵聘而不肯受職的隱士。

[13]襄陽：縣名。治所在今湖北襄陽市。

[14]與王衍俱徙于東：中華書局本有校勘記：“‘徙’，原作‘從’，據《册府》卷八三六、《續世説》卷八改。”見《宋本册府》卷八三六《總録部·養生門》。

[15]工部尚書：官名。尚書省工部長官。掌百工、屯田、山澤之政令。正三品。

[16]時獨語云“可怪可怪”：中華書局本有校勘記：“‘獨’，原作‘蜀’，據殿本、劉本、《册府》卷七八四、卷八三六、《續世説》卷八改。”見《宋本册府》卷七八四《總録部·壽考門》及卷八三六《總録部·養生門》。

[17]人莫知其際：《宋本册府》卷八三六《總録部·養生門》此句下尚有“人言有還丹煮金之術，不知信否”一句。

同光時，以方術著者，又有僧誠惠。《永樂大典》卷一萬六百二十五。[1]

[1]《大典》卷一〇六二五“許”字韻“姓氏（三）”事目，《輯本舊史》之影庫本粘籤：“誠惠，係許寂附傳，《永樂大典》割截分載，今仍爲連綴，以仍其舊。”按：《誠惠傳》，今進行輯補，見下文。

誠惠，不知何許人。[1] 幼於五臺山出家，[2] 能修戒律，稱通皮、骨、肉三命，[3] 人初歸向，聲名漸遠，四方供饋，不遠千里而至者衆矣。自云能役使毒龍，可致風雨，其徒號曰降龍大師。天祐十八年，鎮州大水，壞其南城。誠惠謂人曰：“彼無信心，吾使一小龍驚之耳。”由是氣焰彌盛，人多畏之。同光初，至鄴下，權貴皆拜之，樞密郭崇韜初欲不拜，即慮其謗己，乃因御前見之，故得免私禮。[4] 三年，[5] 京師旱，[6] 莊宗迎至洛下，親拜之，六宮參禮，士庶瞻仰，謂朝夕可致甘澤。禱祝數句，略無徵應。或謂官以祈雨無驗，將加焚燎，誠惠懼而遁去。及卒，賜號法雨大師，塔曰慈雲之塔。[7]《永樂大典》卷九百二十五。[8]

[1]不知何許人：此五字據《宋本冊府》卷九二二《總錄部·妖妄門二》補。

[2]五臺山：山名。位於今山西五臺縣東北。 幼於五臺山出家：“幼”，原作“初”，據《宋本冊府》卷九二二改。

[3]稱通皮、骨、肉三命：《宋本冊府》卷九二二作“稱會皮骨三命”。

[4]“天祐十八年”至“故得免私禮”：此七十六字據《宋本冊府》卷九二二補。《新五代史》卷一四《莊宗神閔敬皇后劉氏傳》：“又有僧誠惠，自言能降龍。嘗過鎮州，王鎔不爲之禮，誠惠怒曰：‘吾有毒龍五百，當遣一龍揭片石，常山之人，皆魚鱉也。’會明年滹沱河大水，壞鎮州關城，人皆以爲神。莊宗及后率諸子、諸妃拜之，誠惠端坐不起，由是士無貴賤皆拜之，獨郭崇韜不拜也。”

[5]三年：此二字據《宋本冊府》卷九二二、卷九二六《總錄

部·愧恨門》補。

[6]京師：指洛陽。治所在今河南洛陽市。

[7]"或謂官以祈雨無驗"至"塔曰慈雲之塔"：明本《册府》卷五二《帝王部·崇釋氏門二》天成二年（927）十月條："十月，五臺山王子寺主僧人廷果，狀稱爲先師廣法大師誠惠建塔，請名謚爲法雨大師慈雲之塔。"《宋本册府》卷九二二："或謂誠惠曰：'官以師祈雨無徵，將加焚燎焉。'誠惠聞之懼，遂潛去，至其寺，憇恚而終。天成中，其徒弟廷果等建塔訖，請名謚於朝，賜號法雨大師慈雲之塔。"同書卷九二六："或以焚燎爲聞，懼之，潛去，至其寺，憇恚而終。"《通鑑》卷二七三同光三年（925）四月癸亥條後："初，五臺僧誠惠以妖妄惑人，自言能降伏天龍，命風召雨；帝尊信之，親帥后妃及皇弟、皇子拜之，誠惠安坐不起，羣臣莫敢不拜。時大旱，帝自鄴都迎誠惠至洛陽，使祈雨，士民朝夕瞻仰，數旬不雨。或謂誠惠：'官以師祈雨無驗，將焚之。'誠惠逃去，慚懼而卒。"

[8]《大典》卷九二五"師"字韻"事韻（五）"事目，或因誠惠賜號法雨大師故。

周玄豹

周玄豹者，[1]本燕人，世爲從事。玄豹少爲僧，其師有知人之鑒，從遊十年餘，[2]苦辛無憚，師知其可教，遂以袁、許之術授之。[3]大略狀人形貌，比諸龜魚禽獸，目視臆斷，咸造其理。及還鄉，遂歸俗。初，盧程寄褐遊燕，[4]與同志二人謁焉。玄豹退謂鄉人張殷衮曰：[5]"適二君子，明年花發，俱爲故人。唯彼道士，佗年甚貴。"至來歲，二子果卒。[6]又二十年，盧程登庸於鄴下。玄豹歸晋陽，張承業信重之，言事數中。承業俾明宗易衣列於諸校之下，以佗人詐之，而玄豹指明宗於末，綴言曰："骨法非內衙太保歟！"[7]咸伏其異。或問明宗之福壽，惟云末後爲鎮州節度使，時明宗爲內衙都校，[8]纔兼州牧而已。昭懿皇后夏氏方侍巾櫛，[9]偶忤旨，大爲明宗櫬楚。玄豹偶見之曰：[10]"此人有藩侯夫人之位，當生貴子。"明宗赫怒因解，後其言果驗。太原判官司馬揆謁玄豹，[11]謂揆曰："公五日之中，奉使萬里，未見迴期。"揆數日後，因酒酣，爲衣領扼之而卒。莊宗署玄豹北京巡官。明宗即位之明年，一日謂侍臣曰："方士周玄豹，昔曾言朕諸事有徵，可詔北京津置赴闕。"[12]趙鳳奏曰："袁、許之事，玄豹所長者，以陛下貴不可言，今既驗矣，餘無可問。若詔赴闕下，則奔競之徒，爭問吉凶，恐近於妖惑。"[13]乃止。令以金帛厚賜之，授光禄卿致仕。[14]尋卒於太原，年八十餘。[15]《永樂大典》卷八千九百九十七。[16]

[1]周玄豹者：《輯本舊史》之影庫本粘籤："周玄豹，《錦繡萬花谷》作'崔玄豹'，係傳寫之訛。考《歐陽史》《通鑑》俱作'周'，今仍其舊。"見《新五代史》卷二八《趙鳳傳》、《通鑑》卷二七六天成二年（927）十二月戊寅朔條。

[2]十年餘：《宋本册府》卷八六〇《總録部·相術門》作"十餘年"。

[3]袁、許：漢許負和唐袁天綱的並稱。二人皆精相人之術。

[4]盧程：人名。范陽盧氏族人。唐末進士，五代後唐宰相。傳見本書卷六七、《新五代史》卷二八。盧程，《北夢瑣言》卷一

九周玄豹條作“盧澄”。　盧程寄褐遊燕：《宋本册府》卷八六〇作“盧程寄褐嘗遊于燕”。

[5]張殷袞：人名。籍貫、事迹不詳。本書僅此一見。　玄豹退謂鄉人張殷袞曰：中華書局本有校勘記：“‘退’字原闕，據《御覽》卷七三一引《後周史》、《册府》卷八六〇、《北夢瑣言》卷一九補。”

[6]二子果卒：《宋本册府》卷八六〇作“二子果零落於趙魏間”。

[7]骨法非内衙太保歟：《輯本舊史》之案語：“以上疑有脱誤。《北夢瑣言》作‘骨法非常，此爲内衙太保乎！’”此據《北夢瑣言》卷一九周玄豹條。中華書局本有校勘記：“《册府》卷八六〇作‘骨法非常，此爲内衙太保歟’。”

[8]内衙都校：官名。五代時設此官，爲統兵的中級軍官。

[9]昭懿皇后夏氏：即後唐明宗夏皇后。秦王李從榮及愍帝（閔帝）之生母。後唐莊宗朝病卒。明宗朝追封爲皇后。傳見本書卷四九、《新五代史》卷一五。

[10]玄豹偶見之曰：中華書局本有校勘記：“‘偶’字原闕，據《册府》卷八六〇補。”

[11]司馬揆：人名。籍貫不詳。事見本書本卷、卷三二、卷一三五。　判官：《宋本册府》卷八六〇作“察判”。

[12]北京：指五代後唐的北都太原。《新五代史》卷五《唐莊宗紀下》載，同光元年（923）“十一月乙巳，復北都爲鎮州，太原爲北都”。

[13]趙鳳：人名。幽州（今北京市）人。後唐大臣。傳見本書卷六七、《新五代史》卷二八。　“趙鳳奏曰”至“恐近於妖惑”：《宋本册府》卷五三三《諫諍部・規諫門一〇》：“鳳奏曰：‘玄豹是臣鄉里人，待臣不薄。前代術士妄言，致人破家滅族者多矣。玄豹藝術雖精，臣不欲置之都下。昔言陛下應運，今已効矣。陛下無事更詢，而輕薄狡妄之徒，不知命有定分，若玄豹至京師，

則人士湊其門。臣竊思之，無益於事。’”《通鑑》卷二七六天成二年十二月條作：“趙鳳曰：‘玄豹言陛下當爲天子，今已驗矣，無所復詢。若置之京師，則輕躁狂險之人必輻輳其門，爭問吉凶。自古術士妄言，致人族滅者多矣，非所以靖國家也。’”

　　［14］光禄卿：官名。南朝梁天監七年（508）改光禄勳置，隋唐沿置。掌宮殿門户、帳幕器物、百官朝會膳食等。從三品。

　　［15］尋卒於太原，年八十餘：《北夢瑣言》卷一九周玄豹條作“年八十而終”。

　　［16］《大典》卷八九九七“周”字韻“姓氏（八）”事目。

舊五代史　卷七二

唐書四十八

列傳第二十四

張承業

張承業，字繼元，本姓康，同州人。[1]咸通中，内常侍張泰畜爲假子。[2]光啓中，主部陽軍事，賜紫，入爲内供奉。[3]武皇之討王行瑜，承業累奉使渭北，因留監武皇軍事，賊平，改酒坊使。[4]三年，昭宗將幸太原，以承業與武皇善，乃除爲河東監軍，[5]密令迎駕。既而昭宗幸華州，就加左監門衛將軍。[6]駕在鳳翔，承業屢請出師晋絳，以爲岐人掎角。[7]崔魏公之誅宦官也，[8]武皇僞戮罪人首級以奉詔，匿承業於斛律寺。[9]昭宗遇弑，乃復請爲監軍。

[1]同州：州名。治所在今陝西大荔縣。

[2]咸通：唐懿宗李漼年號（860—874）。　内常侍：官名。

内侍省屬官，通判内侍省事。正五品下。　張泰：人名。籍貫不詳。唐末宦官。事見本書本卷、《新五代史》卷三八。　咸通中，內常侍張泰畜爲假子：明本《册府》卷六六五《內臣部·恩寵門》：“初仕昭宗爲內常侍。”

[3]光啓：唐僖宗李儇年號（885—888）。　郃陽：縣名。治所在今陝西合陽縣東南。　賜紫：皇帝頒賜紫色官服。特殊情況下，京官散階未及三品者可以賜紫，未及五品者可以賜緋，以示尊寵。　內供奉：官名。唐代侍奉皇帝左右之官，謂之供奉，在宮內侍奉者，稱內供奉。

[4]武皇：即李克用。沙陀部人，生於神武川新城（一說是今山西朔州市朔城區之梵王寺村，一說是今山西應縣縣城，一說在今山西懷仁縣之日中城）。唐末軍閥，受封晋王。五代後唐追尊爲太祖武皇帝。紀見本書卷二五至卷二六、《新五代史》卷四。　王行瑜：人名。邠州（今陝西彬縣）人。唐末軍閥。傳見《舊唐書》卷一七五、《新唐書》卷二二四下。　渭北：即渭河以北地區。酒坊使：官名。唐始置。爲諸司使之一。掌内酒坊事。

[5]昭宗：即唐昭宗李曄，888年至904年在位。紀見《舊唐書》卷二〇上、《新唐書》卷一〇。　太原：府名。治所在今山西太原市。　河東：方鎮名。治所在太原（今山西太原市）。　監軍：官名。爲臨時差遣，代表朝廷協理軍務，督察將帥。五代時常以宦官爲監軍。

[6]華州：州名。治所在今陝西渭南市華州區。　左監門衛將軍：官名。唐置十六衛之一。掌宮禁宿衛。從三品。

[7]鳳翔：方鎮名。治所在鳳翔府（今陝西鳳翔縣）。　晋：州名。治所在今山西臨汾市。　絳：州名。治所在今山西新絳縣。岐人：指岐王李茂貞（856—924）的軍隊。

[8]崔魏公：即崔胤。清河武城（今山東武城縣）人。唐末宰相。傳見《舊唐書》卷一七七、《新唐書》卷二二三下。《輯本舊史》之影庫本粘籤：“宋初修《五代史》，避太祖御名，于唐宰相崔

胤或稱爲崔裔，此傳又稱爲崔魏公，前後異稱，殊失史家紀實之體。今存其舊，仍附識于此。"

[9]斛律寺：寺院名。位於今山西太原市。《通鑑》卷二六六開平元年（907）四月條胡三省注："斛律寺，蓋高齊建霸府於晉陽，斛律氏貴盛時所立。"

　　夾城之役，遣承業求援於鳳翔。[1]時河中阻絕，自離石渡河，[2]春冰方泮，凌澌奔蹴，艤舟不得渡，因禱河神。是夜，夢神人謂曰："子但渡，流冰無患。"既寤，津吏報曰："河冰合矣。"凌晨，躡冰而濟，旋踵冰解。使還，武皇病篤，啟手之夕，召承業屬之曰：[3]"吾兒孤弱，羣庶縱橫，[4]後事公善籌之。"承業奉遺顧，爰立嗣王，平內難，策略居多。既終易月之制，即請出師救潞，[5]破賊夾城。莊宗深感其意，[6]兄事之，親幸承業私第，升堂拜母，賜遺優厚。時莊宗初行墨制，[7]凡除拜之命，皆成於盧汝弼之手。[8]汝弼既自爲戶部侍郎，[9]乃請與承業改官及開國邑，承業拒而不受。其後終身但稱本朝舊官而已。[10]天祐中，[11]幽州劉守光敗，其府掾馮道歸太原，承業辟爲本院巡官。[12]承業重其文章履行，甚見待遇。時有周玄豹者，[13]善人倫鑒，與道不洽，[14]謂承業曰："馮生無前程，公不可過用。"管記盧質聞之曰："我曾見杜黃裳司空寫真圖，[15]道之狀貌酷類焉，將來必副大用，玄豹之言，不足信也。"承業薦爲霸府從事焉。[16]

　　[1]夾城之役：李克用及李存勖與後梁之間的戰役。開平元年

（907），後梁派康懷英築城圍晉將李嗣昭於潞州。後李思安築夾城爲蚰蜒塹以圍之，逾年不能下。最終李嗣源破夾城東北隅，康懷英出天井關而遁。潞州圍解。

［2］河中：方鎮名。治所在河中府（今山西永濟市）。　離石：縣名。治所在今山西呂梁市離石區。

［3］啓手：善終的代稱。　召承業屬之曰：明本《册府》卷三四七《將帥部·佐命門八》李存璋條：“（天祐）五年，武皇疾篤，召張承業與存璋授遺詔。”

［4］羣庶縱横：中華書局本有校勘記：“‘庶’，原作‘臣’，據《册府》卷六六六、卷六六八改。按時李克用未稱制，不得稱羣下爲臣，羣庶蓋指克用諸弟及義兒。”見《宋本册府》卷六六六《内臣部·忠直門》、卷六六八《内臣部·翊佐門》。

［5］潞：州名。治所在今山西長治市。

［6］莊宗：即李存勗，小字亞子，沙陀部人，太原（今山西太原市）人。晉王李克用之子，五代後唐開國皇帝。紀見本書卷二七至卷三四、《新五代史》卷四至卷五。

［7］墨制：皇帝直接發出，不經外廷的詔令。唐李肇《翰林志》載陸贄上疏曰：“伏詳舊式及國朝典故，凡有詔令，合由於中書。如或墨制施行，所司不須承受。”《輯本舊史》之影庫本粘籤：“墨制，原本作‘里制’，今從《通鑑》改正。”見《通鑑》卷二六六開平二年五月條。

［8］盧汝弼：人名。范陽（今河北涿州市）盧氏族人，家於河中蒲州（今山西永濟市）。唐代詩人盧綸之孫。唐代進士，唐、五代後唐官員。傳見本書卷六〇。

［9］户部侍郎：官名。尚書省户部次官。協助户部尚書掌天下田户、均輸、錢穀之政令。正四品下。

［10］其後終身但稱本朝舊官而已：中華書局本有校勘記：“‘其後’下《册府》卷六六六有‘終身’二字。”但未補，今據《宋本册府》卷六六六《内臣部·賢行門》補。

[11]天祐：唐昭宗李曄開始使用的年號（904），唐哀帝李柷沿用（904—907）。唐亡後，河東李克用、李存勖仍稱天祐，沿用至天祐二十年（923）。五代十國其他政權亦有行此年號者，如南吳、吳越等。　天祐中：《宋本冊府》卷八《帝王部·創業門四》後唐莊宗條：“（天祐十年）六月，帝遣監軍張承業至幽州。”

[12]幽州：州名。治所在今北京市。　劉守光：人名。深州樂壽（今河北獻縣）人。幽州節度使劉仁恭之子。唐末、五代軍閥。後自稱大燕皇帝，年號應天。被李存勖擊敗，俘後被斬。傳見本書卷一三五、《新五代史》卷三九。　府掾：府署辟置的僚屬。　馮道：人名。瀛州景城（今河北滄縣）人。五代時官拜宰相，歷仕後唐、後晉、後漢、後周，亦曾臣服於契丹。傳見本書卷一二六、《新五代史》卷五四。　巡官：官名。唐代節度使、觀察使、團練使、防禦使屬官，位判官、推官下。另有營田巡官、轉運巡官、館驛巡官等名目，皆因使而置。

[13]周玄豹：人名。燕地（今河北北部）人。五代後唐時術士、官員。傳見本書卷七一。

[14]與道不洽：“洽”，原作“合”，據《輯本舊史》卷一二六《馮道傳》，《宋本冊府》卷六六六《內臣部·薦賢門》、卷八四三《總錄部·知人門二》盧質條改。

[15]管記：即書記。掌管文書的官員。　盧質：人名。河南（今河南洛陽市）人。五代大臣。傳見本書卷九三、《新五代史》卷五六。　杜黃裳：人名。京兆萬年（今陝西西安市長安區）人。唐代宰相。傳見《舊唐書》卷一四七、《新唐書》卷一六九。　司空：官名。與太尉、司徒並爲三公，唐後期、五代多爲大臣、勳貴加官。正一品。

[16]霸府：藩王或大臣的幕府。　從事：泛指一般屬官。

柏鄉之役，[1]王師既逼汴營，周德威慮其奔衝，[2]堅請退舍。[3]莊宗怒其懦，不聽，垂帳而寢，諸將不敢言事，咸詣監軍請白。承業遽至牙門，[4]褰帳而入，撫莊宗曰："此非王安寢時，周德威老將，洞識兵勢，姑務萬全，言不可忽。"莊宗蹶然而興曰："予方思之。"其夕，收軍保鄗邑。[5]德威討劉守光，令承業往視賊勢，因請莊宗自行，果成大捷。承業感武皇厚遇，自莊宗在魏州垂十年，[6]太原軍國政事，一委承業，而積聚庾帑，收兵市馬，招懷流散，勸課農桑，成是霸基者，承業之忠力也。

[1]柏鄉：縣名。治所在今河北柏鄉縣。

[2]周德威：人名。朔州馬邑（今山西朔州市朔城區東北）人。唐末、五代河東將領。傳見本書卷五六、《新五代史》卷二五。

[3]堅請退舍：中華書局本有校勘記："'退'，原作'過'，據《冊府》卷六六八、《職官分紀》卷四六、《新編古今事文類聚外集》卷六注引《五代史》改。"見《宋本冊府》卷六六八《內臣部·規諫門》）。

[4]牙門：古代軍營大門。因門前立有牙旗，故稱。

[5]鄗邑：縣名。治所在今河北高邑縣。《宋本冊府》卷六六八作"高邑"。

[6]魏州：州名。治所在今河北大名縣。

時貞簡太后、韓淑妃、伊德妃、[1]諸宅王之貴介弟在晉陽宮，[2]或不以其道干於承業，悉不聽，踰法禁者必懲，繇是貴戚斂手，民俗丕變。或有中傷承業於莊宗者，言專弄威柄，廣納賂遺。莊宗歲時還晉陽宮省太后，須錢蒱博、給伶官，嘗置酒於泉府，[3]莊宗酣飲，[4]

命興聖宮使李繼岌爲承業起舞，[5]既竟，承業出寶帶、幣馬奉之。莊宗指錢積謂承業曰：“和哥無錢使，七哥與此一積寶馬，[6]非殊惠也。”承業謝曰：“郎君歌舞，[7]承業自出己俸錢。此錢是大王庫物，准擬支贍三軍，不敢以公物爲私禮也。”莊宗不悦，使酒侵承業。承業曰：“臣老敕使。非爲子孫之謀，惜錢爲大王基業，[8]王若自要散施，何訪老夫？[9]不過財盡兵散，一事無成。”莊宗怒，顧元行欽曰：“取劍來！”[10]承業引莊宗衣，泣而言曰：“僕荷先王遺顧，誓爲本朝誅汴賊，爲王惜庫物，斬承業首，[11]死亦無愧於先王，今日請死！”閻寶解承業手，[12]令退。承業詬寶曰：“黨朱温逆賊，[13]未嘗有一言效忠，而敢依阿諂附。”[14]揮拳踣之。太后聞莊宗酒失，急召入。莊宗性至孝，聞太后召，叩頭謝承業曰：“吾杯酒之間，忤於七哥，太后必怪吾。七哥爲吾痛飲兩巵分謗，可乎？”莊宗連飲四鍾，勸承業，竟不飲。莊宗歸宫，太后使人謂承業曰：“小兒忤特進，[15]已笞矣，可歸第。”翌日，太后與莊宗俱幸其第，慰勞之。自是私謁幾絶。

　　[1]貞簡太后：即五代後唐莊宗生母曹太后。貞簡，謚號。傳見本書卷四九、《新五代史》卷一四。　　韓淑妃：莊宗正室。籍貫不詳。傳見本書卷四九、《新五代史》卷一四。　　伊德妃：莊宗嬪妃。籍貫不詳。傳見本書卷四九、《新五代史》卷一四。　　韓淑妃、伊德妃：《輯本舊史》原作“韓德妃、伊淑妃”，中華書局本有校勘記：“‘韓德妃’‘伊淑妃’，本書卷四九《后妃列傳》、《新五代史》卷一四《唐太祖家人傳》作‘韓淑妃’‘伊德妃’。”但未改，

今據改。

[2]晋陽宫：宫殿名。位於今山西太原市。　諸宅王之貴介弟在晋陽宫：中華書局本有校勘記："'貴'字下原有'洎王之'三字，據《册府》卷六六六、《職官分紀》卷四六、《新編古今事文類聚外集》卷六删。影庫本粘籤：'諸宅王之貴，原本疑有舛誤，今無可復考，姑仍其舊。'"見《宋本册府》卷六六六《内臣部·忠直門》。

[3]蒱博：古代博戲名。又稱樗蒱、摴蒱，泛指賭博。　伶官：古代樂人。後唐莊宗朝用伶人爲官，故稱伶官。事見《新五代史》卷三七。　泉府：指儲備錢財的府庫。

[4]酣飲：《宋本册府》卷六六六作"酒酣"。

[5]興聖宫使：官名。掌後唐宫衛。　李繼岌：人名。沙陀部人，代州雁門（今山西代縣）人。五代後唐莊宗李存勗長子。曾率軍攻滅前蜀，聞其父爲亂兵所殺後自縊身亡。傳見本書卷五一、《新五代史》卷一四。

[6]和哥無錢使，七哥與此一積寶馬：中華書局本有校勘記："殿本、劉本同。《册府》卷六六六'和哥'下注云：'繼岌小字和哥。''七哥'下注云：'七哥謂承業也。'"見《宋本册府》卷六六六。

[7]郎君歌舞：中華書局本有校勘記："'歌舞'，原作'哥勞'，據《册府》卷六六六、《職官分紀》卷四六、《新編古今事文類聚外集》卷六改。"見《宋本册府》卷六六六。

[8]惜錢爲大王基業：《輯本舊史》之影庫本粘籤："惜錢，原本作'借錢'，今從《通鑑》改正。"此據《通鑑》卷二七〇貞明三年（917）十月條。《宋本册府》卷六六六亦作"惜錢"。

[9]王若自要散施，何訪老夫：《舊五代史考異》："《通鑑》作王自取用之，何問僕爲！"此據《通鑑》卷二七〇貞明三年十月條。又，"何訪老夫"，中華書局本有校勘記："'訪'，原作'妨'，據《册府》卷六六六改。影庫本粘籤：'何妨老夫，原本疑有訛字。

考《册府元龜》所引《薛史》與《永樂大典》同，今仍其舊。'"
見《宋本册府》卷六六六《内臣部·忠直門》。

[10]元行欽：人名。幽州（今北京市）人。後唐將領。傳見
本書卷七〇、《新五代史》卷二五。

[11]爲王惜庫物，斬承業首：《宋本册府》卷六六六作"王爲
惜庫物，斬張承業首"。

[12]閻寶：人名。鄆州（今山東東平縣）人。後梁、後唐將
領。傳見本書卷五九、《新五代史》卷四四。

[13]朱温：人名。宋州碭山（今安徽碭山縣）人。後梁太祖。
紀見本書卷一至卷七、《新五代史》卷一。

[14]而敢依阿諂附：中華書局本有校勘記："'阿'字原闕，據
《册府》卷六六六補。"見《宋本册府》卷六六六。

[15]特進：官名。西漢末期始置，授給列侯中地位較特殊者。
隋唐時期，特進爲散官，授給有聲望的文武官員。正二品。

十四年，承制授開府儀同三司、左衛上將軍、[1]燕
國公，固辭不受。是時，盧質在莊宗幕下，嗜酒輕傲，
嘗呼莊宗諸弟爲豚犬，莊宗深銜之。承業慮質被禍，因
乘間謂莊宗曰："盧質多行無禮，臣請爲大王殺之，可
乎？"莊宗曰："予方招禮賢士，以開霸業，七哥何言之
過也！"承業因聳立而言曰："大王若能如此，何憂不得
天下！"其後盧質雖或縱誕，[2]莊宗終能容之，蓋承業爲
之藻藉也。

[1]開府儀同三司：官名。魏晉始置，隋唐時爲散官之最高官
階。多授功勳重臣。從一品。 左衛上將軍：官名。掌宮禁宿衛。
唐代置十六衛之一。從二品。 《輯本舊史》之影庫本粘籤："左

衛，原本作‘右衛’，今從《册府元龜》改正。"按，檢《册府》，未見此記載。

[2]其後盧質雖或縱誕：中華書局本有校勘記："‘或’，原作‘成’，據《册府》卷六六六改。"見《宋本册府》卷六六六《内臣部·賢行門》。

　　十八年，莊宗受諸道勸進，將纂帝位。承業以爲晉王三代有功於國，先人怒朱氏弒逆，將復舊邦，讎既未平，不宜輕受推戴。方疾作，肩輿之鄴宫，[1]見莊宗曰："王父子血戰三十餘年，蓋言報國仇讎，復唐宗社。今元凶未滅，民賦已殫，而遽先大號，蠹耗財力，臣以爲不可一也。臣自咸通已來，伏事宫掖，每見國家册命大禮，儀仗法物，百司庶務，經年草定，臨事猶有不可。王若化家爲國，新立廟朝，不可乖於制度。制禮作樂，未見其人，臣以爲不可二也。舉事量力而行，不可信於游譚也。"[2]莊宗曰："奈諸將何！"承業知莊宗不從，因號泣而言之。十九年十一月二日，以疾卒于晉陽之第，[3]時年七十七。貞簡太后聞喪，遽至其第盡哀，爲之行服，如兒姪禮。同光初，贈左武衛上將軍，謚曰貞憲。[4]《永樂大典》卷一萬六千四百五十。[5]

　　[1]鄴：地名。治所在今河北大名縣。五代後唐同光元年（923）改魏州爲興唐府，建號東京。三年，改東京爲鄴都。

　　[2]"見莊宗曰"至"不可信於游譚也"：《舊五代史考異》："案《通鑑考異》引秦再思《洛中記異》云：承業諫帝曰：‘大王何不待誅克梁孽，更平吴、蜀，俾天下一家，且先求唐氏子孫立

之，後更以天下讓有功者，何人輒敢當之！讓一月即一月牢，讓一年即一年牢。設使高祖再生，太宗復出，又胡爲哉！今大王一旦自立，頓失從前仗義征伐之旨，人情怠矣。老夫是閹官，不愛大王官職富貴，直以受先王付囑之重，欲爲大王立萬年之基爾。’”見《通鑑》卷二七一龍德元年（921）正月條《考異》。“臣自咸通已來”，《輯本舊史》之影庫本粘籤：“咸通，原本作‘成通’，今從《唐書》改正。”

[3]晉陽：縣名。治所在今山西太原市。 以疾卒于晉陽之第：《舊五代史考異》：“案：《歐陽史》作不食而卒。《通鑑》作邑邑成疾，不復起。”見《新五代史》卷三八《張承業傳》、《通鑑》卷二七一龍德元年正月條《考異》。《宋本册府》卷六六八《内臣部·規諫門》作：“承業自是多病，日加危篤，卒於官。”

[4]同光：後唐莊宗李存勖年號（923—926）。 左武衛上將軍：官名。唐置，掌宮禁宿衛。唐代置十六衛之一，從二品。 貞憲：《舊五代史考異》：“《歐陽史》作正憲。”見《新五代史》卷三八《張承業傳》。 《新五代史》當避宋仁宗趙禎諱，故改爲“正”字。

[5]《大典》卷一六四五〇“宦”字韻“宦官（五）”事目。《輯本舊史》之案語：“《五代史闕文》：莊宗將即位於魏州，承業自太原至，謂莊宗曰：‘吾王世奉唐家，最爲忠孝，自貞觀以來，王室有難，未嘗不從。所以老奴三十餘年爲吾王捃拾財賦、召補軍馬者，誓滅逆賊朱溫，復本朝宗社耳。今河朔甫定，朱氏尚存，吾王遽即大位，可乎？’云云。莊宗曰：‘奈諸將意何！’承業知不可諫止，乃慟哭曰：‘諸侯血戰者，本爲李家，今吾王自取之，誤老奴矣！’即歸太原，不食而死。臣謹按：《莊宗實録》敘承業諫即位事甚詳，惟‘吾王自取’之言不書，史官諱之也。”《宋本册府》卷六六八作：“帝初獲玉璽，諸將勸帝復唐正朔。承業自太原急趣謁帝，從容言曰：‘老奴受先王顧命，謹事郎君，利害否臧，盡合忠言。殿下父子血戰三十餘年，蓋緣報國復仇，爲唐宗社。今元凶

未殄，軍賦不充，河朔數州，弊於供億，日望殿下掃除梁汴，休戰息民。今元惡未平，遽先大號，費養兵之事力，困凋弊之生靈，臣以此爲一未可也。曰咸通中便在宮掖，每見國家册命大禮，儀仗法物，百司庶務，經年草定，臨事猶闕。今殿下既化家爲國，新創廟朝，典禮制度，須取太常準約。方今禮院未見其人，儻失舊章，爲人輕笑，二未可也。老臣愚懇未願殿下受人推戴者此也。大凡舉事，量力而行，悠悠之譚，無益實事。'因泣下沾矜，帝曰：'子非所願，奈諸將何？'承業自是多病，日加危篤，卒於官。凶問至，帝悲慟，連日輟食，因言曰：'天奪孤之子布也。'"

張居翰

張居翰，字德卿。咸通初，掖廷令張從玫養之爲子，[1]以廕入仕。中和三年，[2]自容管監軍判官入爲學士院判官，[3]遷樞密承旨、内府令，賜緋。[4]昭宗在華下，[5]超授内常侍，出監幽州軍事，秩滿詔歸，節度使劉仁恭表留之。[6]天復中，[7]詔誅宦官，仁恭給奏殺之，匿於大安山之北谿。[8]

[1]掖廷令：官名。内侍省掖庭局長官，員二人，掌管宮人簿賬及女工事務。從七品下。　張從玫：人名。籍貫不詳。事見本書本卷、《新五代史》卷三八。

[2]中和：唐僖宗李儇年號（881—885）。

[3]容管：方鎮名。治所在容州（今廣西容縣）。　監軍判官：官名。爲長官的佐吏，協理政事，或備差遣。　自容管監軍判官入爲學士院判官："容管監軍判官"，中華書局本有校勘記："《張居翰墓誌》（拓片刊《西安碑林博物館新藏墓誌彙編》）作'容南護軍

判官’。”

[4]樞密承旨：官名。五代設樞密院承旨和樞密院副承旨，以各衛將軍擔任。主管樞密院承旨司之事。　内府令：官名。内侍省内府局長官。掌中藏寶貨、給納名數。正八品下。　賜緋：輿服制度。皇帝頒賜緋色官服。唐代五品、四品官服緋。後世或沿用此制，品級不盡相同。

[5]華下：即華州。《輯本舊史》之影庫本粘籤：“華下，原本作‘華夏’，今據文改正。”《宋本册府》卷六六七《内臣部·監軍門》亦作“華下”。

[6]節度使：官名。唐時在重要地區所設掌握一州或數州軍事、民事、財政的長官。　劉仁恭：人名。深州（今河北深州市）人。唐末、五代軍閥。傳見《新唐書》卷二一二。

[7]天復：唐昭宗李曄年號（901—904）。　天復中：《輯本舊史》之影庫本粘籤：“天復，原本誤作‘天福’，今從《唐書》改正。”

[8]大安山：山名。位於今北京市房山區西北。

　　天祐三年，汴人攻滄州，[1]仁恭求援於武皇，乃遣居翰與書記馬郁等率兵助武皇同攻潞州，[2]武皇因留之不遣。李嗣昭節制昭義，[3]以居翰監其軍，[4]以燕軍三千爲部下。[5]俄而汴將李思安築夾城以圍潞州，[6]居翰與嗣昭登城保守，以至解圍。自是嗣昭每出征，令居翰知留後事。[7]同光元年夏四月，召爲樞密使，加特進，與郭崇韜對掌機務。十月，莊宗將渡河，留居翰與李紹宏同守魏州。莊宗入汴，加驃騎大將軍，知内侍省事，依前充樞密使。[8]同光時，宦官干政，[9]邦家之務皆出於郭崇韜。居翰自以羈旅乘時，擢居重地，每於宣授，不敢有所是非，承顏免過而已，以此脫季年之禍。四年三月，僞蜀王衍既降，詔遷其族於洛陽。[10]行及秦川，時關東已亂，[11]莊宗慮衍爲變，遣中官向延嗣馳騎齎詔殺之。[12]詔云：“王衍一行，並宜殺戮。”其詔已經印畫，時居翰在密地，覆視其詔，即就殿柱揩去“行”字，改書“家”字。及衍就戮於秦川驛，[13]止族其近屬而已，其僞官及從行者尚千餘人，皆免其枉濫，居翰之力也。

[1]滄州：州名。治所在今河北滄縣舊州鎮。

[2]書記：官名。唐、五代方鎮僚屬，位在判官下。掌表奏書檄、文辭之事。　馬郁：人名。范陽（今河北涿州市）人。唐末、五代大臣。傳見本書卷七一。　潞州：州名。治所在今山西長治市。

[3]李嗣昭：人名。汾州（今山西汾陽市）人。唐末、五代李克用義子、部將。傳見本書卷五二、《新五代史》卷三六。　昭義：方鎮名。治所在潞州（今山西長治市）。

[4]以居翰監其軍：《輯本舊史》之影庫本粘籤：“監其軍，原本作‘其事’，今據文改正。”

[5]燕：封國名。指唐末河北方鎮盧龍軍。劉仁恭、劉守光父子先後爲盧龍節度使、燕王。

[6]李思安：人名。陳留（今河南開封市陳留鎮）人。五代後梁將領。傳見本書卷一九。

[7]留後：官名。原非正式命官，唐朝節度使入朝或宰相、親王遙領節度使不臨鎮則置。安史之亂後，節度使多以子弟或親信爲留後，以代行節度使職務，亦有軍士、叛將自立爲留後者。掌一州或數州軍政。北宋始爲朝廷正式命官。

[8]樞密使：官名。樞密院長官。唐代宗時始以宦官掌機密，至昭宗時借朱温之力盡誅宦官，始改以士人任樞密使。備顧問，參

謀議，出納詔奏，權侔宰相。參見李全德《唐宋變革期樞密院研究》，國家圖書館出版社 2009 年版。　郭崇韜：人名。代州雁門（今山西代縣）人。五代後唐大臣。傳見本書卷五七、《新五代史》卷二四。　李紹宏：人名。又作馬紹宏。籍貫不詳。後唐莊宗近臣。傳見本書本卷。　驃騎大將軍：武散官名。唐始置。從一品。

　内侍省：官署名。專掌宫廷内部事務的宦官機構。　“召爲樞密使”至“依前充樞密使”：《輯本舊史》卷三二《唐莊宗紀六》同光二年（924）六月甲午條：“以樞密使、特進、左領軍衛上將軍、知内侍省事張居翰爲驃騎大將軍、守左驍衛上將軍，進封開國伯，賜功臣號。”明本《册府》卷六六五《内臣部·恩寵門》：“張居翰，莊宗末爲樞密使，官至驃騎大將軍，賜號竭誠保運致理功臣。”

　[9]宦官干政：《宋本册府》卷六六六《内臣部·賢行門》作“内職干政”，似更善。

　[10]蜀：五代十國之前蜀。　王衍：人名。許州舞陽（今河南舞陽縣）人。王建幼子，五代十國前蜀皇帝。傳見本書卷一三六、《新五代史》卷六三。　洛陽：地名。即今河南洛陽市。

　[11]秦川：地區名。泛指今陝西、甘肅二省秦嶺以北的平原。

　[12]中官：即宦官。　向延嗣：人名。籍貫不詳。後唐宦官。事見《通鑑》卷二七四。　遣中官向延嗣馳騎齎詔殺之：中華書局本有校勘記：“‘遣’字原闕，據《册府》卷六六六、《通鑑》卷二七四補。”見《宋本册府》卷六六六、《通鑑》卷二七四天成元年（926）三月甲戌條。

　[13]秦川驛：驛名。唐京兆府驛站。今地不詳。

　　明宗入洛，居翰謁見於至德宫，待罪雪涕，[1]乞歸田里，詔許之，乃辭歸長安。[2]仍以其子延貴爲西京職事，[3]以供侍養。天成三年四月，以疾卒於長安，時年七十一。居翰性和而静，諳悉舊事。在潞州累年，每春課人育蔬種樹，敦本惠農，有仁者之心焉。《永樂大典》卷一萬六千四百五十。[4]

[1]至德宮：宮殿名。位於今河南洛陽市。　居翰謁見於至德宮，待罪雪涕："至德宮待罪雪涕"，明本《册府》卷六六五《内臣部·思寵門》作"致德宮雪泣待罪"。

[2]長安：地名。位於今陝西西安市。

[3]延貴：人名。即張延貴。事迹不詳。　西京：地名。五代後唐莊宗同光元年（923）四月以太原爲西京，十二月，詔改僞梁永平軍大安府復爲西京京兆府。

[4]《大典》卷一六四五〇"宦"字韻"宦官（五）"事目。

馬紹宏[1]

[1]《輯本舊史》之影庫本粘籤："《馬紹宏傳》，《永樂大典》疑有删節，今無可復考，姑仍其舊。"

馬紹宏，閹官也。[1]初與孟知祥同爲中門使，[2]及周德威薨，莊宗兼領幽州，令紹宏權知州事。[3]即位之初，郭崇韜勳望高，舊在紹宏之下，時徵潞州監軍張居翰與崇韜並爲樞密使，紹宏失望，乃以爲宣徽使，以己合當樞任，[4]志常鬱鬱，[5]側目於崇韜。崇韜知其慊也，乃置内勾之目，令天下錢穀簿書，悉委裁遣。既而州郡供報，輒滋煩費，議者以爲十羊九牧，深所不可，内勾之目，人以爲是妖言。[6]《永樂大典》卷一萬九千六百四十四。[7]

[1]馬紹宏，閹官也：《舊五代史考異》：“案：《莊宗紀》作李紹宏，蓋嘗賜姓。”中華書局本對此有校勘記：“‘紀’字原闕，據殿本《考證》、劉本《考證》補。”《輯本舊史》卷二九《唐莊宗紀三》天祐十六年（919）三月條：“帝兼領幽州，遣近臣李紹宏提舉府事。”《新五代史》卷三八《宦者傳》：“有宣徽使馬紹宏者，嘗賜姓李，頗見信用。然誣殺大臣，黷貨賂，專威福，以取怨於天下者，左右狎暱，黃門内養之徒也。是時，明宗自鎮州入覲，奉朝請於京師。莊宗頗疑其有異志，陰遣紹宏伺其動靜，紹宏反以情告明宗。明宗自魏而反，天下皆知禍起於魏，孰知其啓明宗之二心者，自紹宏始也！”《通鑑》卷二七〇貞明五年（919）三月條：“紹宏，宦者也，本姓馬，晉王賜姓名，使與知嵐州事孟知祥俱爲中門使。”同書卷二七五天成元年四月庚子條：“李紹宏請復姓馬。”

[2]孟知祥：人名。邢州龍岡（今河北邢臺市）人。李克用女婿，五代十國後蜀開國皇帝。傳見本書卷一三六、《新五代史》卷六四。　中門使：官名。五代時晉王李存勖所置。爲節度使屬官，執掌同於朝廷之樞密使。

[3]令紹宏權知州事：見《輯本舊史》卷二九《唐莊宗紀三》天祐十六年三月條。同書卷五二《李嗣昭傳》：“十六年，嗣昭代周德威權幽州軍府事，九月，以李紹宏代。”《宋本册府》卷九八七《外臣部·征討門六》：“（天祐）十八年十二月，契丹阿保機寇幽州，節度使李紹宏帥士固守。”《通鑑》卷二七一龍德元年（921）十二月辛未條：“十二月，辛未，（契丹主）攻幽州，李紹宏嬰城自守。”

[4]張居翰：人名。籍貫不詳。唐末、五代宦官。傳見本書本卷、《新五代史》卷三八。　宣徽使：官名。唐始置。宣徽南院使、北院使通稱宣徽使。初用宦官，五代以後改用士人。通掌内諸司及三班内侍之名籍，郊祀、朝會、宴享供帳之儀，檢視内外進奉名物。參見王永平《論唐代宣徽使》，《中國史研究》1995年第1期；王孫盈政《再論唐代的宣徽使》，《中華文史論叢》2018年第3期。

　　"即位之初"至"以己合當樞任"：《舊五代史考異》："案《宋史·趙上交傳》：南遊洛陽，與中官驃騎大將軍馬紹宏善，紹宏領北面轉運制置大使，表爲判官。考紹宏爲北面轉運制置大使，《薛史》不載。"見《宋史》卷二六二《趙上交傳》。《輯本舊史》卷一〇六《劉審交傳》："同光初，趙德鈞鎮幽州，朝廷以内官馬紹宏爲北面轉運使。"明本《册府》卷六六五《内臣部·恩寵門》："李紹宏，爲宣徽南院使，判内侍省兼内外特進左監門衛將軍，同正上柱國。""乃以爲宣徽使"，明本《册府》卷六六五無"以"字。

　　[5]志常鬱鬱：中華書局本有校勘記："'志'字原闕，據《册府》卷六六五補。"

　　[6]"崇韜知其慊也"至"人以爲是妖言"：《宋本册府》卷四八三《邦計部總序》："同光元年十一月，以左監門衛將軍、判内侍省李紹宏兼内勾，凡天下錢穀簿書，悉委裁遣。自是州縣供帳煩費，議者非之。"《通鑑》卷二七三同光二年（924）二月辛巳條："郭崇韜知李紹宏快快，乃置内句使，掌句三司財賦，以紹宏爲之，冀弭其意，而紹宏終不悦，徒使州縣增移報之煩。"

　　[7]《大典》卷一九六四四"牧"字韻"事韻（三）"，應爲"十羊九牧"事目，《舊五代史考異》："案：下有闕文。據《通鑑》，李嗣源爲謡言所屬危殆者數四，賴宣徽使李紹宏左右營護，以是得全。天成元年二月己丑朔，以宣徽南院使李紹宏爲樞密使。"見《通鑑》卷二七四天成元年（926）正月庚辰條及二月己丑條。《輯本舊史》卷三四《唐莊宗紀八》同光四年二月己丑條："以宣徽南院使、知内侍省、兼内勾、特進、右領軍衛上將軍李紹宏爲驃騎大將軍、守左武衛上將軍、知内侍省，充樞密使。"《新五代史》卷五《唐莊宗紀下》同光四年二月己丑條："宣徽南院使李紹宏爲樞密使。"

同光二年四月，加紹宏右領軍衛上將軍，封隴西縣

開國男，食邑三百户，仍賜推忠翊佐功臣。[1]明宗長興
三年，卒。[2]

　　[1]右領軍衛上將軍：官名。掌宮禁宿衛。唐代置十六衛之一。
從二品。　　"同光二年四月" 至 "仍賜推忠翊佐功臣"：明本《册
府》卷六六五《内臣部・恩寵門》。《輯本舊史》卷三一《唐莊宗
紀五》同光二年（924）四月辛卯條："以宣徽南院使、判内侍省、
兼内勾、特進、左監門將軍同正李紹宏爲右領軍衛上將軍。"同書
卷三二《唐莊宗紀六》同光二年五月甲寅條："以滄州節度李紹斌
充東北面招討使，以兖州節度使李紹欽爲副招討使，以宣徽使李紹
宏爲招討都監，率大軍渡河而北，時幽州上言契丹將寇河朔故也。"
《宋本册府》卷九八七《外臣部・征討門六》："（同光二年）五月，
幽州上言契丹阿保機將寇河朔，以滄州節度使李紹斌爲東北面招討
使，以兖州節度使李紹欽爲副招討使，以宣徽使李紹宏爲招討都
監，率大軍渡河而北。"《通鑑》卷二七三同光二年正月甲辰條：
"春，正月，甲辰，幽州奏契丹入寇，至瓦橋。以天平軍節度使李
嗣源爲北面行營都招討使，陝州留後霍彦威副之，宣徽使李紹宏爲
監軍，將兵救幽州。"同卷同光三年九月丁酉條："丁酉，帝與宰相
議伐蜀，威勝節度使李紹欽素諂事宣徽使李紹宏，紹宏薦'紹欽有
蓋世奇才，雖孫、吴不如，可以大任。'郭崇韜曰：'段凝亡國之
將，姦諂絶倫，不可信也。'"同書卷二七四天成元年（926）二
月丙申條："丙申，史彦瓊至洛陽。帝問可爲大將者於樞密使李紹
宏，紹宏復請用李紹欽，帝許之，令條上方略。"
　　[2]明宗：即五代後唐明宗李嗣源。沙陀部人。原名邈佶烈，
李克用養子。926年至933年在位。紀見本書卷三五至卷四四、《新
五代史》卷六。　　長興：後唐明宗李嗣源年號（930—933）。　　明
宗長興三年，卒：《輯本舊史》卷四三《唐明宗紀九》長興三年
（932）四月壬戌條："前樞密使、驃騎大將軍馬紹宏卒。"據補。

孟漢瓊

孟漢瓊，本鎮州王鎔之小豎也。[1]明宗鎮常山，得侍左右。[2]明宗即位，自諸司使累遷宣徽南院使。[3]漢瓊性通黠，善交構。[4]初見秦王權重，乃挾王淑妃勢，[5]傾心事之；及朱、馮用事，[6]又與之締結。秦王領兵至天津橋，[7]時漢瓊與朱、馮及康義誠方會議於内庭，[8]謀猶未決，漢瓊獨出死力，先入殿門，奏於明宗，語在《秦王傳》。漢瓊即自介馬以召禁軍。秦王既誅，翌日，令漢瓊馳騎召閔帝於鄴。[9]閔帝嗣位，尤恃恩寵，期月之内，累加開府儀同三司、驃騎大將軍。[10]西軍既叛，閔帝急召漢瓊，欲令先入于鄴，漢瓊藏匿不見。潞王行及陝州，[11]乃悉召諸妓妾訣別，欲手刃之，衆知其心，率皆藏竄。初，潞王失守於河中，勒歸於清化里第。[12]時王淑妃恒令漢瓊傳教旨於潞王，王善待之，故漢瓊自謂潞王於己有恩。至是，乃單騎至澠池謁見潞王，[13]因自慟哭，欲有所陳。潞王曰：“諸事不言可知。”漢瓊即自預從臣之列，尋戮於路左。《永樂大典》卷一萬三千一百六十。[14]

[1]王鎔：人名。回鶻人。唐末、五代軍閥，朱温後封趙王。傳見本書卷五四、《新五代史》卷三九。 小豎：對宦官的蔑稱。

[2]常山：古郡名。此指鎮州，治所在今河北正定縣。 明宗鎮常山，得侍左右：《宋本册府》卷一五四《帝王部·明罰門三》作“明宗在真定時入侍”。

[3]諸司使：官署名。唐宋禁内各官署的統稱。 宣徽南院使：

官名。唐始置。宣徽南院的長官。初用宦官，五代以後改用士人。與宣徽北院使通掌內諸司及三班內侍之名籍，郊祀、朝會、宴享供帳之儀，檢視內外進奉名物。參見王永平《論唐代宣徽使》，《中國史研究》1995 年第 1 期；王孫盈政《再論唐代的宣徽使》，《中華文史論叢》2018 年第 3 期。　自諸司使累遷宣徽南院使：中華書局本有校勘記："'南'，《冊府》卷六六五、卷九二三作'北'。按本書卷四二《唐明宗紀八》、《通鑑》卷二七七記長興二年五月以孟漢瓊充宣徽北院使。"此據明本《冊府》卷六六五《內臣部·恩寵門》、《宋本冊府》卷九二三《總錄部·不忠門》。按《輯本舊史》卷四三《唐明宗紀九》長興三年（932）十一月辛巳條："以宣徽北院使孟漢瓊判院事。"

[4]漢瓊性通黠，善交構：《宋本冊府》卷一五四作"性通黠，能交構朋黨"。

[5]秦王：即李從榮。沙陀部人。五代後唐明宗李嗣源次子。傳見本書卷五一、《新五代史》卷一五。　王淑妃：後唐明宗妃嬪。傳見本書卷五一、《新五代史》卷一五。　乃挾王淑妃勢：中華書局本有校勘記："'乃'，原作'及'，據《冊府》卷一五四、卷九二三改。"

[6]朱：即朱弘昭。太原（今山西太原市）人。後唐明宗朝樞密使、宰相。傳見本書卷六六、《新五代史》卷二七。　馮：即馮贇。太原（今山西太原市）人。五代後唐明宗朝宰相、三司使。傳見《新五代史》卷二七。　及朱、馮用事：《輯本舊史》之影庫本粘籤："朱、馮用事，原本作'朱憑'，下文又有'朱馮'。考《通鑑》，明宗，朱弘昭、馮贇並掌財賦，故稱朱、馮，原本'憑'字誤，今改正。"見《宋本冊府》卷九二三、《通鑑》卷二七八長興四年十一月辛卯條。

[7]天津橋：橋名。位於今河南洛陽市。

[8]康義誠：人名。沙陀部人。五代後唐將領。傳見本書卷六六、《新五代史》卷二七。

[9]閔帝：即後唐閔帝李從厚。明宗李嗣源第三子。紀見本書卷四五、《新五代史》卷七。 令漢瓊馳騎召閔帝於鄴：《舊五代史考異》："案《通鑑》：遣漢瓊徵從厚，且權知天雄軍府事。"見《通鑑》卷二七八長興四年十一月甲午條。

[10]"閔帝嗣位"至"累加開府儀同三司、驃騎大將軍"：《輯本舊史》卷四五《唐閔帝紀》應順元年（934）閏正月癸卯條："宣徽南院使、驃騎大將軍、左衞上將軍、知內侍省孟漢瓊加開府儀同三司，賜忠貞扶運保泰功臣。"

[11]潞王：即後唐廢帝李從珂。鎮州平山（今河北平山縣）人。本姓王，後唐明宗李嗣源擄其母魏氏，遂養爲己子。紀見本書卷四六至卷四八、《新五代史》卷七。 陝州：州名。治所在今河南三門峽市陝州區。

[12]清化里：里坊名。位於今河南洛陽市。

[13]澠池：縣名。治所在今河南澠池縣。

[14]《大典》卷一三一六〇"孟"字韻"姓氏（五）"事目。

　　史臣曰：承業感武皇之大惠，佐莊宗之中興，既義且忠，何以階也。夫如是，則晉之勃貃，秦之景監，[1] 去之遠矣。居翰改一字於詔書，救千人之濫死，可不謂之仁人矣乎！如紹宏之爭權，漢瓊之搆禍，乃宦者之常態也，又何足以道哉！《永樂大典》卷一萬三千一百六十。[2]

[1]勃貃：人名。又名寺人披、勃鞮。春秋時晉國宦官，呂省、郤芮謀反，他營救晉文公。晉國收降原國後，又舉薦趙衰。事見《左傳·僖公二十五年》。 景監：人名。秦孝公宦官，曾把商鞅引見給孝公。事見《史記》卷六八《商君列傳》。

[2]《大典》卷一三一六〇"孟"字韻"姓氏（五）"事目。